Pizzolato
Não existe crime perfeito

Fernanda Odilla

Pizzolato
Não existe crime perfeito

A cinematográfica fuga e prisão de um dos condenados pelo mensalão

LeYa

Preparação de texto: Tiago Ramos
Revisão de texto: Rafael Alverne
Diagramação: Abreu's System
Capa: Ideias com Peso

CIP-BRASIL. CATALOGAÇÃO-NA-FONTE
SINDICATO NACIONAL DOS EDITORES DE LIVROS, RJ

Odilla, Fernanda
Pizzolato: você vai ter que morrer/ Fernanda Odilla. – Rio de Janeiro: LeYa, 2014.
320 p.

Bibliografia
ISBN 978-85-441-0095-0

1. Pizzolato, Henrique, 1952 2. Políticos – Brasil – Biografia I. Título.

14-0687 CDD: 923.2

Índices para catálogo sistemático:

1. Políticos – Brasil - Biografia

2014
Todos os direitos desta edição reservados a
TEXTO EDITORES LTDA.
[Uma editora do Grupo LeYa]
Rua Desembargador Paulo Passaláqua, 86
01248-010 – Pacaembu – São Paulo – SP – Brasil
www.leya.com.br

Agradecimentos

A caminhada até aqui contou com a ajuda de muita gente. Amigos e solidários (até então) desconhecidos acreditaram e me ajudaram a fazer uma verdadeira odisseia ganhar começo, meio e fim. Foram mais de 40 entrevistas, dez cidades visitadas e milhares de quilômetros percorridos atrás de detalhes de uma história incrivelmente insólita.

Chico de Gois, agradeço de coração por ter sido o primeiro a abrir a porta e dizer ser possível. Maria João, obrigada por ter bancado o projeto quando tudo ainda era apenas uma ideia.

Thalita Kalix, sua preciosa ajuda só me faz ter mais orgulho da nossa amizade. Mário Coelho e Luciana Rezende, agradeço pelo esforço, olhar crítico e detalhista. Juliana Novaes, sua opinião "de leiga" foi importantíssima, assim como a opinião de todos os que se interessaram pelo projeto, fizeram observações e deram palpite.

Alana Rizzo, obrigada pela generosidade de compartilhar os documentos que faltavam.

João Maciel, você, melhor do que ninguém, sabe dar atenção, ainda que à distância. Marianna Vasconcelos, obrigada pelo interesse e por nunca ter se esquecido. Thais Herdy e Adriana Lisboa, sou grata por terem me dado abrigo e apoio nas vezes em que fui ao Rio tratar desta história.

Agradeço a todos da Polícia Federal, do Ministério Público Federal e a Carabinieri de La Spezia e de Modena, que colaboraram com detalhes e bastidores. Sei bem como gostam de manter suas investigações sob sigilo e, por isso, sou muito grata pela confiança. Davide, você foi demais!

A Alexandre Terremoto, que compartilhou muitos segredos. Aos integrantes da família Pizzolato, que toparam falar em tempos tão difíceis. Ao pessoal de Concórdia, que tão bem me acolheu.

A Fábio, motorista de Chapecó que encarou com muita coragem o "bate e volta" até a fronteira com a Argentina. O motor do carro fundiu, mas fomos e voltamos.

Queridíssima Raymunda, a senhora é a mãe que todo filho gostaria de ter. Sem seu apoio não teria sequer ligado o computador. Este livro é para você, que me ensinou quão importante é ter disciplina e persistência.

Preferível seria morrer a presenciar continuamente atos revoltantes

Homero, *Odisseia*

Sumário

Morte antecipada

Era uma sexta-feira pós-feriado, daquelas em que as ruas estão mais vazias e as pessoas parecem ter menos pressa, quando Henrique Pizzolato entrou num cartório no centro do Rio de Janeiro decidido a falar de seu próprio fim. Naquele 24 de abril de 2009, ele levou alguns documentos pessoais, dois amigos a tiracolo e a disposição de formalizar seus desejos póstumos. Tinha na cabeça a lista de últimas vontades, elaborada dias antes, quando um amigo de longa data sentenciou:

– Pizzolato, só tem um jeito: tu vai morrer.

Não se tratava de uma ameaça, apesar da maneira firme, quase autoritária, com que as palavras foram ditas. Era só mais um plano mirabolante dentre vários que foram pensados em momentos de desespero pela situação de Pizzolato.

Tudo saiu da desordenada imaginação de Alexandre Cesar Costa Teixeira, um companheiro de Pizzolato do Banco do Brasil desde os tempos em que ambos eram sindicalistas atuantes. Dono de um vozeirão alguns decibéis acima da média, com pensamentos eloquentes e temperamento explosivo, não é de se espantar que o corpulento Alexandre também atenda pelo apelido de Terremoto. Ou "Teremoto", com som de apenas um "r", como pronunciado por Pizzolato e seus conterrâneos de Santa Catarina descendentes de italianos.

A ideia era radical, como o próprio Terremoto definiu, e assumiu um caráter bastante ousado. Consistia em simular a morte de Pizzolato, para que ele "sumisse" em caso de condenação e prisão. Viveria para sempre clandestino. Apenas uma pessoa saberia onde estaria escondido, e o visitaria somente de tempos em tempos.

Quando o plano em questão surgiu, em 2009, a situação do ex-diretor de marketing do Banco do Brasil, Henrique Pizzolato, parecia estável na Justiça. Ele já tinha ido ao inferno três anos antes, quando foi transformado em um dos principais alvos da CPI dos Correios no Congresso Nacional. Também já havia sido réu no Supremo Tribunal Federal, onde se defendia e assistia ao lento tramitar do processo. Ainda não havia data marcada para o julgamento do escândalo do mensalão quando cogitaram a morte dele.

O próprio Pizzolato se surpreendeu com a ideia do amigo. A primeira reação foi perguntar se Terremoto estava maluco. Terremoto não hesitou. Ao contrário, insistiu e disse que o plano era duro e seria necessário "morrer" para todos, inclusive para o pai, as irmãs e os sobrinhos. Era preciso se preparar para fazer a família chorar sua morte e se afastar de tudo e de todos, a fim de que ressuscitasse como clandestino. Na cabeça de Terremoto, o amigo se esconderia por uns vinte anos em um canto qualquer do Brasil sem falar com nenhum parente ou amigo, apenas com visitas semestrais da mulher. De que forma ele morreria, não sabia.

Diante da assertiva de Terremoto de que o jeito era mesmo morrer para o mundo para se livrar das consequências mais drásticas do julgamento do mensalão, Pizzolato quis saber como fariam. A explicação veio de pronto:

– O primeiro passo é fazer uma escritura. Tu faz um testamento – detalhou o amigo.

Quando narrou ao tabelião do cartório suas últimas vontades antes de morrer, Pizzolato estava acompanhado de duas testemunhas: o próprio Terremoto e a mulher do amigo, Marta Alfonço Teixeira, a Martinha. Eles assinaram embaixo quanto à primeira parte do plano, que consistia no testamento.

O cartório onde Pizzolato foi naquela sexta-feira havia se mudado da sobreloja no burburinho do centro do Rio para um prédio comercial na Barra da Tijuca. Deixou o coração da Cinelândia, com suas ruas estreitas, algumas exclusivas para pedestres, e prédios históricos, e foi para a larga e longa Avenida das Américas, num modesto centro comercial, comparado aos enormes condomínios e luxuosos shoppings que brotam a cada dia na Barra. Mas o testamento público de conteúdo pouco usual continua válido e arquivado no 19° Ofício de Notas do Rio de Janeiro. Pelos termos do documento de três páginas e seis itens, Pizzolato dispensou enterro, tristeza e luto para conseguir manter sua morte praticamente sob sigilo.

Ele foi explícito ao pedir que não fosse realizado "velório, homenagem, celebração nem missa de sétimo dia", desejos pouco usuais para um católico fervoroso, ex-seminarista e colecionador de imagens de São Francisco de Assis. A lista de pedidos do quinto item do testamento é ainda mais extensa. Pizzolato não queria "nenhuma divulgação, comunicado ou anúncio do seu falecimento". E registra o motivo: "pois não deseja que pessoas fiquem tristes e enlutadas".

Nem mesmo seu santo favorito, que abdicou de tanta coisa na vida, abriu mão de ser enterrado. Giovanni di Pietro di Bernardone, depois de uma adolescência profana, optou por uma vida religiosa dedicada à pobreza e passou a ser conhecido como Francisco de Assis. Adepto à pregação itinerante, abriu mão dos mosteiros e se juntou aos mais pobres. Morreu aos 44 anos. Teve o corpo examinado por muitas testemunhas antes de ser sepultado, inicialmente, na igreja São Jorge. Poucos anos depois, foi canonizado pelo papa Gregório IX. Ficou conhecido como santo dos animais e do meio ambiente. Nos anos 1230, foi construída uma basílica para guardar seu túmulo definitivo e, desde então, é possível visitar suas relíquias.

No caso do falecimento de Pizzolato, não deveria haver túmulo nem vela. Além do testamento, Terremoto também o ajudou a pensar numa solução para sumir com o corpo e, assim, despistar qualquer um que tentasse investigar futuramente a morte abrupta do ex-diretor de marketing do Banco do Brasil. Registraram entre as últimas vontades de Pizzolato que seu corpo fosse cremado "o mais rápido possível, e suas cinzas [...], jogadas no mar".

O passado e o presente de Vitalino Venanci com Pizzolato acabaram por ser a base do futuro do ex-diretor de marketing do Banco do Brasil. Amigo dos tempos de faculdade e do início de carreira na instituição financeira, ele fora escolhido para revelar os últimos desejos gravados no testamento. Como inventariante e testamenteiro, Pizzolato tinha o poder de escolher quem quisesse para ajudá-lo depois da morte. E colocou Venanci para executar essa parte do plano.

Aliado fiel, Vitalino sempre esteve ao lado de Pizzolato. Fora parceiro no banco, havia dividido apartamento na juventude, montado sindicatos e cooperativas e, nos últimos tempos, Vitalino mudara-se para a casa do amigo para oferecer apoio incondicional. Ao longo do tempo, colecionou confissões e foi depositário fiel de muitos segredos.

Para não levantar suspeitas, o testamento também continha desejos típicos, como o destino dos bens de Pizzolato, que seriam todos repassados para o nome da mulher dele, a arquiteta Andréa Eunice Haas, com quem vivia desde 1980.

Temendo o confisco dos bens pela Justiça, Henrique já havia se desfeito, ao menos no papel, da maior parte de seus imóveis.

No Rio, o único ainda em seu nome era uma cobertura na rua Domingos Ferreira, a uma quadra da praia de Copacabana, perto do Posto 3 – avaliada hoje em mais de 3 milhões de reais graças à explosão do mercado imobiliário carioca, que turbinou os preços. Além desse apartamento, Andréa teria direito às duas aposentadorias do marido, a da Previ (o fundo de previdência dos funcionários do Banco do Brasil) e a do INSS. No testamento, Pizzolato também deixara para a esposa a parte que lhe cabia da herança do pai, caso esse morresse depois dele.

Terremoto estava disposto a arrumar a papelada necessária para o amigo desaparecer. Pensou em quase tudo, por isso escolheu um feriado prolongado, daqueles que a cidade vazia parece funcionar em câmera lenta. Durante a elaboração do plano, cogitou a criação de uma identidade nova para Henrique, mas disse não ter levado a ideia adiante. Faltou imaginar, por exemplo, como driblaria a burocracia para ter um atestado de óbito falso e simular a cremação. "Não tinha nada construído; era uma ideia. Mas o primeiro passo a gente deu, que era a escritura", diz, rindo da própria maluquice.

O plano de matar Pizzolato, assim, de mentira, não vingou. Para Terremoto, que disse ter imposto condições terroristas de isolamento para seu plano dar certo, o casal jamais conseguiria se separar por muito tempo nem ficar longe da família e dos amigos. Seis anos depois de registrar em cartório os desejos póstumos do amigo, ele próprio admite que simular a morte de Pizzolato para evitar a prisão foi uma ideia muito, muito louca.

Por mais de uma vez, Pizzolato confidenciou aos amigos que dificilmente suportaria a prisão. Ele sofria ao pensar na vida atrás das grades, repleta de restrições, longe da mulher. Martirizava-se ao imaginar todos os tipos de constrangimentos pelos quais ela passaria para visitá-lo. Desde a revista rigorosa e quase abusiva na fila do presídio até as condições precárias das visitas íntimas, tudo passava pela mente dele como um tenebroso pesadelo. Mal sabia ele que seriam os privilégios, e não os maus tratos, a maior polêmica dos primeiros meses de vida carcerária dos presos pelo mensalão.

Várias vezes fora flagrado chorando numa das salas de casa, enquanto encarava seus santinhos. Ele abria as portas do armário branco e ficava ali, de braços abertos, curvado, olhando fixamente para as mais de sessenta imagens de São Francisco, cuidadosamente distribuídas em sete prateleiras. Sempre perguntava aos mais próximos se teria alguma chance na cadeia. A aflição dele pode ser considerada natural e, até certo ponto, compreensível.

– Minha mulher vai ser apalpada, Terremoto. Apalpada! – repetia Pizzolato, resignado, consumido por uma tristeza peculiar quando imaginava sua única companheira de anos sendo revistada para entrar na cadeia.

Pizzolato e Andréa estavam juntos desde os tempos da faculdade. Os amigos garantem que ele sempre foi muito fiel à mulher, mesmo na época em que ia para Brasília trabalhar enquanto ela ficava, primeiro, no Paraná e, depois, no Rio de Janeiro. Era um romântico inveterado, daqueles que fazem questão de espalhar fotos do casal pela casa.

Terremoto sabia que o amigo era constantemente atormentado pela ideia de ser preso e, por isso, tentava distraí-lo sempre que podia. Ele se esforçava ativamente para aliviar a melancolia de Pizzolato. Entre 2006 e 2012, enquanto o processo do mensalão tramitava no Supremo, Pizzolato e a mulher ficaram a maior parte do tempo fora do Rio. Quando estavam em Copacabana, recebiam alguns poucos vizinhos, parentes e amigos e quase nada falavam sobre o escândalo que revelou muitas facetas do jogo sujo da política brasileira.

Um amigo que passava sempre na cobertura de Copacabana era Terremoto. Por ser frequentador assíduo do apartamento, sabia o que pensavam os vizinhos sobre o companheiro. Também conhecia todos os porteiros pelo nome e, muitas vezes, subia direto ao décimo andar sem precisar ser anunciado. De tempos em tempos, levava a mulher, Martinha, para jogar baralho com o casal Pizzolato e Andréa.

Passavam horas disputando partidas de sueca na tradicional composição mulheres contra homens. O jogo exige a participação de quatro pessoas, de modo que cada dupla fique frente a frente, no mais absoluto silêncio, enquanto lançam suas cartas. Quem coloca a carta mais alta vence a rodada, com direito a recolher as dos outros participantes. Ganha o jogo a dupla que terminar com a maior pilha do baralho.

Os dois casais jogavam na mesa redonda com tampo de vidro, que ficava no canto da sala principal da cobertura. Pizzolato era um jogador competente, mas quem sempre ganhava era Andréa, dona de um autocontrole capaz de impressionar todos que a conhecem. Terremoto dizia que fazia de tudo, menos se concentrar no baralho.

Durante as partidas, Andréa e Pizzolato pouco falavam, respeitando as regras do jogo. Preferiam vibrar com a sorte de uma jogada bem-sucedida. O silêncio do casal, em especial sobre o drama em que se havia transformado o mensalão, impressionava.

Se a memória de Terremoto não estiver errada, foi no final de 2011, quase um ano antes da condenação no Supremo, que Pizzolato quebrou o silêncio numa das partidas de baralho. Com a maior naturalidade do mundo, abordou um daqueles pensamentos que fazemos questão de apagar rápido da mente quando insistem em aparecer.

Com as cartas na mão, Pizzolato soltou como quem pensa alto:

– É uma possibilidade dar cabo da gente.

Por mais que o amigo não tolerasse a hipótese de ser preso e se considerasse um injustiçado, Terremoto jamais havia pensado que ele revelaria, em voz alta, uma ideia descabida como aquela. Suicídio não podia ser uma opção. Não quis saber de detalhes nem mesmo da morte verdadeira que rondava os pensamentos do amigo, mas sabia que precisava reagir rápido para reprimir aquele tipo de plano. Ali mesmo, sentado na cadeira de treliça e estofado florido, olhou firme para a cara do casal e quis saber se resistir não fazia parte dos planos deles.

– Mas como resistir, Terremoto? – retrucou Pizzolato, visivelmente perdido, preso num labirinto de planos imperfeitos.

Na verdade, ninguém sabia exatamente como resistir ou reagir diante daquelas circunstâncias adversas. Os quatro estavam inertes e semianestesiados pelo gelo instantâneo que só o susto agudo é capaz de provocar. O assunto morreu imediatamente. Era como se tivessem firmado um pacto velado e silencioso para ignorar o que acabara de ser dito.

Quando estava voltando para casa em Vila Isabel, ainda no carro, a mulher de Terremoto não conseguiu conter o mal-estar diante daquela situação. Quebrou o longo e agonizante período de silêncio com uma única pergunta:

– Será? – disse Martinha, tentando dar dimensão a algo totalmente incerto. Como raras vezes, o marido não tinha uma resposta definitiva.

No dia seguinte, Terremoto voltou a Copacabana para conversar a sós com Pizzolato. O diálogo da noite anterior ainda estava marcado em sua memória; Andréa não descartava por completo a hipótese levantada pelo marido. Por isso, dispensou gentilezas e compreensões.

– Falei para ele parar com essa porra.

Nada mais se falou sobre o assunto. Para Terremoto, se simular a morte de Pizzolato já era uma ideia muito louca, suicídio estava totalmente fora de cogitação. Naquele dia, acreditou Terremoto, deveria ser enterrado qualquer plano que envolvesse a morte – real ou simulada – de Pizzolato.

O jeitão despachado e audacioso, além da imaginação fértil, de Terremoto o credenciam como sócio ideal para quase todo tipo de aventura. Ele teve muitas ideias para ajudar o amigo. Além de pensar em simular a morte de Pizzolato, montou uma espécie de guerrilha virtual contra o Supremo Tribunal Federal. Criou um espaço próprio na internet, mobilizou blogueiros de todo país e conseguiu até emplacar uma capa de revista em defesa do ex-diretor de marketing do Banco do Brasil.

Terremoto chama o trabalho pró-Pizzolato de "resistência". Além de fazer multiplicar textos, ilustrações engraçadinhas e comentários favoráveis, ele o levou para participar de eventos com militantes petistas e explicar pessoalmente sua versão dos fatos. Explosivo, comprou brigas em nome do amigo. Ficou um tempo sem emprego fixo, dedicando-se quase exclusivamente à defesa de Pizzolato e, por isso, entrou em crise no casamento e quase perdeu a mulher.

Apesar das turbulências, Terremoto não aparentava nenhum sinal de arrependimento pelo que fez. No entanto, ressalta que foi radicalmente contra o plano mais ousado, executado por Pizzolato tão logo se viu sem chances de reverter a pena de doze anos e sete meses imposta pelo Supremo Tribunal Federal. Achava que era preciso resistir no Brasil mesmo, jamais escapar apressado como quem deve algo.

Mesmo com seus conselhos ignorados, disse ele, topou protagonizar a primeira parte da fuga aloprada. Dispôs-se a levar Pizzolato de carro até a cidade catarinense de Dionísio Cerqueira. De lá, o amigo seguiria para a Argentina com destino à Europa. Dono de dupla cidadania, acreditava-se que ele poderia ficar livre na Itália durante o período em que tentaria resolver sua situação com a Justiça, pleiteando um novo julgamento.

Terremoto fez ainda uma consulta informal a um diplomata italiano que vive no Rio para saber a melhor forma de Pizzolato viajar, uma vez que não mais tinha passaportes em seu nome. Explicou ao amigo que ele poderia entrar em qualquer país do Mercosul usando a própria carteira de identidade e, em seguida, deveria pedir um documento provisório, uma espécie de autorização de viagem, que lhe garantisse o embarque e desembarque, em algum consulado italiano. Pizzolato ouviu com certo desinteresse a sugestão. Estava mais preocupado em agilizar a viagem que consumiria uns cinco dias inteiros.

Segundo o relato de Terremoto, que tinha algumas mínimas incoerências, a decisão de levar Pizzolato até a fronteira havia sido tomada em definitivo no dia 9 de setembro de 2013, cinco dias depois de o Supremo rejeitar por unanimidade os primeiros recursos do mensaleiro. Ele conta que, naquela segunda-feira, não deu tempo de fazer muita coisa além de encher o tanque do Clio azul, arrumar um GPS que depois foi jogado fora, separar pencas de bananas, garrafas d'água e barrinhas de cereal para evitar paradas desnecessárias na corrida maluca que estavam prestes a começar.

Antes de encarar a estrada, ele ainda deu um pulo em Vila Isabel. Fez questão de deixar o celular em casa. Pegou uma cueca, uma camisa e uma meia, avisou à mulher que passaria uns dias fora e deu coordenadas a um advogado caso a polícia aparecesse na casa dele. Explicou apenas que ajudaria um amigo. Sem muito o que dizer, o advogado deu um conselho que se aplicaria a qualquer viajante:

– Vai tranquilo e cuidado.

No dia da fuga, Pizzolato já estava condenado, mas ainda não havia sido expedido mandado de prisão contra ele – o que só veio a acontecer quase dois meses depois. Na prática, ele não poderia ser considerado um foragido, mas passou a viver paranoico, achando que a polícia o observava a distância, precavida, monitorando todos os mensaleiros à espera do mandado de prisão pela Justiça. A paranoia de Pizzolato contaminou Terremoto, que decidiu acionar amigos da Abin, o serviço secreto do governo brasileiro. Segundo Terremoto, um araponga lhe garantiu que estavam mesmo de olho em Pizzolato.

Seis meses depois de ajudar o amigo a escapar da prisão no Brasil, Terremoto ainda achava que a polícia estava de olho neles. A convicção vinha da dica do conhecido da Abin. O servidor da agência aconselhou que ficassem espertos e mais atentos. Por isso, naquela noite pré-fuga, Terremoto não quis estacionar o carro na porta do prédio de Pizzolato. Parou na praia de Copacabana, não sem antes conferir o movimento e checar se algo de esquisito acontecia nos arredores. Subiu ao apartamento, pegou as sacolas com a água e comida e voltou ao carro para guardar os mantimentos que lhe garantiriam uma viagem de poucas paradas.

Quando entrou no apartamento pela terceira vez naquela segunda-feira, Pizzolato já havia separado uma mochila e uma pasta de couro, dessas com alças para carregar na mão ou transpassar pelo corpo. Mesmo com tudo pronto, Terremoto avisou que sairiam dali somente em umas quatro horas. Tiraria um cochilo no sofá da sala e, por volta das três horas da manhã, bateria na porta do quarto do casal para começar a viagem.

Naquela noite, foi impossível controlar a adrenalina que acelerava os pensamentos. Dormir, então, era praticamente impossível. Para ninguém saber do plano, Andréa sugeriu que cada um tivesse conhecimento apenas de partes dele, nunca do todo.

A missão de Terremoto se limitava a levar o amigo em segurança até a fronteira com a Argentina. Como desconhecia por completo o caminho, decidiria na hora, com a ajuda do GPS, como pegaria a Via Dutra e por onde passaria até chegar a Dinonísio

Cerqueira, em Santa Catarina, ponto escolhido por Pizzolato para atravessar a fronteira. Enquanto a hora de partir não chegava, restava ficar deitado para o corpo entender o comando de descansar. Afinal, tinham pela frente 1.400 quilômetros de estrada, passando por quatro Estados, sem direito a parada para dormir ou apreciar a vista.

Já era madrugada de terça-feira quando a porta do elevador abriu e o porteiro da noite se recompôs, apressado, do sono leve numa das poltronas da elegante portaria, decorada com dois tapetes vermelhos, espelho e um lustre de vidro trabalhado em detalhes. Na hora em que a dupla Pizzolato e Terremoto saiu do edifício, o porteiro não desconfiou de nada. Não seria a primeira nem a última vez que o amigo do dono da cobertura passaria por ali em horários pouco convencionais.

Mas Terremoto não estava convencido de que aquela movimentação na madrugada não chamaria a atenção de outras pessoas. Por isso, eles fizeram o caminho mais longo até o carro e evitaram seguir direto para a rodovia. Deram umas voltas no bairro e pegaram a estrada apenas quando Terremoto se sentiu seguro o suficiente. Só então acelerou o Clio ano 2011 e motor 1.0 com destino a Santa Catarina, levando o amigo condenado no banco do passageiro.

Pizzolato estava com uma camisa de pano xadrez de tons de rosa e azul, calça jeans e tênis. Sobre os ombros, jogou um casaco azul leve. Roupas que usaria por mais de 48 horas. Na estrada, exibia desconforto e impaciência. Retraía-se toda vez que avistava a polícia. A tensão era visível a cada barreira policial. Só foi relaxar mesmo depois que saiu do Rio, já em São Paulo, quando o risco de ser flagrado parecia menor.

Mesmo condenado e sem direito a mais recursos, ele podia cruzar o território nacional de ponta a ponta quantas vezes quisesse. Tinha entregado os passaportes brasileiro e italiano à Justiça, mas nada o impediria, por exemplo, de visitar os países do Mercosul apresentando apenas a carteira de identidade. Apesar de impedido pelo Supremo de sair do país, polícia de lugar nenhum do mundo poderia detê-lo porque não havia nenhum alerta disparado contra o nome dele. Em compensação, temia ser revistado e ter revelados segredos guardados na pasta que carregava.

Enquanto Terremoto mantinha o velocímetro do seu valente Clio a 120 quilômetros por hora, Pizzolato lamentava e questionava o rumo que sua vida tinha tomado. "Ficava repetindo: 'Por que isso? Por que isso?' Falei que não era hora de pensar", recorda o amigo, que, durante toda a viagem, tentou acalmar Pizzolato. O ex-diretor de marketing do Banco do Brasil nunca aceitou a ideia de ser personagem de um escândalo nacional nem entendia por que os documentos apresentados por ele à Justiça não tiveram peso algum no julgamento. Ao sair escondido no meio da madrugada, era como se estivesse assumindo, naquele momento, toda a culpa que insistiu em rechaçar durante anos.

Na viagem, Terremoto tentou animar o amigo. Prometeu redigir em parceria com Andréa a carta em que Pizzolato justificaria, em primeira pessoa, a fuga para a Itália, a ser divulgada tão logo o Supremo mandasse prender os condenados pelo mensalão. O papel em branco já havia sido assinado por Pizzolato. Bastava colocar ali que a fuga era uma atitude radical, mas legítima, e fora tomada na tentativa de ter um novo julgamento, afastado de motivações políticas eleitorais. Também destacariam a inexistência de qualquer contradição na vida de Pizzolato, deixando claro que a devassa nos últimos anos nunca encontrou nada que o desabonasse. Diriam ainda que o ex-diretor do Banco do Brasil foi usado para sustentar uma mentira. Insistiriam que não havia dinheiro público envolvido nos contratos publicitários com a empresa de Marcos Valério, apontado como o operador do esquema de corrupção para pagamento de dívidas de campanha e compra de apoio político.

– Fica tranquilo. Vou fazer a carta, vai rolar legal – Terremoto prometeu ao amigo, esforçando-se para acalmá-lo.

A situação toda parecia absolutamente insólita. O louvável empenho de Terremoto foi incapaz de dissipar o desconforto que pairava dentro do Clio, que fazia sua mais longa e intrépida viagem até então. De dentro do carro, viram o dia amanhecer, a fome apertar e o pôr do sol, enquanto atravessavam Rio de Janeiro, São Paulo e Paraná. Depois de mais de quinze horas de estrada e de duas paradas rápidas para abastecer o carro, a dupla decidiu fazer uma pausa maior, quando entraram em território paranaense. Ficaram uns trinta minutos num posto, onde comeram, nas palavras de Terremoto, num *self service* "bem fraquinho". Pizzolato engoliu abóbora com quiabo, Terremoto se serviu de frutas. Ainda à mesa, Pizzolato sugeriu que poderia assumir o volante:

– Não quer descansar, Terremoto? Posso pegar um pouquinho.

No Rio, ele não tinha carro, mas sabia dirigir. Nunca foi exatamente um excelente motorista. De repente, pareceu esquecer como se pilota numa estrada. Deu várias guinadas no volante durante os quase 200 quilômetros, e os trancos não deixaram Terremoto dormir sossegado. Pizzolato estava tenso, sob efeito dos medicamentos antidepressivos. Tomava-os regularmente desde setembro de 2012, quando voltou ao Brasil depois de uma temporada na Espanha e passou a contar os dias para a expedição do mandato de prisão.

Terremoto retomou o volante. A partir daquele ponto, concordaram que Pizzolato seria melhor copiloto porque conhecia em detalhes todos aqueles caminhos, repletos de relvas, pinheiros e montanhas. Nasceu em Concórdia, Santa Catarina, e morou em Toledo, no Paraná. Ambas as cidades não são tão distantes da fronteira com a Argentina e o Paraguai, respectivamente. De volta ao banco do passageiro, Pizzolato caiu em tentação. Sabia que aquela poderia ser uma viagem sem volta ao Brasil, sem direito a muitos reencontros.

O indício de saudade tornou-se tão asfixiante que insistiu em passar na sua cidade natal para ver, trocar palavras e abraçar, quem sabe pela última vez, o pai Pedro. Idoso, Pedro não viaja de avião. Dizem que ficou traumatizado desde que um monomotor despencou centenas de metros do céu com ele dentro. E a saúde do senhor que anda de mãos dadas pelas ruas de Concórdia com uma cuidadora não lhe permitiria suportar uma viagem de navio até a Itália.

A ideia de visitar o pai, classificada de amadora e infantil, irritou Terremoto:

– Não vai falar com seu pai porra nenhuma. Depois a Andréa fala com ele. Você já esteve com seu pai meses atrás – reagiu, dizendo ter ficado indignado com o pedido.

Pizzolato insistiu, mesmo sabendo que, de todo o caminho percorrido até então, Concórdia seria o lugar mais óbvio para procurá-lo. Terremoto disse ter apelado para argumentos dramáticos porque Pizzolato não mais agia com razão. Ouviu do amigo o pior cenário possível. E se a polícia estivesse lá, vigiando e esperando o filho buscar refúgio nos braços do pai? E se fosse algemado na frente dos parentes? Tudo dera certo até o momento, para que arriscar?

– Sabia que tu não ia deixar – disse Pizzolato, inconformado e choramingando, conforme a imitação do próprio amigo, que afina a voz para reproduzir a reclamação ouvida dentro do carro.

Pouco antes da meia-noite, quase 22 horas depois de saírem do Rio, encostaram o carro ao lado de alguns caminhões, num posto. Foi uma parada escolhida ao acaso, pelo próprio Pizzolato, para descansar. Estavam a poucos quilômetros do centro de Dionísio Cerqueira, onde ele atravessaria a fronteira a pé e, em seguida, entraria num carro de outra pessoa.

Antes de saírem do Rio, Terremoto havia levado Pizzolato para dar um telefonema em outro bairro. Segundo ele, ligou para um amigo que se encarregaria de cruzar a Argentina para levá-lo, também de carro, até Buenos Aires. Deu o prazo de 24 horas, a partir da saída de Copacabana, para providenciar toda a viagem em território estrangeiro. O encontro estava marcado para as três horas da manhã do dia 11 de setembro de 2013, a alguns quilômetros daquele posto onde encostaram o carro. Depois de um rápido cochilo, seguiram viagem para a fronteira.

Na hora de dizer adeus, contou que Pizzolato lhe abraçou forte, lhe deu um beijo fraternal no rosto e chorou. Fez, ali, seu último pedido ao amigo Terremoto:

– Cuida da minha baixinha – disse, em tom de súplica, referindo-se à mulher.

É um chorão inveterado, contam os amigos. Pizzolato queria que Terremoto ajudasse Andréa a suportar aquela separação, planejada para ser temporária. Precisava também de apoio para pensar nos próximos passos da estratégia de sua defesa pública. Em breve, Pizzolato seria um fugitivo, provavelmente procurado pela Interpol, e achava que o trabalho nas redes sociais precisava ser intensificado, em especial para justificar a fuga para a militância mais nervosa e atuante na internet.

Depois da despedida, Pizzolato virou as costas e começou sua caminhada. Essa foi a última vez que Terremoto viu o amigo.

A terceira margem

A travessia foi a pé. Pelas contas de Terremoto, Pizzolato caminhou de cinco a dez quilômetros pelas ruas largas e limpas de Dionísio Cerqueira até o posto de controle imigratório da fronteira. Naquele ponto, um rio de águas nada volumosas e represadas em forma de lago separam os dois países.

A entrada de Pizzolato na Argentina foi registrada pelas autoridades da fronteira às 10 horas, 17 minutos e 23 segundos do dia 11 de setembro de 2013. Se o relógio de Terremoto marcava o tempo certo e a memória dele não falhou, sobraram umas seis horas entre a despedida e a travessia para o outro lado do rio.

O que Pizzolato fez durante essas horas? O amigo não sabe dizer. Será que tinha ido à Concórdia para se despedir pessoalmente do pai? Terremoto corre para a frente do computador e refaz a rota Concórdia-Dionísio Cerqueira no Google Maps. "260 quilômetros? Eu faço em três horas", disse, admitindo ser possível que o amigo tenha ido ver o pai, nem que seja no meio do caminho.

Terremoto reforçou que não participou dessa arriscada empreitada até a terra natal de Pizzolato. Rechaçou a possibilidade de ter cruzado o interior de Santa Catarina até Concórdia com o amigo.

Seria arriscado demais. "Se ele foi, eu não levei. Tomar banho, dar um mole desse...", reage, visivelmente indignado.

Investigadores da Polícia Federal acham muito pouco provável que Pizzolato tenha passado pela cidade natal horas antes de atravessar a fronteira. O pai Pedro também nega ter visto o filho antes da travessia. Disse que o último contato com Henrique foi ainda no tempo do julgamento dos recursos do mensalão. Costumavam se falar pelo computador:

– Primeiro me comunicava pelo Skype. De repente, desapareceu do ar o Skype, não consegui mais nada – disse numa entrevista à rádio *BandNews*, em 17 de novembro de 2013.

Na conversa com o jornalista da rádio, reclamou que as visitas do filho ficaram cada vez mais esparsas depois do início do processo do mensalão na Justiça. Contou que Henrique Pizzolato andou passeando pela Espanha e só havia voltado em definitivo ao Brasil às vésperas das eleições de 2012.

A condenação, a prisão, a notícia da fuga, tudo o deixou "muito magoado". O estresse era tanto que nem quis conversar com as filhas quando o mandado de prisão foi expedido contra Pizzolato, em 15 de novembro de 2013. Pedro não escondeu a tristeza. Disse à rádio estar tranquilo somente por saber que o filho está vivo. Negou peremptoriamente saber de qualquer detalhe da fuga e se Henrique estava na Itália.

Para garantir o sucesso da empreitada, pouquíssimas pessoas no mundo conheciam todos os detalhes daquele plano. Ainda assim, quem sabia da fuga guardava segredo. Foi na hora da despedida que a versão com todos os detalhes contados por Terremoto ganhou alguns pontos de interrogação.

Além da imprecisão dos horários de chegada e travessia, a segunda parte da fuga é nebulosa porque mantém sob o mais absoluto sigilo a identidade do suposto amigo que dirigira mais de 1.400 quilômetros até a capital argentina. Terremoto disse que o "amigo" teme as consequências de ter ajudado um condenado num país estrangeiro. Há quem afirme, contudo, que não se trata de um amigo, mas de um parente muito próximo.

De qualquer forma, "fugir" não aparece no Código Penal brasileiro como crime nem contravenção. A depender dos olhos de quem interpreta a fria letra da lei, a fuga de um condenado pode ser encarada como desobediência a uma ordem legal. Sobre essa leitura, contudo, existem muitas controvérsias. Mas ajudar um fugitivo a escapar ou escondê-lo da polícia certamente é crime e tem punição prevista em lei. A pena varia conforme a condenação do fugitivo. Chega a seis meses para quem ajudar qualquer criminoso condenado à prisão, por exemplo.

Quando fugiu, Pizzolato estava condenado e não podia sair do país sem autorização do Supremo Tribunal Federal. Ao mesmo tempo, o mandado de prisão contra ele ainda não havia sido expedido. O ex-diretor poderia entrar nos países do Mercosul com a carteira de identidade sem ser detido pela polícia. Terremoto acredita que nem ele nem quem levou Pizzolato durante a outra metade da viagem podem ser punidos.

Ainda assim, o tal amigo escalado para dirigir até Buenos Aires teme as consequências por seus atos. Na versão de Terremoto, por volta das quatro horas da manhã, ele fora avistado próximo ao posto da fronteira. Quem é essa pessoa? Terremoto desconversa. Primeiro afirma que foi rapidamente apresentado e nem o nome do sujeito lhe foi dito. Em seguida, confirma que era um amigo de Pizzolato da região, como quem quer encerrar o assunto. Diante de perguntas insistentes, ele fica ainda mais evasivo: "O cara já estava ali. Tem a idade dele [do Pizzolato], perto de 70 [anos]. Grisalho. Não me falou o nome, não conheço 100%".

Numa segunda conversa, confidenciou saber quem era a pessoa, mas logo avisou que guardaria segredo. Não revelaria sequer os traços físicos, a profissão, onde mora, muito menos o nome. "Deixa esse cara pra lá. Existem pessoas que não têm o desprendimento de falar 'eu estou aqui, qual o problema', de assumir. [...] É o caso do amigo, que ajudou porque é amigo. Mas a gente fez o pacto, ele não existe."

Terremoto garantiu que sabia apenas que Pizzolato pegaria um avião em Buenos Aires, mas não fazia ideia de qual seria o primeiro destino dele na Europa. "Não tinha certeza se era Barcelona ou Paris. Direto para a Itália, ele não iria", afirmou. Queria passar na Espanha, onde tem, com a mulher, imóveis e contas bancárias, para sacar dinheiro antes. Saiu do Brasil com 2 mil dólares, precisava de mais.

Pizzolato levava, além do dinheiro, uma mochila, onde guardou, entre outros itens, três cuecas, três pares de meia e objetos de higiene pessoal. Na pasta de couro italiano, antiga companheira de viagens, carregava vários papéis, um pen drive com documentos que usaria em sua própria defesa e também diferentes endereços de e-mails, senhas e contrassenhas para se comunicar com a mulher enquanto estivessem separados.

De mochila nas costas e pasta na mão, Pizzolato avistou a placa tão esperada: PASSAGEM INTERNACIONAL BRASIL/ARGENTINA. Terminava ali a primeira fase de uma fuga traçada para ter quatro etapas até a Itália.

Daquela placa, já se vê a Argentina. Ou mais precisamente, a cidade argentina Bernardo de Irigoyen, conhecida como Barracón da Argentina até os anos 1920, que faz "fronteira seca" com Santa Catarina e Paraná. Não fosse o letreiro Libres Cambios e a variedade de cervejas Quilmes – escura, sem álcool, cristal, bajo cero (abaixo de zero) – nas prateleiras e geladeiras de mercados e lanchonetes, um distraído arriscaria a dizer que ainda estava no Brasil, tamanha a semelhança com Dionísio Cerqueira.

Em ambas as cidades, não há muito o que fazer num fim de domingo, por exemplo. A maioria das lojas está fechada e as ruas, vazias. Até o fluxo na fronteira é pequeno. Alguns poucos carros e menos pedestres ainda atravessavam para a Argentina numa fria noite de maio de 2014. No sentido inverso, onde fiscais da aduana fazem o primeiro controle antes de os fiscais de imigração lançarem os dados do viajante no sistema, o movimento é ainda menor.

A diferença mais visível entre Dionísio Cerqueira e Bernardo de Irigoyen parece ser mesmo o tipo de controle que cada um dos países faz na fronteira. O Brasil não registra saída nem averigua a entrada de veículos tampouco de pedestres. Quem passa por ali tem a impressão de que simplesmente atravessa uma rua qualquer. O posto de fiscalização, ao lado do lago, tinha uma única funcionária assistindo à televisão. Era como se essa moça estivesse em casa, sem nada o que fazer, na hora do *Domingão do Faustão*. Com exceção das placas, em nada se parecia com uma unidade de fiscalização do governo federal. Estava completamente vazio, com a maior parte das luzes apagadas.

O controle inexistente do lado brasileiro, contudo, contrasta com o dos argentinos, que parecem estar realmente preocupados em identificar todos que por ali transitam. Até taxistas precisam provar ser os proprietários dos veículos ou apresentar uma procuração comprovando ter autorização para dirigir os carros. De modo contrário, são convidados pelas autoridades argentinas a retornar e estacionar antes do posto brasileiro.

Com documentos em mãos, todos, sem exceção, devem passar por um dos três guichês de controle. O procedimento é padrão: de forma cortês, ainda que em "portunhol", o funcionário pergunta o motivo da viagem – trabalho ou turismo – e quanto tempo o estrangeiro pretende ficar.

Brasileiros e, mais recentemente, haitianos, são os que mais passam por aqueles guichês. Apesar de anotarem, num computador ligado em rede, o nome e o número do documento de quem entra, o controle não é tão rigoroso quanto em outros postos da própria Argentina.

Não há coleta de digitais nem registro de imagem por meio de foto e cópia do documento. É possível ainda que um desavisado entre sem passaporte nem carteira de identidade, apenas com a carteira de motorista, apesar de não ser oficialmente aceita como documento válido nos países do Mercosul. Nesse caso, não se registra a entrada. Apenas se permite passar, desde que o destino se limite a Bernardo de Irigoyen e a permanência seja breve, quem sabe para comer uma empanada, aproveitar o câmbio favorável aos brasileiros para comprar combustível, vinho ou energético por até um terço do preço ou mesmo olhar as vitrines das dezenas de lojas de roupas da cidade. Em Bernardo de Irigoyen são aceitos pesos e reais. Há ainda cassinos que atraem brasileiros, há anos proibidos de arriscar a sorte em casas de jogos como essas em território nacional.

A certeza de que o território é mesmo estrangeiro vem uns 200 metros depois do posto de controle, quando se avista a tradicional e autoafirmativa placa "Las Malvinas son argentinas", cravada num cruzamento. Ali, um muro pintado de branco e azul, cores da bandeira argentina, dá boas-vindas ao visitante: "Solo se ama o que se conoce. La patria comienza en la fronteira. Bienvenidos a Bernardo de Irigoyen [Só se ama o que se conhece. A pátria começa na fronteira. Sejam bem-vindos a Bernardo de Irigoyen]".

* * *

Pizzolato passou por ali numa manhã de quarta-feira. Não teve tempo de explorar a cidadela, arriscar a sorte num cassino nem fazer compras. Tinha pressa e um rigoroso cronograma a cumprir. A partir daquele ponto, enfrentaria mais uma vez muitas horas dentro de um carro.

Seu destino era o aeroporto internacional de Ezeiza, o maior do país vizinho e o mais próximo da capital argentina. Acabara de ver que Buenos Aires era o ponto de chegada mais distante – 1.434 quilômetros – entre as cidades argentinas listadas na placa ainda do lado brasileiro, em Dionísio Cerqueira. Ainda assim, a sensação era de muito alívio.

Em solo argentino, Pizzolato não era mais o mesmo. No controle imigratório, entregou o passaporte e informou aos fiscais que estava apenas de passagem. Não pretendia ficar muito tempo na Argentina. Os principais dados do passaporte dele foram lançados no computador. Com o documento carimbado, Pizzolato seguiu viagem como se estivesse exilado de si mesmo.

Ninguém, contudo, desconfiou de que, com exceção da foto, muito pouca coisa era de Henrique naquele passaporte italiano. O documento era verdadeiro, mas o nome e a data de nascimento no passaporte, apresentado aos argentinos na hora da travessia, eram de outra pessoa. Era praticamente um fantasma movido por puro desespero, garantem os mais próximos.

Em vez de "morrer", Pizzolato preferiu executar outro plano não menos espetaculoso, digno de folhetins, telas ou páginas como esta. Para sair do país sem levantar suspeitas, revirou seus próprios planos ao avesso e "ressuscitou" um defunto. Deixou de ser Henrique para se transformar no irmão Celso, companheiro de muitas aventuras na infância e adolescência, que perdeu a vida num acidente de carro em 1978. Assumiu a identidade de um morto para viver livre.

Henrique e Celso no vale de nuvens

Pelos trajes dos garotos, era verão e, muito provavelmente, dia de festa. Vestidos iguais, com camisa de manga curta fechadinha até o ultimo botão e suspensório, os irmãos fazem pose para aparecer na fotografia. Estão penteados e muito bem comportados. Henrique estufa o peito, aperta levemente os olhos e faz cara de sério para a câmera. Celso, menorzinho, tomba levemente a cabeça para o lado esquerdo e abre um sorriso que, mesmo envergonhado, realça as bochechas. Os dois estão com as mãos ocupadas e vestem calças bem acima da linha da cintura.

O retrato em preto e branco é um dos poucos registros de Henrique e Celso juntos na infância. Eles nasceram na década de 1950, na zona rural de Concórdia, em Santa Catarina. Distante em 450 quilômetros da capital Florianópolis, o município está cravado num vale onde a neblina paira baixa e pesada, tanto que as montanhas e a relva verde parecem ter sido engolidas por nuvens nos dias em que o sol custa a esquentar.

O passado dos irmãos no vale de nuvens virou lembrança cuidadosamente guardada num porta-retrato envelhecido, no escritório do apartamento em Copacabana, onde Pizzolato passava os dias, antes da fuga, navegando na internet. Nesse canto da casa, há dois terços, um em cada quina superior de um quadro, e outros cinco pendurados diretamente na parede – o gancho do sexto, escolhido por Henrique para acompanhá-lo na fuga, permanecia vazio em maio de 2014.

Na mesma prateleira em que ele aparece no retrato ao lado de Celso, existem ainda duas fotos de Henrique com a mulher – numa delas, já é adulto e também está de suspensórios –, uma imagem de Santa Clara e outra de São Francisco, além de quadros e muitos livros, dentre os quais, duas obras do espiritismo: *Caridade*, de Chico Xavier, e outro com o sugestivo nome *De volta ao passado*, de César Augusto Melero e Célia Xavier de Camargo.

Henrique, que é católico, havia buscado, no final do julgamento do mensalão, conforto também no kardecismo, de acordo com reportagem do jornal *O Globo*. Além de rezar na paróquia Nossa Senhora de Copacabana, ao lado de casa, ele passou a frequentar um centro espírita no Engenho Novo, na Zona Norte do Rio.

Ao lado das obras kardecistas, estão três livros do teólogo, filho famoso de Concórdia e ex-aluno do pai de Henrique e Celso na cidade onde os meninos nasceram. Pedro Pizzolato deu aulas de francês ao jovem Leonardo Boff, que anos depois seria expoente da Teologia da Libertação. Em vez de cobrar, Pedro, em troca, aprendia contabilidade com o pai de Boff, Mansueto, como contou uma reportagem do jornal *Folha de S.Paulo*. Além de Boff, Pedro Pizzolato ensinou aos próprios filhos e à meninada da comunidade rural de Engenho Velho, distante 23 quilômetros do centro da cidade.

Ele foi professor da escola rural José Pierezan por muitos anos, nas décadas de 1950 e 1960. O espaço ainda tem o mesmo nome, mas foi reconstruído e unido a um terreno ao lado. Ganhou pátio, cantina e novas salas de aula para separar os alunos por idade e série, o que não acontecia antes quando a escola tinha apenas duas salas para ensinar todas as crianças de Engenho Velho. Do tempo em que Pedro trabalhou lá sobrou pouca coisa. Nos arquivos da escola, um álbum de fotos mostra o retrato do ainda jovem diretor Pizzolato de óculos, cabeça baixa, concentrado em folhas de papéis na mesa de trabalho.

O professor Pizzolato desperta sentimentos controversos em seus ex-alunos. Ninguém questiona a lisura, seriedade e simplicidade dele. Também não se discute a capacidade de transmitir o vasto conhecimento que domina, graças a anos de muito estudo. Mas Pizzolato pai é lembrado por ex-alunos como um homem muito enérgico, com um amplo repertório de castigos e punições.

Pedro não tolerava nenhum tipo de brincadeira fora de hora, malcriação ou molecagem. Até mesmo chegar à sala de aula com as mãos e unhas sujas ou indevidamente uniformizado poderia render varas de marmelo nas pernas, "reguada" nos dedos ou a temida ordem para ficar de joelho sobre frestas de madeira, grãos de milho ou pedrinhas. Castigos comuns aplicados por professores daquela época e que revoltam os ex-alunos quando se lembram das punições.

Terezinha Scortegagna ainda vive em Engenho Velho, quase em frente à nova escola. Entre os anos 1950 e 1960, ela se lembra bem de Henrique e Celso brincando e correndo por ali e mais ainda das broncas do professor Pizzolato. Conta que nem calça extra para proteger as pernas em dias de frio era tolerada. E dá-lhe vara de marmelo para aprender a usar o uniforme corretamente. Altair de Prá cresceu, virou alfaiate, mas nunca se esqueceu das vezes em que foi obrigado a ficar de joelhos sobre as frestas de ripas de madeira do corredor da escola. Doíam os joelhos, feria-se o orgulho de se submeter ao castigo na frente de todos, muitas vezes por uma traquinagem besta.

Apesar dos traumas ainda vívidos na memória de alguns, todos em Concórdia ainda respeitam muito o ex-professor, que acabou se aposentando como funcionário da prefeitura, depois de ocupar outros cargos na administração local – foi, por exemplo, secretário municipal de Transportes. Aos 85 anos, completados em 12 de maio de 2014, com o cabelo completamente branco, olhos azuis e óculos com lentes mais grossas para aguçar a visão, ele já não exibe o vigor e a disposição de antigamente. Mas ainda caminha pelas ruas do centro de Concórdia, numa rotina que se repete praticamente todas as tardes.

Por volta das 13h30, sai de casa de mãos dadas com a cuidadora Iraci, uma descendente de poloneses com cara de brava que o protege como um cão de guarda. Ela morava com Pedro no terceiro andar de um prédio, no alto de uma ladeira capaz de tirar o fôlego de jovens com 50 anos a menos que aquele senhor de passos lentos porém firmes.

Diariamente descem juntos o morro, atravessam a praça, passam em frente à igreja matriz e viram na rua do posto de gasolina, com destino ao Clube de Veteranos de Concórdia. Vez ou outra, param para cumprimentar alguém ou conversar com os conterrâneos. Em seguida, enfrentam a subida de uma rua levemente íngreme e mais 25 degraus para encontrar outros aposentados, jogar cartas e muita conversa fora. De vez em quando, até rola uma cervejinha com os amigos, antes de encarar a ladeira na volta para casa.

Desde que Henrique fugiu e, principalmente, depois da divulgação de que ele usou os documentos do irmão morto para chegar à Itália, Pedro Pizzolato não esconde o desgosto de ver o mais pródigo dos filhos prestando contas à polícia e à Justiça. Está visivelmente abatido, dizem os amigos. Passou a ser um homem de poucos sorrisos e mais melancólico. A parentes mais próximos, reclamou que essa não foi a educação que dera a Henrique. O senhor que punia com rigor os próprios filhos e os dos outros por malfeitos tão menores passou a conviver com a insistência de repórteres ávidos por uma declaração qualquer e com a desconfiança de vizinhos em relação à conduta do filho, além do lamento dos parentes, que viram o sobrenome Pizzolato atrair adjetivos nunca antes ouvidos e completamente indesejáveis.

Repórteres passaram a fazer plantões esporádicos na porta do prédio, no alto da ladeira. Frequentemente tocam o interfone ou ligam para o telefone fixo de Pedro, que chegou a dar declarações à imprensa tão logo a notícia da fuga foi divulgada. Como o assédio cresceu, ele passou a evitar os jornalistas. Muitas vezes, finge não estar ou pede para avisar que não vai dar entrevistas.

Abordado numa tarde de terça-feira, durante o trajeto entre o apartamento no alto da ladeira e o clube, Pedro Pizzolato pede, mais uma vez, para que não o leve a mal, mas não quer falar sobre o filho nem sobre o próprio passado. Pede desculpas e, como quem procura por compaixão, diz que está tomando antidepressivos e que precisa andar amparado por uma cuidadora para não cair.

O senhor, de fato, está tomando remédios "tarja preta", prescritos por um médico indicado pela irmã caçula de Pizzolato pai. Apesar da idade e da preocupação com a tormenta em que se transformou a vida de Henrique Pizzolato, ainda caminha firme por toda a cidade e dirige o próprio carro, que teria sido um presente do filho, assim como o apartamento onde vive no centro de Concórdia.

Para se livrar das perguntas, diz que as irmãs, tias e tios de Henrique podem falar da história dos Pizzolato. "Eu não tenho condição nenhuma de dar entrevista. Olha bem, no estado em que estou aqui, vê se vou lembrar coisa de sessenta ou setenta anos atrás", afirma. Como quem encerra o caso, Pedro bate no chão três vezes a ponta metálica do enorme guarda-chuva negro, que às vezes serve de bengala, e segue sua caminhada rumo ao clube.

No dia anterior, ele havia completado 85 anos. Não teve festa, nem a família se reuniu. Não havia clima para celebrar. Uma das sete filhas ligou para dar os parabéns pelo aniversário, conta a cuidadora.

Ele chorou ao telefone, não conseguiu falar direito e dormiu mal à noite. Longe de Pedro, Iraci foi extremamente solícita e havia prometido tentar convencê-lo a dar uma entrevista. Na frente dele, contudo, se transforma. Como um guarda-costas, segura firme a mão de Pedro para acelerarem o passo e ele nada mais declarar.

Ainda há tempo para uma última pergunta, feita de improviso, na esperança de que ele pare e aceite falar um pouco sobre sua própria vida antes e depois da fuga do filho. Questionado se tem vontade de ir à Itália para reencontrar Henrique, o pai reage com certo ar de indignação: "Itália, eu?" Ele continua a caminhada em silêncio, a passos lentos, sem olhar para trás.

Quando tinha mais disposição, Pedro bem que tentou levar a irmã caçula à Itália uma vez. Prometeu pagar a passagem e a estadia de Lídia Pizzolatto de Rossi – ela com o sobrenome grafado com dois "t". Mas o plano de ficar pelo menos um mês longe de casa, em outro país, a assustou. "Se eu gostar do lugar, tudo bem, se eu não gostar, não venho para casa sozinha", diz, ainda hoje convencida de que não suportaria um mês inteiro num lugar que não a agradasse. Mesmo se esse lugar fosse onde o pai dela nasceu, a cidade que fica em cima d'água. Esse era o jeito que Vittorio Pizzolato falava da terra natal. Para Lídia, só pode ser Veneza, onde o meio de transporte é através das águas, de gôndola, lancha ou *vaporetto* (o coletivo da cidade).

Ao buscar refúgio numa região a 350 quilômetros de Veneza, Henrique fez o caminho inverso do avô Vittorio Pizzolato, que procurou no Brasil uma saída para seus problemas. "Nono" Pizzolato fugiu do desemprego brutal que assolava a Itália. Em busca de uma vida mais justa, deixou a pátria pela qual lutou na Primeira Guerra Mundial e se feriu no campo de batalha. As sequelas, contudo, foram muitas. Vittorio tinha problema numa das pernas, a mão direita era inválida, e o braço era atrofiado, nas palavras da filha Lídia.

Mesmo com as marcas do *front*, a elegância de Vittorio era notória e, até hoje, lembrada. Ele não dispensava terno, gravata e chapéu de pano. Apesar do bom gosto, eram as cicatrizes que atraíam a curiosidade alheia, em especial a das crianças. Elas olhavam uma, duas, três vezes. Não entendiam o que ele tinha na perna nem por que a mão e o braço dele eram daquele jeito. Todo mundo queria saber o que tinha acontecido.

A resposta do italiano vinha sempre acompanhada das histórias da grande batalha travada entre os Aliados e os Impérios Centrais. Inicialmente do lado dos impérios alemão e austro-húngaro, a Itália passou o primeiro ano sem entrar no campo de batalha. Mudou de lado e acabou apoiando Reino Unido, França e Rússia. E lá foi Vittorio lutar numa guerra onde todos estavam armados até os dentes. Ele sentiu na própria pele a eficiência da tropa inimiga. “Estava na trincheira – não sei bem como que era isso –, e atiraram granadas. Uma estourou na perna e no braço, cortando todos os seus nervos”, conta a filha Lídia, num resumo básico de como o pai explicava aos curiosos as cicatrizes da guerra.

De fato, o poderio bélico dos dois lados era tão forte que parecia impossível avançar as tropas sem perder vidas. A tal trincheira a que Lídia se refere foi uma técnica desenvolvida pelos soldados para proteger e atacar. Virou uma das marcas daquela guerra. As tropas cavaram buracos com cerca de dois, três metros de profundidade por dois de largura e, nos pontos mais altos, colocavam sacos de areia e arame farpado na tentativa de conter os inimigos e amortecer as explosões. Por mais capilares que fossem, com escavações em linhas retas, perpendiculares e auxiliares, elas não eram imunes a ataques certeiros de bombas, granadas ou tiros.

Pelo ato de bravura na trincheira, Vittorio foi condecorado. Mas a indenização pelos ferimentos demorou a vir. Anos depois de ter migrado para o Brasil com a família, já com filhos, uma parente que ficou na Itália entrou em contato e avisou que Vittorio tinha direito a ganhar dinheiro por ter lutado e se ferido na guerra. Só então passou a receber notas de câmbio enviadas pela Itália.

Depois de quase morrer na guerra, Vittorio embarcou numa viagem sem volta com a mãe e os dois irmãos. Chegaram ao Brasil numa das muitas levas de italianos que se estabeleceram no Rio Grande do Sul. Seguiram os passos dos milhares de patrícios que, a partir dos anos 1880, se viram sufocados pela Revolução Industrial. Acabaram seduzidos pelas propagandas que falavam da terra da fartura e prometiam assistência completa aos que se arriscassem a cruzar o Atlântico.

Eram muitos os cartazes e panfletos com ofertas sedutoras. Num deles, comidas caíam do céu no Brasil. Em outro, com o título "Na América. Terras no Brasil para os italianos", a imagem de um navio enorme convida para a viagem que começava toda semana a partir do porto de Gênova com destino a uma terra perfeita para construir sonhos com a família: "Um país de oportunidades. Clima tropical e abundância. Riquezas minerais. No Brasil vocês podem ter o seu castelo. O governo dá terras e ferramentas para todos".

O Brasil não tinha castelos para oferecer aos novos moradores, mas precisava de braços, em especial para as lavouras de café, e de novos proprietários rurais para ocupar territórios mais longínquos. Com o tráfico de escravos africanos cada vez mais restrito, havia carência de mão de obra. A Europa, por sua vez, se desesperava com a escassez de trabalho – um dos efeitos imediatos da Revolução Industrial – e estava mergulhada numa crise até então sem precedentes.

Num curto período de tempo, entre o final do século XIX e início do XX, cerca de 4 milhões de italianos deixaram o próprio país em busca de melhores oportunidades. De 1884 a 1903,

1.048.137 italianos desembarcaram em portos brasileiros, formando o maior contingente de toda a imigração italiana no Brasil. Nos próximos 56 anos, outros 459.378 fizeram o mesmo caminho, de acordo com registros do IBGE (Instituto Brasileiro de Geografia e Estatística). O fluxo reduziu drasticamente diante das notícias que chegaram à Itália. Não faltavam relatos de péssimas condições de vida nas lavouras de café e de dificuldades para se chegar aos terrenos pelas matas fechadas, erguer casas e plantar no Sul. Houve ainda diminuição significativa dos benefícios, como casa provisória, auxílio para construção, lote financiado e viagem subsidiada. Quem quisesse arriscar a sorte no Brasil passou a ter que pagar a própria passagem.

Os Pizzolato não se intimidaram. Nem mesmo as histórias de quem se decepcionou com a terra da fartura fizeram a mãe viúva e os três filhos desistirem de tentar a sorte no Brasil. Vittorio Pizzolato contou aos filhos que a viagem de navio durou um mês inteiro. A maioria das embarcações saía de Gênova ou Nápoles com destino ao Rio de Janeiro ou a Santos. Superlotadas, não ofereciam assistência médica nem acomodação confortável. Eram de 21 a 30 dias de pura peleja no mar, com comida precária, risco de furto e de morte. A família Pizzolato sobreviveu às muitas dificuldades e foi se instalar próximo a Caxias. Mesmo com sequelas da guerra, Vittorio trabalhou em frigorífico, casou e construiu família.

Na década de 1930, assim como fizeram outros patrícios, Vittorio Pizzolato mudou-se com seis filhos para Santa Catarina, onde teve mais uma filha, e fincou raízes. Para viver com a família, escolheu um dos distritos da zona rural de Concórdia, colônia que ganhou título oficial de município em 1934. Localizada no Oeste catarinense, Concórdia, assim como toda aquela região, foi inicialmente desbravada por uma representação da Capitania de São Vicente – o estado de São Paulo nos tempos em que o Brasil foi fatiado em capitanias hereditárias.

No site da prefeitura de Concórdia, conta-se que, depois dos índios tupis-guaranis, quem abriu caminho nas montanhas da região foram "jagunços, caudilhos, fanáticos e figuras lendárias". Mas quem chegou para ficar em Concórdia foram, em sua maioria, colonos italianos e alemães vindos do Rio Grande do Sul, além de alguns poloneses – todos atraídos pelas oportunidades oferecidas pela companhia internacional Brazil Development and Colonization Company para se dedicarem à agricultura. O decreto presidencial de 13 de março de 1912, assinado pelo presidente militar marechal Hermes da Fonseca, concedeu autorização para a sociedade anônima – com sede na cidade de Portland, no estado do Maine, nos Estados Unidos – funcionar na República do Brasil.

Os objetivos da corporação norte-americana, listados no decreto, iam da letra "a" à "t". O primeiro item da lista de propósitos da empresa falava em comprar terras no Brasil e em outras repúblicas da América do Sul para "colonizar, desenvolver os recursos e melhorar, utilizar, possuir, manter, vender, dispor ou utilizar e aproveitar de outra forma as terras, direitos e propriedades na ocasião da companhia do modo que a companhia entender e especialmente promover a emigração, imigração e colonização, estabelecendo ou promovendo ou auxiliando o estabelecimento de povoações, aldeias, vilas, cidades". Com apoio do governo, a Brazil Development and Colonization Company entrou no país para fazer dinheiro ocupando as terras, criando povoados e explorando o fluxo migratório em lugares muito distantes da então capital federal Rio de Janeiro.

Os imigrantes que em Concórdia se instalaram investiram toda sua economia e esforços naquele pedaço de terra no Oeste catarinense. O povoado cresceu, lutou para ser cidade autônoma e ganhou destaque como produtor de suínos e produtos agrícolas, sendo elevada ao ranking dos mais prósperos municípios de Santa Catarina.

Foi o dono de um moinho minúsculo e de um frigorífico inacabado o primeiro a colocar a cidade no mapa dos negócios interestaduais. Em 1944, Attilio Fontana (1900-1989) criou a S.A. Indústria e Comércio Concórdia. A partir das letras iniciais de "Sociedade Anônima" e das três últimas letras da palavra "Concórdia", o negócio ganhou o nome fantasia de Sadia. Três anos depois de criada, a Sadia virou marca registrada e abriu uma distribuidora em São Paulo para comercializar, primeiramente, produtos suínos.

Sem caminhões frigoríficos, no início, a empresa arrendou um avião para transportar a mercadoria perecível de Concórdia para os consumidores mais distantes, em especial os do eixo Rio-São Paulo. Com o sucesso do negócio, passou a investir também no abate de aves e logo estava inaugurando indústrias, depósitos e escritórios comerciais em outros estados. Os produtos da Sadia se espalharam pelos mercados, padarias e geladeiras de diferentes cidades Brasil afora.

Concórdia cresceu junto com sua mais famosa empresa. Até a década de 1990, a Sadia representava aproximadamente 80% do PIB do município. Em 2014, diminuiu o grau de dependência da cidade em relação à empresa, que virou BRF, depois da fusão da Sadia com a Perdigão. Ainda que em menor escala, a companhia continua produzindo e soltando fumaça pelas chaminés numa das entradas de Concórdia. A cidade ganhou ainda prédios, ônibus e muitas lojas sem, contudo, perder o charme de interior. Como se fosse uma paisagem de transição, é possível encontrar casas com porteira, pomar, antena parabólica e vista para os prédios que tomaram conta de parte do horizonte.

Vittorio Pizzolato viu a cidade que escolheu para viver crescer e atrair novos moradores. Em 2013, as estatísticas oficiais contabilizaram 71 mil habitantes. Desses, estima-se que cerca de 50 mil sejam descendentes de italianos, tais quais os Pizzolato. As influências do Rio Grande do Sul e do Paraná também estão presentes. Em Concórdia, bebe-se muito chimarrão. Mas muita gente prefere temperar a erva, para que fique mais suave e adocicada que a gaúcha.

Também se come muito pinhão, a exemplo do Paraná, assado na brasa ou cozido, principalmente nos dias mais frios do inverno.

Moradores contam que a polícia local não dá trégua para forasteiros mal-intencionados e logo coloca criminosos e trambiqueiros para correr. Quando os quesitos são renda, expectativa de vida e educação, a região apresenta Índice de Desenvolvimento Humano (IDH) de 0,800, o 44º do Brasil, e postura de Primeiro Mundo. As ruas muito limpas, as calçadas bem conservadas e os motoristas educados, que param para o pedestre atravessar na faixa sem a necessidade de fazer qualquer sinal, impressionam.

O sotaque, para ouvidos mais acostumados com o jeito de falar do Sudeste e do Nordeste, soa bastante engraçado. As origens italianas marcam a fala dos habitantes locais, que carregam nas últimas sílabas das palavras ou nas últimas palavras das frases, como se quase todas fossem tônicas. Ainda assim, a principal marca é mesmo o som do "R", que costuma sair invertido. Quando dizem que "um carro custou caro", ouve-se "o caro custou carro".

Vittorio Pizzolato aprendeu português, mas sempre preferiu falar italiano, diz a filha Lídia. Em casa, usava sua língua pátria, que acabou se transformando num dialeto peculiar. Por influência do pai, Lídia ainda solta algumas palavras capazes de deixar as netas brasileiras confusas. O sotaque o pai de Lídia não perdeu, mas se viu obrigado, junto com a família, a falar apenas português – uma das muitas exigências impostas pelo governo federal aos imigrantes durante a Segunda Guerra Mundial.

O rompimento das relações do Brasil com Itália, Alemanha e Japão (os países do Eixo) transformou a vida dos súditos dessas nações num inferno repleto de proibições. O fim da neutralidade do Brasil foi anunciado em janeiro de 1942, mas por quase dois anos o presidente Getúlio Vargas mandava recados diretos aos imigrantes. Um deles foi proferido bem perto dos Pizzolato, em março de 1940. Durante discurso em Blumenau, Santa Catarina, o presidente assinalou que, "aqui, todos são brasileiros". "O Brasil não é inglês nem alemão", disparou o presidente numa região repleta de germânicos.

Tão logo o Brasil declarou como inimigos os países do Eixo, os recados de Getúlio foram sendo convertidos em medidas gradualmente mais duras e asfixiantes. No início, italianos, japoneses e alemães podiam fazer de tudo, menos falar o próprio idioma, sob risco de serem presos se desafiassem a ordem.

A língua portuguesa passou a ser obrigatória para o ensino de qualquer disciplina nas escolas, e apenas brasileiros natos poderiam atuar como professores. A idade para crianças aprenderem idioma estrangeiro passou de 10 para 14 anos. Com base nas determinações baixadas pelo Executivo federal, alguns estados, como São Paulo, decidiram impor restrições extras para tentar controlar as consideradas perigosas "ideologias" do Eixo.

As restrições do governo federal contra os estrangeiros inimigos só aumentavam. Em 11 de março de 1942, o decreto do presidente Getúlio Vargas – que contrariou recomendações militares ao decidir pelo lado dos Estados Unidos na guerra – determinou que os imigrantes pagariam pelos prejuízos causados ao Estado brasileiro pelos ataques e agressões dos países inimigos. O dinheiro dos imigrantes bancaria indenizações, em especial às vítimas dos frequentes ataques alemães na costa brasileira. Entre novembro de 1939 e julho de 1945, sob o comando supremo de Adolf Hitler, submarinos e embarcações nazistas afundaram um total de 32 navios mercantes. Entre militares, tripulantes e passageiros, morreram 1.439 pessoas.

Getúlio Vargas mandou confiscar uma porcentagem dos depósitos bancários dos italianos, japoneses e alemães residentes no Brasil que tinham economias acima de dois contos de réis.

Naquela época, compravam-se dez vacas com dois contos. Na lista de medidas que asfixiaram os imigrantes, havia outras ainda mais severas. O presidente autorizou a rescisão de contratos de trabalho sem pagamento de indenizações ou direitos de imigrantes das nações com as quais o Brasil rompeu relações ou se encontrava em estado de beligerância. Também foi decretada a liquidação extrajudicial de empresas, bancos e indústrias de maior porte controlados por "súditos do Eixo". Salvaram-se apenas os pequenos negócios e os com menos posses.

Quase toda onda de ataques na costa brasileira desencadeava uma reação de Getúlio, que apostava em medidas duras para tentar inibir os que transmitiam informações dos navios a serem atingidos pelos submarinos alemães. Em 9 de julho de 1943, por exemplo, o presidente anunciou que cumpriria uma promessa feita no ano anterior, que determinava que italianos, japoneses e alemães do litoral paulista ficassem a 100 quilômetros do mar. Grande maioria dos que foram retirados à força eram japoneses, que chegaram em maior número ao Brasil num momento posterior a italianos e alemães. Ainda assim, cerca de 10 mil imigrantes foram obrigados pelas tropas da Força Pública e do Exército a largar tudo e fazer fila para entrar em trens que partiriam da Baixada Santista e subiriam a Serra do Mar com destino a São Paulo.

As medidas que encurralaram os imigrantes pareciam coerentes com as atitudes de Getúlio Vargas, presidente que, a partir de novembro de 1937, incorporou vestes de ditador e atacou, a canetadas, as principais liberdades individuais. Fechou o Congresso, mandou extinguir partidos políticos, suspendeu as eleições presidenciais de 1938 e calou a imprensa, impondo a censura.

Aos trancos e barrancos, com muita dificuldade e pouco dinheiro, os primeiros Pizzolato nascidos no Brasil sobreviveram às restrições que lhes foram impostas ao longo do tempo. Tiveram filhos, netos e bisnetos e viram o sobrenome da família, ora grafado com um "t", ora com dois, ganhar agregados e se multiplicar.

Em Concórdia, Vittorio já não mais trabalhava fora de casa, conforme conta a filha Lídia. Ajudava a mulher com pequenos serviços na roça, do jeito que podia e sua saúde permitia. Os sete filhos – Félix, Pedro, Carlo, Maria, Ernesto, Odila e Lídia – também começaram a trabalhar cedo e logo formaram família.

Pedro, o segundo da prole de Vittorio, casou-se com Odilla* e tiveram seis filhos em dez anos. Em 1951, nasceu Lourdes, no ano seguinte, veio Henrique e, na sequência, Celso. Depois deles, ainda tiveram mais três meninas: Solange, Sonia Maria e Celia Mariza.

De boa formação, Pedro virou professor. Antes mesmo de completar a família, foi transferido para a escola de Engenho Velho para ensinar as crianças do povoado. Com poucas posses, quase nunca visitava o pai e os irmãos, que ficaram na colônia chamada Suruvi. O longo caminho entre os dois distritos rurais precisava ser percorrido a cavalo, e a família Pizzolato o fazia somente em datas especiais. Os reencontros naquela época eram muito raros, não aconteciam mais que umas duas vezes por ano, diz Lídia.

A vida era difícil para muita gente em Engenho Velho, uma colônia ainda repleta de filhos de italianos, cercada por vales belíssimos. A vila nunca foi muito mais do que é hoje: uma igreja no alto do morro, uma rua comprida e casas muito dispersas, a maioria delas de madeira, impecavelmente pintadas em tons variados das cores creme, salmão, verde e azul. Nos canteiros e calçadas, florzinhas diversas, entre elas, rosas muito rosas e cravo-de-defunto laranja. Colonos da região continuam investindo pesado na criação de suínos e aves para vendê-los à antiga Sadia e à cidade

* Apesar de sobrenome igual, não tem qualquer relação com a autora do livro. (N. do E.)

vizinha, Seara (que leva o mesmo nome da marca concorrente da BRF). Recentemente, começaram a se arriscar também na produção de gado leiteiro.

Pouco mudou desde os tempos em que os Pizzolato ali viveram. O mercadinho ganhou uma variedade maior de produtos e o asfalto chegou, facilitando o acesso a Engenho Velho. Uma enorme represa foi construída para infortúnio dos moradores, que esperavam mais bonança com a mudança do curso do rio Uruguai e de seus afluentes. A casa onde os Pizzolato moraram, ao lado da escola, também já não existe mais.

O lugar, entretanto, continua lindo, repleto de paisagens de tirar o fôlego, em especial pela manhã, quando a neblina toma conta dos vales, encobrindo casas, árvores e montanhas. Num primeiro olhar, dos pontos mais altos, as nuvens se confundem com grandes lagos, e a impressão é de que a água tomou conta da região. Mas basta o sol esquentar para os vales de nuvens voltarem a ser vales de grama verdíssima, de araucárias, de plantações esparsas e de algumas vacas pastando tranquilas. Lago nos arredores só existe um, com mais de 80 quilômetros de extensão e uma largura média de 500 metros, criado depois da construção da usina hidrelétrica de Itá, que viu os reservatórios encherem a partir do ano 2000.

Cinco décadas antes, crianças das famílias Pizzolato, Vicari, De Prá, Allieri, Cerutti, Rizzolli, Zampieron, Vargas e de tantas outras aprenderam a andar, falar e brincar em Engenho Velho, provavelmente com paisagens ainda mais bucólicas. Ali também lhes foi ensinado a ler e escrever sob uma severa disciplina, acompanhada de muito sacrifício e uma dose de sofrimento.

Pouca gente tem saudade da vida dura na colônia das décadas de 1950 a 1960. Muitas crianças dividiam a rotina de aluno com a de trabalhador rural.

Os três irmãos Cerutti iam todos juntos para a escola no lombo de um único cavalo que morria de medo de carro e trator. Um dia o cavalo se assustou e caiu, levando ao chão a meninada. Deonildo, o menor da turma, ralou a perna e foi socorrido na única farmácia da vila. Não havia médicos de plantão nem posto de saúde para atendimento emergencial. Acabou apanhando em casa porque, machucado, não poderia ajudar a varrer o chiqueiro nem cuidar da roça.

O trabalho no campo era prioridade. Muitos pais sequer permitiam aos filhos tomar banho nos riachos, pescar ou passar as tardes brincando na vila, onde ficavam a escola, o mercado e a igreja. Por causa da distância e das obrigações diárias com as criações e plantações, os filhos dos agricultores quase não se relacionavam com as crianças da vila. Brincavam juntos só mesmo na hora do recreio, na escola onde meninos e meninas de 7 a 12 anos se dividiam em duas salas de aula.

A escola estadual de educação básica José Pierezan ainda guarda registros de 1964, com a lista de seus 37 alunos daquele ano. Em duas páginas já envelhecidas pelo tempo estão o nome completo, a data de nascimento, a série, além de dados dos pais das crianças. Todas as mães, sem exceção, eram donas de casa – identificadas no documento encadernado como "domésticas". Os pais, em sua maioria, eram agricultores. Havia apenas um alfaiate, um comerciante e um professor, este último Pedro Pizzolato, que mantinha matriculados naquele ano os quatro filhos em idade escolar: Lourdes, Henrique, Celso e Solange.

No começo de 1964, com 12 e 11 anos, respectivamente, Lourdes e Henrique cursavam a quarta série. Celso, aos 9, estava na terceira, e Solange, de 7, ainda na primeira série. A diferença de idade entre os dois meninos era de pouco mais de dois anos: Henrique nasceu em 9 de setembro de 1952 e Celso, em 15 de novembro de 1954. Mas isso não os impedia de viver grudados durante o tempo em que passaram em Engenho Velho, perambulando e brincando sempre juntos nos arredores da escola.

Nunca recusavam participar de uma partida de futebol. A bola era quase sempre improvisada, recordam os meninos que jogaram com os irmãos Pizzolato naquela época. Valia de tudo: bexiga de porco, palha costurada ou até um limão grande de casca mais grossa. Também gostavam de jogar "bulita", uma versão catarinense do jogo de bolinha de gude. Com amigos e parentes, as crianças de Engenho Velho às vezes cavalgavam nas margens dos rios Uruguai e Jacutinga e, nos dias mais quentes do verão, os mais corajosos tomavam banho naquelas águas.

Henrique e Celso, relatam os mais próximos, eram dois opostos que se atraíam. Sempre com um sorriso no rosto, nada parecia tirar Celso do sério. Era a tranquilidade em pessoa. Henrique era mais agitado e nervosinho. Não raro se irritava colocando a língua para fora, mordendo e mexendo-a para os dois lados repetidamente. Era como se dissesse "não" com a língua. Isso acontecia toda vez que errava um lance ou perdia um gol no futebol.

Lídio Cerutti lembra-se bem de como Henrique, seu colega de sala, ficava bravo sempre que alguém ousava rivalizar com ele nas brincadeiras ou nos estudos. Uma entrada mais agressiva no futebol, um desentendimento besta na hora do recreio, uma gozação qualquer durante as aulas, ou qualquer outra discussão típica da infância, tiravam o menino do sério e por vezes acabavam em briga. Lídio nunca se esqueceu das surras que levou de Henrique. Como o amigo era filho do professor, e ele, de um agricultor de pouca voz, como diz, o melhor era não revidar nunca os chutes e socos distribuídos por Henrique, dez meses mais velho que ele. Temia o castigo na escola e também em casa.

Em Concórdia, Henrique é lembrado como um garoto agitado mas inteligente. Não era brilhante no futebol nem namorador, porém ia muito bem na escola. Os registros do histórico escolar do filho do professor se perderam. Na memória dos amigos ficou a imagem de um menino estudioso, de notas sempre muito altas.

Dias depois de completar 11 anos, Henrique viveu um dos primeiros grandes baques da vida: encarou a morte de uma das pessoas que mais amava no mundo. A dor da perda foi tamanha que era como se tivesse perdido um pedaço enorme do seu corpo franzino. No dia 26 de setembro de 1963, a mãe dele foi enterrada no cemitério de Concórdia. Por meses Odilla sofreu com dores horríveis que lhe impediam de levantar a cabeça. Ninguém sabe ao certo explicar de que ela morreu, mas se lembram da imagem daquela mulher de olhar sereno e sofrido, sempre com a cabeça baixa e o queixo cravado no peito. Odilla parecia reagir àquela situação com desânimo e prostração. A morte lhe buscou aos 29 anos, deixando Pedro viúvo com seis crianças pequenas.

Com Odilla doente, alunas e vizinhas de Pedro a ajudavam a olhar as crianças e a limpar a casa. Ele bem que tentou contratar uma senhora mais velha para cuidar dos filhos, mas não deu certo. A vida dos Pizzolato mudou quando uma jovem de Engenho Velho, também filha de italiano, declarou à família que queria se casar com Pedro. Elide Nespolo tinha vinte e poucos anos e estava completamente apaixonada pelo professor que acabara de ficar viúvo. O pai e a mãe de Elide eram contra o casamento. Não tinham nada contra Pedro – que havia trabalhado como guarda-livros na cooperativa do casal Nespolo –, simplesmente achavam que seria pesado demais para a filha assumir um marido com seis crianças. Elide insistiu. Amava Pedro, queria ficar com ele e com os filhos da falecida.

Os pais, então, autorizaram a união sob uma condição: nunca judiar das crianças e tratá-las como se fossem filhos legítimos. Três meses depois do enterro da primeira mulher, Pedro e Elide esperavam um filho. Em 12 de setembro de 1964, nasceu Gilnei. Depois, entre 1967 e 1972, vieram outras três meninas: Sandra Izabel, Silvana Beatriz e Adriana.

Essas e outras histórias das famílias que se uniram ainda estão frescas na memória de Mercedes Nespolo, irmã de Elide. Ela considera até mesmo os filhos da falecida Odilla como seus sobrinhos. Viu todos crescerem, endossando a forma rigorosa como o cunhado criou os filhos. "O Pedro era bastante severo com eles", diz.

Enquanto ouve rádio e tricota na sala da confortável, porém modesta, casa de madeira em Engenho Velho, Mercedes vai contando um pouco da vida dos Pizzolato. De Henrique, lembra que logo cedo ganhou o apelido de Tite e era um garoto "muito bonzinho". O tique com a língua marcou os colegas de futebol e a tia também. "Eu até achava graça. Quando ele se incomodava, enrolava e mordia a própria língua. Era gozado", diz, rindo da imagem que automaticamente lhe vem à mente.

Segundo Mercedes, a irmã dela cumpriu à risca a promessa de não maltratar as crianças da falecida Odilla. Uma vez, quando Pedro e Elide estavam recém-casados, Henrique e Celso se atracaram numa briga que parecia não ter fim. A madrasta chamou a atenção dos meninos, e Henrique mostrou o lado mais desaforado e rebelde de um órfão de 11 anos:

– Você não manda em mim, não é minha mãe! – disse aos berros, com lágrimas nos olhos e, claro, mordendo e revirando a língua.

Visivelmente irritado, o pai, que não tolerava atitudes desrespeitosas, partiu para cima do filho, disposto a dar uma surra daquelas inesquecíveis. "Pegou um espeto e deu nele. Elide teve que tirar o Henrique das mãos de Pedro", recorda Mercedes. A partir daquele dia, o garoto passou a respeitar Elide e a chamá-la de mãe. Anos depois, incluiu a madrasta como dependente dele no Banco do Brasil, para ajudar nas despesas médicas em caso de doença, e passou a lhe pagar uma mesada. Quando Elide adoeceu, em 2007, Henrique esteve no quarto dela no hospital, abraçado com o pai, chorando, conta a tia. A madrasta conquistou Henrique e todos os filhos de Odilla, que a aceitaram como sua mãe.

Mercedes diz que a vida dos Pizzolato sempre foi de muito trabalho e pouca fartura. Arroz com feijão nunca faltou na cozinha da família, mas a doença de Odilla consumiu as principais economias de Pedro. Com a família crescendo, o pai acabou se mudando para um sítio na entrada da vila, onde, aos poucos, se recompôs financeiramente. No sítio, ele, a mulher e os filhos passaram a criar porcos e galinhas e também cultivaram uma horta e plantaram mandioca.

Até hoje Pedro mantém o terreno, que exibe uma placa com o nome Sítio do Nêto talhado na madeira e que ficava debaixo de um caramanchão decorado com bougainvílleas. Em maio de 2014, somente as flores de cor vermelha enfeitavam a entrada da propriedade protegida por um velho portão gradeado com alarme. Quando quer se "esconder" ou descansar, em especial nos fins de semana, Pedro vai dirigindo para o sítio, onde ainda se planta feijão, milho e bananas e se pode pescar num tanque de carpas.

Do sítio em Engenho Velho, Henrique e Celso foram direto para o seminário, no interior de São Paulo, numa cidade pertinho de Bauru. Ali, passaram a adolescência como internos, cresceram, ganhando corpo e barba. Como todo aluno de colégio franciscano, estudaram, todos os anos, a história do italiano de família abonada da cidade de Assis que se desfez de tudo, até das próprias vestes, para ajudar os mais necessitados.

Ganharam apreço por São Francisco de Assis, de cujas imagens Henrique se tornou colecionador. Nenhum dos dois irmãos, no entanto, seguiu o caminho do celibato. Henrique e Celso aparecem na lista de formandos das turmas de 1972 e 1973, respectivamente, do seminário Santo Antônio da cidade de Agudos, a cerca de 310 quilômetros da capital paulista.

Em outubro de 1972, Henrique tinha 20 anos de idade recém-completados e 1,79 metro de altura. Declarava-se estudante e morava no seminário Santo Antônio. Naquele mês, foi à delegacia de polícia de Agudos, onde preencheu a ficha de identificação e tirou carteira de identidade, emitida pela Secretaria de

Segurança Pública de São Paulo – que até hoje mantém arquivada a ficha original.

Para a foto do documento, Henrique vestiu camisa branca, terno e gravata escuros e, mais uma vez, fez cara de sério para a câmera. Também fez a barba, mas não cortou o cabelo. No retrato, aparece com a cabeleira partida de lado, exibindo um topete cacheado, estilo que foi sendo abandonado com o tempo. O documento mostra que a assinatura de Henrique Pizzolato também mudou de forma: ficou menos legível e ganhou uma espécie de seta, apontando as linhas finais para baixo.

Mas uma característica de Henrique certamente nunca mudou: as digitais. As dos dedos das mãos direita e esquerda dele estão lá na ficha, impecavelmente registradas em tinta junto com a respectiva fórmula datiloscópica. Trata-se de um sistema de classificação usado por peritos. A depender do formato das linhas das extremidades das falanges, é indicada uma letra para os polegares e um número para os demais dedos. Criado por Juan Vucetich, um croata que imigrou para a Argentina e fez carreira na polícia como diretor do centro de datiloscopia de Buenos Aires, o sistema de letras e números facilita não apenas a comparação de digitais como o arquivamento, em especial em lugares como o Brasil, onde quase nada está informatizado e a base de dados coletadas pelos Estados não são integradas.

A ficha de Henrique Pizzolato, meio alaranjada, tem anotada à caneta a fórmula datiloscópica dele: "E3333" para a mão direita e "I1122" para a esquerda. Essa sequência de letra e números significa que as linhas de todos os dedos da mão direita dele se parecem com uma presilha externa, uma espécie de laçada tendendo à esquerda ao lado do símbolo de um delta. Na mão esquerda, por sua vez, as linhas de dois dedos são similares a um arco, e os demais, inclusive o polegar, são identificados como presilhas internas. Esses símbolos e códigos detalhados foram fundamentais para a polícia confirmar que, em setembro de 2013, quem entrou e saiu da Argentina foi Henrique, usando documentos em nome do irmão Celso.

Henrique e Celso, à medida que cresciam, foram ficando cada vez mais diferentes. Não apenas fisicamente, como já mostrava a foto em preto e branco dos dois garotos vestindo camisa de botão e suspensório. Apesar da mesma criação e formação, Henrique e Celso sempre tiveram temperamentos e objetivos de vida distintos.

A tia Mercedes conta que Henrique herdou todos os genes do pai. Celso era a cara da mãe na aparência, paciência e tranquilidade. Não tinha grandes ambições como o irmão mais velho. "Eles eram bem diferentes de instinto. O Henrique sempre foi mais sério que Celso", diz Mercedes.

Por trás daquela seriedade aparente, havia uma inquietude constante em Henrique. Seu lado desafiador começou a se manifestar de forma mais visível na adolescência. Quando os militares tomaram o poder, em março de 1964, ele ainda cursava a quarta série em Engenho Velho. Aos 16 anos, viu, de dentro do seminário, o regime mostrar unhas e dentes sob a forma de uma sigla. O AI-5 (Ato Institucional número 5) escancarou que o regime era de ditadura ao institucionalizar a censura, permitir a intervenção federal nos Estados, manter atrás das grades presos políticos e abrir a possibilidade de fechar o Congresso.

Mesmo diante de um cenário de asfixia completa, o que mais parecia incomodar Henrique era a desigual relação entre empregados e patrão. Em um dos documentos enviados pela defesa dele ao Supremo Tribunal Federal, um dos advogados revela um pouco do que Henrique Pizzolato aprontava nos tempos em que tinha aulas ministradas por freis no interior paulista: "[...] Ainda estudante no colégio franciscano em Agudos, no interior de São Paulo, já participava de reuniões em bairros populares e atuando na organização dos trabalhadores das cervejarias Brahma e Froendenberger [sic]".

Henrique até podia ser um jovem agitador social, mas, no fim da adolescência, também mostrou talento para a administração, conforme revelou reportagem do jornal *Diário Catarinense*. Ele ganhou a chave do cofre logo no primeiro emprego de carteira assinada, conquistado graças ao pedido do pai a um amigo. Henrique gerenciava o trabalho e o pagamento dos funcionários da extinta Transfrios Concórdia, uma transportadora que prestava serviços exclusivos para a Sadia. O primeiro patrão, Nelson Parisenti, definiu o então jovem empregado como um garoto "esforçado e honesto".

– Ele foi muito bom funcionário. Acertava a conta com os motoristas, recebia o dinheiro, fazia depósitos nos bancos, tinha chave do cofre. Enfim, era um homem de confiança. Era ele quem anotava num quadro as saídas e chegadas dos caminhões, nomes dos motoristas, origem e destino das cargas. Senti muita falta quando ele saiu. Mesmo hoje, após todos estes escândalos, eu ainda contrataria ele", afirmou Parisenti ao *Diário Catarinense*.

Henrique continuou empregado por uns dois anos, quando pediu para sair. Logo estaria de mudança para o Rio Grande do Sul. Fora aprovado numa seleção para trabalhar no Banco do Brasil e cursaria arquitetura na Unisinos (Universidade do Vale dos Sinos), em São Leopoldo. Já na faculdade, Henrique queria que o irmão Celso seguisse os mesmos passos.

Celso, contudo, não sonhava em ser universitário. Tinha vontade de trabalhar com caminhão, fazer dinheiro e ganhar logo a independência. Para isso, não precisava de diploma. "Henrique se sentia bastante culpado, porque queria que Celso estudasse. O Celso não queria. Dizia para o Pedro que queria um caminhão desses de granel para trabalhar. Henrique insistiu tanto que ele pegou e saiu [de Santa Catarina]. Foi trabalhar em Itaipu", afirma tia Mercedes.

Celso juntou seus poucos pertences e foi para o Paraná. Lá encontrou emprego e a tão desejada independência financeira trabalhando na construção da usina de Itaipu. A hidrelétrica foi erguida na fronteira entre Brasil e Paraguai, entre 1974 e 1984, período que contabiliza a chegada das primeiras máquinas no canteiro de obras até o início da geração de energia.

O garoto de sorriso largo, que fez pose para tirar foto ao lado do irmão, continuava a cara da mãe, mesmo depois de ter deixado crescer bigode e costeletas e adotado o estilo dos Beatles no disco *Sgt. Pepper's Lonely Hearts Club Band*. Ele, contudo, teve pouco tempo para desfrutar a vida nova, longe do vale de nuvens e da família. Morreu aos 23 anos, vítima de um acidente de carro na BR-277, em Foz do Iguaçu, onde morava. O laudo do médico legista Porcidio Vilani, que fala em traumatismo craniano e hemorragia cerebral, decretou o óbito à 0h30 do dia 2 de abril de 1978.

A morte prematura de Celso abalou a família Pizzolato, que nunca se conformou com o trágico destino de um rapaz tão jovem. Para Henrique, enterrar o irmão foi seu segundo grande baque. Era como se morresse mais uma vez. Um pedaço dele certamente se foi.

O corpo de Celso voltou para Santa Catarina dentro de um caixão, seis dias depois do acidente, registrado em cartório no Paraná. Ele foi enterrado no mesmo túmulo da mãe, no modesto cemitério de Concórdia. Foi o olhar atento do alfaiate Altair De Prá – ex-colega de sala de Celso e companheiro dos irmãos Pizzolato nas peladas em Engenho Velho – que reparou aquelas vestes pouco usuais para uma cerimônia sempre tão solene como são os velórios. Em vez do tradicional terno e gravata cuidadosamente colocados pelos agentes funerários, Celso vestia um pijama azul.

"Nunca mais vi alguém sendo enterrado de pijama", diz De Prá, que, com sua fita métrica pendurada no pescoço, é capaz de visualizar e descrever exatamente como eram a calça e a camisa daquele pijama azul.

Fotos de mãe e filho, este de bigode e cavanhaque, vestindo camisa xadrez sob um casaco, estão no túmulo, junto com as respectivas datas de nascimento e falecimento. Na cova ao lado, está Gilnei, filho do segundo casamento de Pedro Pizzolato, que morreu em 1998, aos 33 anos, também vítima de um acidente de trânsito. Dirigia na rodovia estadual SC-283, estrada tortuosa que liga Seara a Concórdia, quando bateu de frente em outro caminhão – que apareceu repentinamente na contramão – sobre a ponte do rio Fragosos. Gilnei também está enterrado ao lado da mãe, Elide, que faleceu em 2007, depois de descobrir que tinha câncer.

Sobre os túmulos geminados, flores de plástico. Em maio de 2014, o coveiro contou que "fazia muitas horas" que não via nenhum dos Pizzolato visitando os parentes que se foram. Pedro até que costumava ir ao cemitério, mas sumiu desde que Concórdia ficou estarrecida com a notícia de que o filho dele fugiu usando documentos do irmão falecido.

De suas sete filhas, apenas uma mora em Concórdia. É enfermeira na BRF, a sucessora da Sadia. Assim como Henrique e Celso, as demais meninas saíram cedo de casa e foram construir a vida em outras cidades. A maioria continua na região Sul do Brasil: duas viviam em Toledo (PR), uma em Florianópolis (SC), outra em Novo Hamburgo (RS). Uma foi parar em Niterói (RJ) e a outra, que é freira, vivia num convento em São Paulo.

Comunas de limusine

A ditadura ainda estava escancarada quando Henrique Pizzolato tomou posse como escriturário no Banco do Brasil, em 1974. Depois de prestar serviço militar num quartel em Brasília, foi parar no Rio Grande do Sul. Conciliava o trabalho no banco com o curso de arquitetura. Anos antes havia desafiado a ordem imposta pelos militares ao ajudar na organização dos trabalhadores das cervejarias no interior de São Paulo. Na faculdade, voltou a agitar e logo se revelou um contestador. Participou da fundação do diretório central de estudantes da Unisinos e consolidou sua liderança na universidade.

O jeito falante, irônico e desafiador daquele ex-seminarista conquistou muitos seguidores com tendências tão subversivas quanto às dele. Naquela época, Pizzolato se empenhou em lutar pelos direitos dos alunos. No cardápio da discussão política promovida por ele estava, por exemplo, a oferta de moradia subsidiada para os universitários, que custou uma dura briga com a prefeitura de São Leopoldo. Talvez pela atuação em defesa dos alunos tenha conseguido um feito até então inédito na Unisinos: ajudara a mobilizar uma enorme quantidade de estudantes numa greve dos alunos por melhores condições de ensino. Eles estavam totalmente inspirados pelos movimentos grevistas comandados pelo então metalúrgico Luiz Inácio Lula da Silva na região do ABC, em São Paulo. Os alunos daquela época se diziam contra o autoritarismo, a mediocridade e a injustiça social.

"Eram tempos de mimeógrafo e 'silkscreen', de DCE e reuniões 'secretas', de algum 'louco', na hora do intervalo, subindo num banquinho e desandando a falar 'abaixo a ditadura'", descreveu, numa carta divulgada em 2013, Andréa Eunice Haas, uma das alunas conquistadas pelas "ideias e sonhos" de Pizzolato. Era uma seguidora especial, que teve, acima de tudo, o coração arrebatado pelo jovem líder estudantil.

Gaúcha descendente de alemães, Andréa Eunice Haas é basicamente o oposto do estereótipo loiro, alto e esguio, cristalizado para os arianos do Rio Grande do Sul. Baixinha, tem cabelos e sobrancelhas muito negros, rosto arredondado e olhos levemente amendoados. Não deve ter sido fácil conquistar Andréa, descrita por quem a conhece como uma mulher muito séria, reservada e de nervos de aço.

A pragmática Andréa acabou convertida em sonhadora, como ela própria admitiu na declaração de amor travestida de carta de apoio a Pizzolato. Na época, ela também era estudante de arquitetura na Unisinos. Virou namorada, braço direito e companheira das empreitadas de Pizzolato, ajudando-o a tirar as ideias do papel. Na carta de Andréa ao companheiro de uma vida toda, ela conta que, além dos alunos, os professores e até o reitor foram conquistados pelas propostas e projetos polêmicos de Pizzolato, defensor de conceitos como "solidariedade" e "coletivo". Uma das propostas revolucionárias dele, dizem os amigos, mostrou-se viável e possível.

O que era para ser um trabalho de sala de aula ganhou páginas de jornais e atraiu políticos interessados em implementá-la. O projeto "Mãos à obra" integrou a universidade aos bairros populares na periferia da grande Porto Alegre. Elaborado em parceria com outros colegas da arquitetura, Andréa e Pizzolato propuseram uma habitação social comunitária. Num breve e superficial resumo, a proposta consistia em oferecer moradias a um determinado grupo de famílias que compartilhariam, além dos tradicionais espaços de lazer, equipamentos e áreas como cozinha, lavanderia, e serviço de limpeza.

A ideia era estimular a coletividade e reduzir os custos de vida. Exatamente do jeito que foi concebida, contudo, não foi executada. Olhando em retrospecto, o projeto "comuna" dos estudantes de arquitetura se assemelha, em teoria, às residências universitárias, oferecidas por muitas faculdades no Brasil e no exterior.

Naquela época, contudo, o projeto foi pensado exclusivamente como solução para o problema habitacional da população de baixa renda, com um viés ecologicamente correto. Energia solar, reciclagem de lixo e cozinha coletiva estavam nos planos. Foi também inspirado nas repúblicas estudantis por onde Pizzolato passou e no "carrão" que ele e outros funcionários do Banco do Brasil cotizaram para ir trabalhar. A máquina foi imediatamente batizada pelos donos de "limusine", a despeito de ser um Chevrolet muito velho, caindo aos pedaços. Vivia enguiçando pelas ruas. Foi comprado por Pizzolato e outros cinco colegas que, como ele, estudavam em São Leopoldo e trabalhavam no turno da noite no Banco do Brasil em Porto Alegre. Com quase nenhum dinheiro no bolso, os donos decidiram mandar converter o motor do carro para funcionar também com gás. Assim, gastavam menos com transporte, apesar da dificuldade recorrente de completar o tanque.

Andar na "limusine" era sempre uma aventura com destino incerto. Não raro o freio assustava, o motor fazia barulhos estranhos e o carro deixava um rastro de fumaça por onde passava. Ainda assim, sempre tinha um querendo pegar carona no carrão.

Muita gente andou espremida na "limusine lotação" daquela turma, em sua maioria "comunas" loucos para mudar o mundo.

Um dos donos da "limusine" era o paranaense Vitalino Venanci. Ele chegou em São Leopoldo em 1978 para cursar engenharia na Unisinos e, dois anos depois, passou no concurso para trabalhar no Banco do Brasil. Apesar de estudar na mesma universidade que Pizzolato, foi o trabalho no banco que os aproximou. Ficaram tão amigos que foram morar juntos numa república em São Leopoldo.

Nessa época, Andréa também já havia deixado Porto Alegre para viver com Pizzolato. Viraram um trio praticamente inseparável, que iria dividir muitos tetos vida afora. "A gente começou a fazer tudo junto. [...] Eles tinham ideias revolucionárias", conta Vitalino, lembrando que viveram muitos tempos difíceis.

Andréa também se recorda das agruras da luta pela democracia, que contagiou o país nos anos 1980. "Sinto orgulho de haver participado contigo das madrugadas de colar cartazes, das passeatas e greves 'barra pesada', de sentir-nos grãos de arroz na multidão Pelas Diretas Já; de havermos visto em 'carne e osso': Paulo Freire, Prestes, Ulisses Guimarães, Brizola, Mercedes Sosa, Henfil e Betinho", escreveu na tal carta.

Vitalino conta que Pizzolato era um inquieto por natureza. Em 1980, foi eleito delegado sindical pelos funcionários do Banco do Brasil e começou a militar no Sindicato dos Bancários de Porto Alegre. Empenhou-se na campanha de Olívio Dutra, fundador do PT e também bancário, que em 1982 concorreu ao governo Rio Grande do Sul. No ano seguinte, passou a conviver com os então líderes sindicais Lula, Luiz Gushiken e Jacó Bittar.

Como bons comunas com enfoque nos movimentos estudantil e sindical, Pizzolato e Andréa dispensaram o casamento na igreja. Não teve véu nem grinalda, apesar do desejo das famílias pela cerimônia solene. "Eles não foram nem à formatura", diz Vitalino, sublinhando o apreço do casal pela quebra de protocolos naquela época.

Enquanto Vitalino foi fazer uma especialização, o casal continuava visitando municípios na tentativa de colocar em prática as ideias pensadas na faculdade. Pela memória do amigo, Pizzolato demorou mais que a média para se formar porque se desdobrava entre o trabalho no banco, os projetos sociais e as atividades políticas. A Unisinos se recusou a informar a data de entrada e de graduação de Pizzolato, alegando "questões de confidencialidade, para preservar a privacidade de todos os seus alunos".

Em 1984, o trio Henrique, Andréa e Vitalino acabou se mudando de São Leopoldo para o interior do Paraná. Pizzolato tinha parentes naquela região, mas foram as cooperativas e a possibilidade de trabalhar com mobilização social que atraíram os três amigos para a cidade de Toledo, no oeste paranaense.

O Partido dos Trabalhadores havia sido fundado oficialmente no dia 10 de fevereiro de 1980, depois das duas dezenas de discursos proferidos na histórica reunião de mais de mil sindicalistas, professores, operários e intelectuais no colégio Nossa Senhora do Sion, em São Paulo. Neófito num país em que ainda se lutava pelas eleições diretas, o PT tinha a cabeça desenvolvida em um corpo frágil. Ainda estava bastante incompleto e desorganizado nos estados.

Diante desse cenário, Pizzolato apostou que a cidade de Toledo seria um ótimo campo profissional para turbinar o partido e o movimento dos trabalhadores, em especial os rurais. "Toledo tinha uma proposta interessante, muitas cooperativas estavam surgindo lá. Tinha um prefeito que dava muito apoio a essas iniciativas de cotas de participação [de trabalhadores]", conta Vitalino.

Simultaneamente, ele e Pizzolato pediram transferência no banco. Deixaram o emprego em Porto Alegre para dar expediente na agência do Banco do Brasil em Toledo. Andréa foi junto. Dividiram um apartamento com prateleiras improvisadas de tijolo e madeira para livros na sala e para as panelas na cozinha. Podia até faltar muita coisa na casa, menos um mimeógrafo para rodar os panfletos que acreditavam ser revolucionários.

Pizzolato, Andréa e Vitalino começaram, então, uma movimentação frenética na cidade. Mal chegou e Pizzolato virou presidente do sindicato dos bancários de Toledo. Lá organizaram o PT, montaram outros sindicatos e tentaram driblar as organizações mais pelegas, criando novas cooperativas. Era a mesma turma sempre. Na hora das reuniões, todos permaneciam sentados, mudavam apenas as bandeiras na parede. Tiravam a do PT, colocavam a do sindicato e, em seguida, a de uma determinada cooperativa e, mais uma vez, repetiam os discursos pela reforma agrária, a socialização dos meios de produção e o direito à greve. E, claro, também defendiam a volta da democracia. "A gente estava muito empenhado na organização popular. Éramos comunistas", sintetiza Vitalino, trinta anos depois, com um olhar de quem faz uma viagem no tempo.

Na prática, contudo, o comunismo era mais difícil de implementar do que eles gostariam e poderiam imaginar. Vitalino conta que eles tentaram organizar um sindicato de oposição ao dos trabalhadores da Sadia em Toledo, mas o movimento resultou na demissão de 40 pessoas. Decidiram, então, montar um frigorífico comunitário. Até compraram um imóvel rural e construíram uma unidade rudimentar, mas a iniciativa fracassou. Faltou capital.

As muitas atividades paralelas acabaram prejudicando o trabalho deles no banco. O que faziam exatamente ele e Pizzolato na agência do Banco do Brasil em Toledo? "Éramos posto efetivo, éramos escriturários, éramos nada", resume Vitalino. Ele conta que no horário de expediente até mesmo o mais reacionário dos colonos ficava circulando a mesa de Pizzolato, seduzido pela lábia do bancário cheio de ideias. Como conversava muito e produzia pouco no banco, acabou sendo isolado na salinha do telex.

Fazer curso de caixa para aumentar o salário ou virar gerente da agência eram planos que Pizzolato desprezava. Ele queria mesmo era investir no movimento sindical e acabou ampliando o contato com líderes nacionais. Passou a viajar muito. Vivia em cima de um ônibus cruzando o Paraná de um lado para o outro, vez ou outra, esticando a viagem até São Paulo. Não ficava em casa. Em 1985, aproximou-se da CUT (Central Única dos Trabalhadores) e, naquele ano, assumiu a presidência da entidade no Paraná. Tomou gosto pela política e decidiu que era hora de testar sua popularidade nas urnas. Seria candidato a prefeito.

Henrique Pizzolato se tornou um colecionador de fracassos em eleições majoritárias para cargos públicos. As derrotas acumuladas pleito após pleito, garantem os amigos, foram úteis para fortalecer o PT na região Sul do Brasil. Mas, dentro e fora do partido, ficou a impressão de que ele era mesmo ruim de voto entre os eleitores convencionais.

Em 1988, Pizzolato tentou ser prefeito de Toledo. Concorreu com outros quatro candidatos, conquistou 1.851 votos e amargou um terceiro lugar na corrida pela prefeitura. Nas eleições seguintes, em 1990, foi ainda mais ousado. Disputou o governo do Paraná. Foi o candidato coligação PT-PSB, contra Roberto Requião, José Carlos Martinez e José Richa. Ficou em quarto lugar.

Todo mundo sabia que era uma disputa fadada à derrota para o PT. "Concorrer ao governo foi um gesto heroico de Pizzolato", atesta o petista Gilberto Carvalho quase 24 anos depois.

O desprendimento do bancário lhe rendeu projeção nacional e reconhecimento na cúpula do partido. Afinal, disputar o governo não era nenhuma glória naquele momento.

Por isso, para as eleições de 1990, havia dúvidas sobre quem o PT deveria lançar ao governo paranaense. Um dos cotados era o próprio Gilberto Carvalho, já naquela época aliado de primeira linha de Lula, de quem foi chefe de gabinete na Presidência da República nos dois mandatos do petista. Carvalho havia deixado a presidência do PT no Paraná um ano antes, quando se mudou para São Paulo para assumir a direção do Instituto Cajamar, um centro de formação política e sindical. Voltou ao Estado para uma plenária que definiria o nome do candidato do PT ao governo. Muita gente queria Carvalho, que, no fundo, resistia à árdua missão.

Os petistas acabaram escolhendo Pizzolato, nome que crescera rapidamente dentro do partido no Estado, em especial por sua capacidade de articulação. Pizzolato partiu, então, para tentar divulgar o nome do PT e ajudar nas eleições proporcionais. O objetivo era, principalmente, eleger o maior número possível de candidatos a deputado federal e estadual. Quinze anos depois das eleições de 1990, o próprio Pizzolato admitiu tratar-se de uma estratégia kamikaze:

– Eu, por idealismo, fui para o sacrifício. Embora houvesse gestões, movimentações, para que eu fosse candidato a proporcional – disse numa das sessões da CPI dos Correios, lembrando que, se tivesse saído a deputado federal pelo Paraná teria chance de se eleger.

Foi o que aconteceu com o colega bancário do Paraná Paulo Bernardo – petista que, a partir de 1990, passou a acumular mandatos na Câmara dos Deputados e, posteriormente, cargos na Esplanada dos Ministérios. Os mais próximos a Pizzolato garantem que Bernardo venceu a disputa para deputado federal com a ajuda dele, que passava mais tempo falando do PT do que pedindo voto para ele próprio se eleger governador.

A campanha de Pizzolato, de fato, promovia bastante o nome do partido. Em um dos vídeos, que em 2013 voltou a circular na internet, o locutor da televisão anunciava que estava "no ar mais um programa do PT". Ao som de "Rede Povo" – tal qual o memorável *jingle* da emissora de TV –, um globo girava, transformando o mapa do Brasil numa bola azul, com a estrela vermelha e "PT" em branco dentro. A câmera fecha no rosto de uma criança de olho arregalado que, com um microfone na mão, repete a palavra "chega" quatro vezes. "Eles são farinha do mesmo saco. O povo é inteligente, o povo vota no PT", completa a mesma garotinha. A imagem é cortada abruptamente e uma outra criança ergue o braço esquerdo e grita: "É PT na cabeça!" Em seguida, entra o *jingle* de campanha de Pizzolato. É a trilha sonora de uma sequência de imagens de crianças, idosos e pessoas nas ruas com bandeiras e cartazes, acompanhada dos dizeres "Eu já sei: voto no PT" piscando em caixa alta na tela. Só então Pizzolato aparece de camisa social azul dando um beijo no rosto de uma eleitora.

"Pizzolato, é o Paraná quem diz. Pizzolato, coragem de ser feliz", dizia o refrão que, praticamente, repetia o tom da reta final da campanha presidencial do ano anterior. Em 1989, Lula chegou ao segundo turno contra Fernando Collor numa campanha com escassos recursos financeiros – o PT não aceitou doação de empresas com negócios com governos, como empreiteiras. A falta de dinheiro foi compensada com o trabalho incansável da militância e com o apoio de famosos que, no segundo turno, vestiram roupa branca e cantaram na televisão o *jingle* Lula Lá (também conhecido como "Sem medo de ser feliz"). De autoria de Hilton Acioli, o coro entoado por, entre outros, Chico Buarque, Gilberto Gil e Djavan, virou *hit* e teve trechos replicados no ano seguinte, em campanhas estaduais como a de Pizzolato.

Ele próprio havia trabalhado para eleger Lula, que conquistou 31 milhões de votos, quatro milhões a menos que Collor – o primeiro presidente civil do Brasil eleito democraticamente em 25 anos. Amigos contam que Pizzolato ajudou, inclusive, a viabilizar a candidatura do vice, José Paulo Bisol, que só poderia concorrer se quitasse uma dívida junto ao Banco do Brasil. Ex-funcionário do banco, Alexandre Teixeira, o Terremoto, conta que Pizzolato usou as próprias economias para pagar a dívida em cinco prestações, atendendo a um pedido do partido. "O PT disse que ia ajudar e ele espera por isso até hoje", afirma o amigo, estimando que, em valores atualizados, o montante pago foi de aproximadamente 150 mil reais.

Como candidato, Pizzolato era raivoso. No mesmo vídeo da campanha dele ao governo, há um breve trecho de um discurso ao ar livre no qual ele ataca as fábricas da miséria, da ignorância e da favela que teriam se instalado no Paraná. Afirmou que "políticos safados" sempre mandaram no país e estão mandando também no Paraná, usando "do desespero, da miséria, da fome das pessoas trabalhadoras para comprar voto". Enquanto a TV mostrava a imagem de uma cédula com o nome de Pizzolato, o locutor orientava o eleitor a seguir a estrela e a votar no número 13.

"Eram outros tempos, havia uma ressaca [pela derrota petista] de 1989", recorda Gilberto Carvalho. Ele destaca a falta de recursos financeiros e de estrutura do PT para enfrentar os pesos-pesados da política paranaense. A campanha de Pizzolato era, de fato, extremamente modesta. Muito petista tirou dinheiro do próprio bolso para ajudar o partido naquela eleição.

Gilberto Carvalho, que acabou escapando do sacrifício de ser ele o candidato, sentiu-se na obrigação de se empenhar pelo companheiro de partido. Os dois nunca foram amigos. Mantinham, contudo, uma boa relação de militância desde 1986, quando se conheceram. Gilberto era presidente do PT no Paraná, e Pizzolato, do núcleo dos bancários, que acabara de trocar o movimento sindical gaúcho para atuar no interior paranaense. Em 1990, Gilberto fez questão de panfletar, participar de reuniões, fazer discursos e pedir muitos votos para Pizzolato.

Depois daquela eleição local, Gilberto voltou para São Paulo, onde mergulhou nas atividades do PT nacional e do Instituto Cajamar. Disse não mais ter acompanhando de perto a trajetória de Pizzolato – que tomou gosto pela política partidária e insistiu em disputar cargos eletivos.

Em 1992 Pizzolato foi novamente candidato a prefeito de Toledo. Tinha a esperança de que sua campanha poderia ser contagiada com o clamor por mudança, depois da decepção e da mobilização popular contra o governo Collor. Em 29 de setembro de 1992, o Congresso havia aprovado o *impeachment* do então presidente por 441 votos a 38.

Quatro dias depois, Pizzolato disputou as eleições municipais e, mais uma vez, ficou em terceiro lugar. Teve 4.021 votos e ficou atrás dos candidatos do PDT e do PMDB. Numa dessas eleições, mesmo com pouca verba, ele mandou confeccionar imitações de caixa de remédio com uma tarja vermelha escrita "PT" e o nome "Pizzolato". Dentro, um santinho em forma de bula. "As nossas campanhas eram um show de criatividade. Era muito louco. Andréa tinha muita ideia interessante. Ela ia bolando muita coisinha", conta o amigo Vitalino, dizendo que Pizzolato ainda tentou ser vice-prefeito de Toledo numa coligação com o PMDB nas eleições de 1996. Perdeu de novo:

– Eu fazia campanha de ônibus. Entrava para marcar presença –disse Pizzolato, anos depois, ao responder uma pergunta sobre seu desempenho nas eleições que disputou.

* * *

A sina de Pizzolato parecia ser ocupar somente cargos de representante dos trabalhadores em entidades de classe ou no próprio banco. Era sempre muito bem votado nessas disputas internas. Ele foi reeleito presidente da CUT no Paraná em 1991 e, no ano seguinte, ganhou as eleições para direção nacional do Dieese (Departamento Intersindical de Estatística e Estudos Socioeconômicos). Em seguida, disputou uma nova eleição interna no Banco do Brasil, que promoveu uma guinada na vida dele bem como um salto na carreira. Pizzolato foi para Brasília ganhar salário de diretor. Conquistou 50 mil votos e virou representante dos funcionários no Conselho de Administração do Banco do Brasil, para o triênio 1993-1996, conforme narra documento da defesa dele encaminhado ao Supremo Tribunal Federal.

Oito anos antes, a presidência do banco havia criado uma associação nacional dos servidores e um gabinete para representantes dos funcionários no Conselho de Administração. Os primeiros ocupantes eram todos biônicos, indicados pelo presidente da instituição. Quem elegeu Pizzolato foram os participantes da primeira eleição direta do tal gabinete. No meio dos engravatados de Brasília, ele fazia questão de andar de jeans, camisa e blazer. Logo foi destacado para representar o Banco do Brasil na campanha nacional em prol da vida e contra a fome e a miséria, encabeçada pelo sociólogo Herbert de Souza, o Betinho (1935-1997).

O movimento começou com a "Carta de ação da cidadania", divulgada por Betinho e várias outras personalidades. No texto, eles apontavam a fome e a miséria como os principais problemas do país e pediam que cada brasileiro fizesse o que pudesse para resolver a situação. A campanha foi abraçada pela imprensa e mobilizou todo o país. Em seguida, começaram a ser criados comitês locais, onde voluntários se organizavam para promover iniciativas próprias como coleta de alimentos, roupas, material escolar, trabalhos assistenciais ou qualquer outra ação pró-cidadania.

Depois de rodar o Brasil, passando por quase 4 mil municípios, inaugurando e ajudando a criar esses comitês, Pizzolato decidiu disputar mais um cargo dentro do banco. Foi eleito para a diretoria da Associação Nacional dos Empregados e se mudou para o Rio de Janeiro, sede da entidade. Andréa, que havia ficado todo esse tempo em Toledo trabalhando como arquiteta e dando continuidade ao trabalho de mobilização social, finalmente largou tudo no Paraná e foi morar com ele.

Na biografia divulgada pela defesa de Pizzolato no processo do mensalão, é dito que ele também se especializou em previdência privada pela Wharton School, escola de administração da Filadélfia, nos Estados Unidos, e "passou a integrar o núcleo de previdência do PT, partido, aliás, que auxiliou a fundar". Com a especialização no currículo, estava pronto para dar um novo passo na carreira. Foi eleito diretor de seguridade da Previ, o fundo de previdência dos funcionários do Banco do Brasil, com mais de 40 mil votos, em 1998.

Poucos meses depois de assumir o cargo na Previ, Pizzolato comprou um duplex em Copacabana, número 72 da rua República do Peru, pertinho da praia. O negócio foi fechado no início de 1999. À época, pagou pelo apartamento 90 mil reais. A partir daquele momento, o patrimônio de Pizzolato, um petista que se fez no movimento sindical, passou a ser invejado por muitos colegas de partido e a provocar a desconfiança dos principais inimigos.

Entre 1995 e 1998, ele comprou um terreno em Florianópolis (SC), dois apartamentos em Curitiba (PR), além do duplex no Rio. No início da carreira, ele já havia adquirido imóveis. Em 1981 e 1982, registrou em seu nome três apartamentos em São Leopoldo, sendo dois em conjunto com o amigo Vitalino. Em 1986, comprou um terreno em Toledo. Parentes e amigos justificam a evolução patrimonial de Pizzolato dizendo que desde 1993 ele ganhava um salário de diretor no Banco do Brasil e, como não tinha filhos, suas despesas não eram muitas. O patrimônio dele é totalmente compatível com a renda que ele tinha, asseguram os mais próximos, lembrando que, quando pouca gente passava férias no exterior, o casal Andréa e Pizzolato já viajava para fora, principalmente para a Europa.

Pizzolato continuou comprando imóveis até 2004. Em novembro de 2002, ano da campanha presidencial, adquiriu uma cobertura de 102 metros quadrados na Lagoa da Conceição, bairro da capital catarinense. No ano seguinte, comprou o apartamento de 73,6 metros quadrados onde o pai dele vive, em Concórdia, por 47 mil reais (valor da época). E, em 2004, arrematou por 400 mil reais a cobertura na rua Domingos Ferreira, em Copacabana, pagando 300 mil reais em cheque e 100 mil em dinheiro conforme o próprio Pizzolato relatou à polícia em depoimento do dia 8 de agosto de 2005.

Vizinhos contam que ele ainda propôs ao condomínio do prédio incorporar à cobertura uma espécie de laje coletiva, que os moradores sexagenários usavam para tomar banho de sol quando eram jovens. Pela área, ele pagou 70 mil reais em "tutu, dinheiro vivo", como destaca uma das vizinhas de Pizzolato no prédio da rua Domingos Ferreira. Com o dinheiro, os moradores renovaram a pintura externa do prédio e fizeram algumas melhorias no condomínio. Aparentemente, ninguém, nem os moradores do prédio, tampouco a Receita, questionou a origem daquele dinheiro.

Pizzolato foi um dos primeiros petistas com passado de poucas posses e história no movimento sindical a ganhar um salário mais alto que a média dos companheiros de partido e a melhorar consideravelmente de vida sem ocupar sequer um cargo público eletivo.

Atingiu o feito antes mesmo de o governo Lula (2003-2010) começar. E ainda: como diretor de seguridade recém-empossado, ele acompanhou a polêmica privatização das teles promovida pelo governo Fernando Henrique Cardoso (1994-2002) de dentro da Previ.

A privatização da telefonia brasileira foi uma tentativa de universalizar o acesso ao serviço. Antes de a iniciativa privada assumir o mercado, a telefonia era considerada artigo de luxo. Em muitos lugares era preciso entrar numa fila de espera de até cinco anos e pagar antecipado para conseguir uma linha. As pessoas declaravam uma linha telefônica à Receita, como se fosse um bem valioso. Para mudar esse cenário, o governo decidiu abrir o mercado.

No dia 29 de julho de 1998 foram feitos doze leilões consecutivos na bolsa de valores do Rio de Janeiro para vender o controle das três *holdings* de telefonia fixa, uma de longa distância e oito de telefonia celular. Foi considerada a maior privatização da história, com a qual a União arrecadou aproximadamente 22 bilhões de reais em valores não atualizados, com um ágio de 63% sobre o preço mínimo estipulado.

Naquela época, o bem-sucedido fundo de pensão do BB era um dos parceiros mais cobiçados pelos participantes do leilão que fatiou o sistema Telebrás. Às vésperas do evento, mais precisamente um dia antes, a Previ fechou acordo com o fundo CVC/Opportunity, gerido no Brasil pelo banqueiro Daniel Dantas.

A privatização da Telebrás se transformou em escândalo depois que os bastidores das negociações vieram à tona. Em novembro de 1998, uma reportagem da revista *Época* e a coluna do jornalista Elio Gaspari nos jornais *Folha de S.Paulo* e *O Globo* revelaram que, na época em que o processo de privatização estava em curso, grampos ilegais gravaram conversas na sede do BNDES, o banco de fomento brasileiro escolhido para coordenar o modelo da venda e organizar os leilões. Em seguida, as revistas *Carta Capital* e *Veja* publicaram mais detalhes da negociação que custaram os cargos do presidente do BNDES André Lara Resende e do ministro das Telecomunicações Luiz Carlos Mendonça de Barros, ambos demitidos numa tentativa de afastar a crise do Palácio do Planalto.

Em maio de 1999, a *Folha* revelou o conteúdo das principais conversas em 69 horas de gravações clandestinas sobre a privatização. O jornal publicou seis páginas de transcrições de trechos de 46 fitas e escancarou uma crise sem precedentes na gestão tucana. Os diálogos revelaram detalhes da operação montada dentro do governo federal para pressionar a Previ a compor a parceria com o CVC/Opportunity de Dantas.

Uma das conversas mostrou que Lara Resende procurou o próprio presidente da República. No telefonema, queria saber se poderia usar o nome de Fernando Henrique Cardoso para forçar a Previ a concordar com os termos propostos pelo CVC/Opportunity. O presidente do BNDES explicou que até dava para "turbinar" o grupo de Daniel Dantas com outro fundo, mas "o ideal" era mesmo se a Previ entrasse no consórcio formado pelo CVC/Opportunity e pela empresa Stet, da Telecom Itália.

– Mas... E por que não faz isso? – quis saber o presidente da República.

Ouviu do interlocutor que a Previ estava "do outro lado", o que era "muito chato". FHC concordou e afirmou ainda que a participação do fundo de previdência BB em outro consórcio "cheira a manobra perigosa".

Com o aval de FHC e um trabalho forte de bastidor, a parceria da Previ com o CVC/Opportunity acabou sendo selada, garantindo ao fundo administrado por Dantas um aporte milionário para concorrer forte nos leilões. A grande disputa era pelo direito de exploração de 27 operadoras estaduais de telefonia fixa, divididas em três lotes: Telesp (São Paulo), a Tele Centro Sul (Centro-Oeste, Sul e Acre) e Tele Norte Leste (Sudeste – com exceção de São Paulo –, Nordeste e Norte – menos Acre).

O Opportunity estava de olho na compra da Tele Norte Leste, mais conhecida como Telemar. Ela iria reunir dezesseis empresas de telefonia fixa em igual número de Estados e, depois da privatização, seria a empresa dona da maior cobertura territorial do país. Mesmo com o empenho do governo federal, o consórcio bancado pela Previ acabou arrematando outra empresa, a Tele Centro Sul. Quem ficou com a Tele Norte Leste foi o grupo liderado pelo empresário Carlos Jereissati, em conjunto com Andrade Gutierrez, Inepar, Macal Investimentos, Fiago Participações e com as seguradoras Brasilveículos e Aliança do Brasil, estas ligadas ao Banco do Brasil.

O resultado da privatização contrariou o prognóstico feito na véspera pelo ministro Mendonça de Barros. No dia 28 de julho de 1998, um dia antes dos leilões, ele telefonou para o presidente Fernando Henrique para dar uma posição sobre as expectativas:

– Então, é capaz de as fixas saírem em torno do preço mínimo, tá? E a Embratel vai ter competição. E vai ter uma competição grande nas celulares – avisou Mendonça de Barros.

– Sei. Mas mesmo a Telesp sai com o preço mínimo? – questionou o presidente da República.

Mendonça garantiu que sim, a não ser que houvesse alguma novidade de última hora. Explicou que a expectativa eram os espanhóis arrematarem a telefonia no Sul, a Telecom Itália, em São Paulo, e o Opportunity, em parceria com os italianos e com os fundos, levariam a Telemar.

Nem Mendonça nem Fernando Henrique esperavam, mas a novidade veio logo no lance pela Telesp. A espanhola Telefónica ficou com a Telesp por 5,78 bilhões de reais. Assim, os espanhóis não mais poderiam disputar os outros dois blocos e tiveram suas propostas destruídas por um picotador de papel. Quem amealhou o lote seguinte, da Centro Sul, foi o consórcio de Daniel Dantas com o aporte da Previ. O fato de o consórcio Opportunity-Stet ter perdido o leilão que mais cobiçava foi um dos argumentos usados pelos integrantes do governo para se defenderem, alegando não ter havido interferência muito menos favorecimento na privatização das teles.

Apesar do revés no resultado, policiais federais e procuradores acreditaram ter havido, sim, interferência governamental nas privatizações, contrariando princípios básicos que devem gerir a administração pública. Por isso, foram abertas investigações em Brasília e no Rio de Janeiro para apurar a conduta de integrantes do primeiro escalão do governo tucano, assim como da diretoria-executiva da Previ.

Numa dessas apurações, seis integrantes da cúpula da Previ, entre eles Henrique Pizzolato, acabaram denunciados pelo Ministério Público Federal por gestão fraudulenta. Os membros da diretoria foram acusados de terem feito, em 1998, um mau negócio ao optar por investir 150 milhões de reais na privatização das teles por meio do fundo administrado pelo CVC/Opportunity. Um acordo verbal teria livrado o pagamento de taxas de administração e de performance sobre esse montante. No entanto, essas taxas não foram eliminadas nem sequer reduzidas posteriormente, conforme a denúncia.

A diretoria aprovou a operação sem que houvesse formalização por escrito de condições consideradas relevantes, ou mesmo imprescindíveis, para a preservação dos interesses da Previ. A procuradora Andréa Pereira, que assinou a denúncia em junho de 2010, foi categórica ao dizer que os diretores demonstraram "imprudência na gestão" e arriscaram "desnecessariamente" os interesses dos funcionários do Banco do Brasil. Mesmo diante das "condições desfavoráveis", escreveu a procuradora, a diretoria autorizou o aporte um dia antes dos leilões e o ratificou no mês seguinte, assegurando recursos para o fundo do Opportunity, que arrematou, além da Tele Centro Sul, a Telemig Celular e a Tele Norte Celular.

Em sua defesa no processo, Pizzolato arrolou seis testemunhas e argumentou que o resultado da auditoria interna da Previ o eximiu de qualquer responsabilidade. Entre as páginas 738 e 746 do processo, Pizzolato afirmou ainda que a denúncia era "inepta" por não individualizar a conduta supostamente praticada por ele. Alegou não existir a modalidade culposa em caso de gestão temerária, ou seja, afirmou ser necessária a intenção de cometer esse tipo de crime. Essa foi a linha de defesa de praticamente todos os réus.

A sentença veio em fevereiro de 2013. A juíza federal Simone Schreiber rejeitou as alegações de inépcia da denúncia por ausência de individualização de condutas. Os diretores foram acusados não apenas porque integravam o comando da Previ mas por deliberarem a respeito da participação da entidade por meio do fundo de investimentos CVC/Opportunity. A juíza também rechaçou o argumento de que a Previ não identificou prática de ilícitos na auditoria interna e, por isso, os diretores não poderiam responder a ação penal pelos mesmos fatos. "São searas independentes", escreveu, emendando que a Justiça penal não está vinculada às deliberações administrativas sobre a conduta dos acusados.

Ainda assim, a juíza concordou com a defesa e declarou que os fatos narrados na denúncia não configuram, nem em tese, crime de gestão temerária. Ainda que a rentabilidade mínima inicialmente aventada para a Previ não tenha sido confirmada, a sentença afirma que as ações das companhias do sistema Telebrás tinham liquidez e a Previ, boas perspectivas de ganho com o negócio. "Em última análise, a decisão dos integrantes da diretoria-executiva da Previ de participar dos leilões de privatização, inclusive através do fundo CVC/Opportunity, está longe de caracterizar ato de gestão irresponsável, ruinosa, que assumiu riscos inaceitáveis colocando em grave perigo a saúde financeira da Previ", sentenciou a juíza.

Ela julgou improcedente o pedido contido na denúncia e absolveu sumariamente Pizzolato e outros cinco dirigentes da Previ pelo crime de gestão temerária durante a privatização das teles em 1998. O Ministério Público Federal, até a conclusão deste livro, recorria na tentativa de reverter a sentença.

Pelas decisões tomadas enquanto diretor da Previ, Pizzolato foi réu em outra ação também relacionada à privatização das teles. Apesar de terem perdido o leilão da Tele Norte Leste, os derrotados pareciam continuar cobiçando a empresa. Pizzolato e outras nove pessoas responderam judicialmente pelas operações financeiras realizadas pela Previ para a aquisição da participação acionária na então recém-privatizada Tele Norte Leste, por meio de uma das integrantes do consórcio vencedor.

O jogo da privatização foi pesado. Enquanto o governo federal operava para a Previ aportar recursos e firmar parceria com o grupo de Daniel Dantas, a Inepar, empresa integrante do consórcio concorrente ao do Opportunity, fazia uma proposta de venda ao fundo de previdência dos funcionários do BB. Um dia antes do leilão, a Inepar ofereceu à Previ 9,62% do seu capital votante. Tal proposta foi analisada e aprovada em 11 de agosto de 1998, depois que a empresa já havia faturado, ainda que em parceria com outros, o melhor dos lotes das teles leiloadas.

A oferta, contudo, estava abaixo do percentual mínimo de 10% previsto para aquisição desse tipo de ações por entidades fechadas de previdência privada. A regra fora estabelecida pela Secretaria de Previdência Complementar e pela Comissão de Valores Mobiliários, este um órgão que disciplina e fiscaliza a atuação das empresas no mercado. O Ministério Público Federal, então, passou a analisar o negócio e concluiu que a diretoria-executiva da Previ valeu-se de artifício fraudulento para burlar uma proibição vigente e comprar as ações. Evitou-se, por exemplo, que a negociação acontecesse numa bolsa de valores e as ações fossem oferecidas a terceiros interessados.

As apurações mostraram ainda que o aporte de capital feito pela Previ na Inepar em fevereiro de 1999, através de aquisição acionária, resultou no desembolso de 31,9 milhões de reais. No entanto, apenas cinco meses após essa transação, a Inepar comunicou a intenção de se desfazer de sua parcela no controle da Tele Norte Leste. A Previ optou por não exercer o direito de preferência das ações oferecidas pela Inepar. Elas acabaram sendo adquiridas por uma empresa controlada pelo grupo Opportunity, de Dantas – que desde o início estava interessado na Tele Norte Leste.

Pizzolato havia sido um dos três votos vencidos em relação à decisão da Previ de abrir mão do direito da compra das ações. Ele se manifestou favorável a investir na Inepar. A ata da reunião, na qual prevaleceu a posição de não exercer o direito de preferência, é confusa e quase telegráfica. Nela, consta apenas o registro dos votos de quem defendia adquirir as ações, o que levou os investigadores a acreditar ter havido manipulação de informações.

Na denúncia, o Ministério Público afirma que toda a operação "demonstra claramente que a Inepar, em conluio com os diretores da Previ, utilizou sua participação no consórcio apenas para especular com os valores mobiliários adquiridos no leilão". Ainda que a operação não tenha causado prejuízo à Previ, Pizzolato e outras nove pessoas foram denunciadas por gestão fraudulenta. Os procuradores os acusaram de terem praticado irregularidades no processo de privatização da Tele Norte Leste, desde o leilão, ocorrido em 1998, até a liquidação da última parcela pelas ações da Inepar, dois anos depois.

Foram todos absolvidos em agosto de 2013. Na sentença, a juíza Simone Schreiber afirma que "não se verificou a elementar 'fraude' ou a adoção de expedientes fraudulentos na gestão da

Previ". Avaliou que, a partir de uma ata com redação confusa e excessivamente resumida, não se pode extrair o propósito deliberado de falsear ou manipular informações ou deliberações da diretoria-executiva da Previ. O Ministério Público também recorreu dessa sentença.

A relação da diretoria-executiva da Previ com a figura de Daniel Dantas sempre deixou intrigado muito dirigente graúdo do PT. É verdade que, à época da privatização, a toda-poderosa Previ era gerida por pessoas de confiança dos tucanos, com os quais Dantas estabeleceu uma relação mais próxima. Uma pequena parte de seus dirigentes era ligada ao PT, como Pizzolato, que não tinha poder para ditar as regras do fundo.

Os amigos de Pizzolato asseguraram que ele se estranhou com o grupo de Dantas muitas vezes. Terremoto afirmou que a relação sempre foi de conflito porque os dois nunca estiveram no mesmo campo de interesses. Ele narra um episódio que considera emblemático. O sindicalista era do conselho da Brasil Telecom indicado pela Previ e, depois de receber um material referente aos fundos de pensão para análise prévia, preparou um voto contrário aos interesses de Dantas. Ao ouvir que a Previ não poderia votar contra, Pizzolato teria insistido e reiterado o teor do seu voto. "No dia seguinte, foi destituído como representante da Previ na Brasil Telecom", relata Terremoto, dizendo que isso aconteceu ainda na gestão de FHC.

Um dos ataques de Pizzolato ao grupo gerido pelo banqueiro foi feito sob a forma de artigo, publicado na *Folha de S.Paulo* em 14 de abril 2001. No texto, criticou as palavras escritas pelo então senador Jorge Bornhausen – à época presidente do PFL (atual DEM) – sobre os fundos de pensão.

Pizzolato não poupou ironias no artigo e afirmou ter ficado com a impressão de haver "uma espécie de mão invisível a redigir tantas impropriedades" para Bornhausen, que assumira sem pudor o discurso do banco Opportunity. "Por uma dessas coincidências de estilo, o presidente do PFL parecia tomado e imbuído pela argumentação que dirigentes e representantes do banco Opportunity vêm repetindo sem cansaço há pelo menos dez meses. A ideia de que tudo o que os fundos desejam é indicar executivos para as empresas das quais são acionistas é uma dessas pérolas costumeiras", escreveu Pizzolato. O disparo foi feito contra Bornhausen, mas claramente mirava o grupo de Dantas.

Tempos depois, já no governo Lula, Pizzolato assumiu a presidência do conselho da Previ e foi acusado ter mudado de lado, passando a defender os interesses de Dantas. Um dos que falou isso abertamente foi Luiz Gushiken, ex-ministro da Secretaria de Comunicação de Governo e Gestão Estratégica (Secom) de Lula.

Dentro do governo petista, ministros se dividiram em relação aos interesses do banqueiro Daniel Dantas com os fundos de pensão. José Dirceu ficou a favor; Gushiken, declaradamente contra. Sentindo-se atacado por Pizzolato no auge das apurações do mensalão no Congresso, Gushiken reagiu publicamente.

Gushiken repetia sempre que podia ter uma posição política contrária às pretensões empresariais de Dantas porque elas poderiam resultar em gigantesco prejuízo aos trabalhadores do Banco do Brasil. Em entrevista ao jornal *O Globo* em dezembro de 2005, destacou que a disputa entre o Opportunity e os fundos de pensão pelo controle da Brasil Telecom envolvia cifras de 16 bilhões de reais. Criticou ainda a postura de Pizzolato nessa briga:

– Nessa disputa, na qual fui vítima até de espionagem, ele [Pizzolato] se destacou como defensor de Daniel Dantas. Num determinado momento, ele começou a ter um comportamento estranho, a bater em mim. Sabíamos que ele tinha se bandeado para o lado do Dantas – declarou.

Pizzolato e Gushiken eram companheiros de longa data. Bancários e sindicalistas, por anos lutaram pelas mesmas causas. Chegaram a morar juntos em Brasília. Ainda assim, nem sempre estiveram do lado das mesmas pessoas em disputas pontuais. O próprio Pizzolato já contou que, durante a eleição para diretor da Previ em 1998, não conseguiu o apoio de Gushiken, com quem dividia um apartamento na capital federal.

Nessa época, Gushiken era deputado federal e Pizzolato estava em Brasília como representante dos funcionários no Conselho de Administração do Banco do Brasil. Na disputa por um cargo na Previ, o companheiro ficou do lado de Toninho Nogueirol, representante do Sindicato dos Bancários de São Paulo, que acabou perdendo. Pizzolato disse ter sido alvo de textos caluniosos e difamatórios durante a disputa.

Ainda assim, conforme relatou ao jornal *Folha de S.Paulo* em julho de 2005, parece não ter guardado mágoas:

– Ele [Gushiken] me disse que apoiaria a outra chapa, numa boa. Perto das eleições foram enviadas cartas com informações falsas sobre mim aos associados da Previ. O Gushiken disse que não sabia de nada, e eu acreditei.

O PT sempre foi um dos poucos partidos que nunca escondeu suas diferentes correntes ideológicas tampouco as muitas divergências internas. Apesar das disputas dentro do partido, sempre demonstrou uma capacidade singular de mobilização. Em 2002, os petistas trabalharam juntos como em nenhum tempo antes. Pareceram ter deixado as contendas internas em segundo plano para eleger o primeiro petista à Presidência da República.

O contexto era favorável. Depois de oito anos de gestão tucana, as pessoas sinalizavam desejo explícito por mudanças. O PT vinha embalado das eleições municipais de 2000, quando arrebatou 11,9 milhões de votos, um número impressionante se comparado aos 7,9 milhões que havia conquistado em 1996. O discurso dos petistas também estava se transformando. Deixaram de defender a revolução e passaram a levantar bandeiras como a do combate à corrupção e a da necessidade de cuidar dos problemas reais da população. A mudança atraiu epítetos, tal qual "PT rosa", além de novos eleitores.

O principal nome do partido, que disputava as eleições presidenciais pela quarta vez, também sofreu a metamorfose. O combativo candidato de 1989, dono da alcunha de "sapo barbudo", havia se transformado numa figura sorridente, conciliadora e defensora de ideais muito menos radicais que as verbalizadas no passado. Lula assumiu publicamente uma nova e plácida faceta.

Foi às margens do rio Acre, em Rio Branco, que seis mil eleitores ouviram de Lula o que mais tarde se transformaria no slogan síntese da campanha petista daquele ano. Questionado sobre os ataques de seus adversários naquela eleição de 2002, Lula surpreendeu. Evitou as repostas burocráticas. Em vez de previsivelmente defender o bom nível da discussão e rechaçar baixarias na campanha, saiu com a tirada: "Lulinha não quer briga. Lulinha quer paz e amor".

A declaração de 22 de agosto de 2002 fez sucesso. Passou a ser repetida à exaustão durante a campanha, a ponto de virar sinônimo de um comportamento evasivo do petista, que evitava polêmicas e esforçava-se para agradar todos os segmentos do eleitorado. Anos depois, Lula admitiu que não foi fácil fazer a inversão do "Lula ex-engraxate, ex-metalúrgico, ex-sindicalista, ex-preso político" para a versão "Lulinha paz e amor". A tirada, no entanto, resumia bem a nova face do "ex-sapo", agora um candidato dócil, disposto, ao mesmo tempo, a mudar a vida dos miseráveis e a afagar a elite.

Além da transformação do candidato, 2002 assistiu a uma campanha cheia de novidades, que elevou os custos propagandísticos à estratosfera para todos os partidos. Era preciso confeccionar bandeiras, camisetas, adesivos e botons, vendidos em lojinhas do partido, aos eleitores mais empolgados. Gastava-se muito dinheiro com "showmícios" de cantores famosos, muros pintados e *outdoors* espalhados.

A imagem dos candidatos, moldada pelos marqueteiros, ganhou muita importância. As tradicionais inserções do horário eleitoral gratuito passaram a ter visual e preço de superproduções. As emissoras abriram sua programação para os candidatos aparecerem em telejornais, programas de auditório e de entrevista, aumentando o custo e a demanda dos treinamentos para não decepcionarem o público na frente das câmeras e microfones. Para tentar medir a temperatura das urnas, a quantidade de pesquisas bateu todos os recordes até então registrados: 70 resultados divulgados entre janeiro e início de outubro, sem contar as pesquisas feitas apenas para consumo interno das campanhas.

Ciente das novas demandas, o partido de Lula entrou para a disputa disposto a gastar. Foi a mais cara campanha presidencial petista até então. Em 2002, o PT pediu autorização ao Tribunal Superior Eleitoral para gastar até 48 milhões de reais. Dessa vez não chamaram um publicitário amigo ou alguém alinhado politicamente, mas atenderam a uma exigência expressa de Lula, que queria Duda Mendonça. Ele já havia tentado contratar o marqueteiro baiano antes, mas, mesmo com um bem-sucedido histórico de vitórias dentro e fora do país, o nome de Duda fora vetado pelas alas mais radicais do PT.

O publicitário não tinha preferência ideológica e cobrava caro demais. Seu pacote incluía, além da criação publicitária, equipe técnica, equipamentos e auxílio ao candidato, inclusive durante debates e entrevistas mais importantes. Contava com uma equipe de mais de 300 profissionais e estava preparado para fazer muitas campanhas simultâneas Brasil afora.

O PT topou pagar pelos serviços do publicitário, que se vangloriava de ser um amante das vitórias, sem se importar se a disputa era numa rinha de galo ou num palanque. Duda sempre sustentou a versão de que orçou em 25 milhões de reais as campanhas de Lula e dos candidatos petistas do Rio de Janeiro e de São Paulo ao governo e ao Senado. Apesar de o publicitário insistir ser impossível separar os gastos da campanha de Lula e dos demais petistas, o contrato de Duda com a direção nacional do PT não mencionava o trabalho para José Genoino e Benedita da Silva, que disputavam o governo, e de Aloizio Mercadante e Edson Santos, que concorriam ao Senado, por São Paulo e Rio, respectivamente. Os termos do contrato tratavam apenas de "serviços de análise de perfil e imagem do Partido dos Trabalhadores e do seu candidato à Presidência", além dos programas eleitorais nas "eleições presidenciais de 2002".

O PT queria tanto aumentar a lista de vitórias de Duda que fechou o contrato mesmo sem ter todo o dinheiro em caixa. Empurrou a dívida para o ano seguinte. E assim fez com muitos outros fornecedores e prestadores de serviço ao longo de 2002. Focados na campanha, que ia de vento em poupa, deixaram para ver depois como quitariam os valores junto aos credores. Seria um problema a ser resolvido pelo comitê financeiro da campanha de Lula e pela tesouraria do PT, comandados por Delúbio Soares, em parceria com o governo federal caso vencessem a eleição.

* * *

Cientes da necessidade de arrecadar recursos e conquistar apoio do grande capital, os petistas intensificaram os contatos com empresários durante a campanha. Procuraram, sem pudor, nomes que no passado haviam se apavorado com o discurso radical de Lula, defensor declarado do calote da dívida externa. A missão era acabar com as múltiplas desconfianças da versão mais sensata do candidato petista, amplificada pela campanha de marketing.

Terremoto garante que um dos escalados para apresentar o novo Lula ao "PIB" brasileiro foi Henrique Pizzolato, que articulou encontros do petista com representantes de gigantes nacionais. Um petista que participou do primeiro escalão da campanha e ganhou lugar de destaque no governo Lula afirma categoricamente que Pizzolato nunca esteve na linha de frente da arrecadação da campanha. O principal encarregado de abrir as portas e as carteiras da elite empresarial era outro petista: Antonio Palocci.

Mas Pizzolato fazia parte do núcleo financeiro, comandado pelo tesoureiro Delúbio Soares. Organizava reuniões e eventos com empresários. Também era responsável pela exposição dos planos setoriais do candidato Lula a potenciais colaboradores. Fazia uma espécie de abre-alas, antes de uma segunda turma chegar para negociar a doação.

Esteve, por exemplo, com Ivan Zurita, da Nestlé, mas a apresentação de Pizzolato não o convenceu. A Nestlé, naquela eleição, não colaborou como queria Lula e o PT. Mais sorte Pizzolato teve com uma *holding* de cimento, que, depois da apresentação dele, topou financiar a campanha. E foi Pizzolato um dos que ajudou a promover a aproximação de Lula com o então presidente da Vale, Roger Agnelli.

A passagem pela diretoria da Previ e, anteriormente, pelo conselho de administração do Banco do Brasil lhe garantiu traquejo com empresários. Petistas dizem que, em 2002, era difícil encontrar filiados que se sentissem bem vestindo terno e conversando com os legítimos homens do capital.

No período em que esteve na Previ, Pizzolato refinou seus gostos e aprendeu a oferecer mimos aos endinheirados. Na campanha, teve uma ideia que provocou muito ciúme na tropa de elite petista. Quem conta essa história é Terremoto. Ele diz que Pizzolato criou um "kit VIP" para presentear empresários. Dentro de uma bonita caixa vermelha, entre outros brindes, colocou uma fita de vídeo, uma carta assinada por Lula e José Alencar e uma estrelinha dourada do PT. Com dinheiro do próprio bolso, mandou confeccionar um número modesto de caixas. A ideia acabou agradando, e o partido mandou multiplicar em milhares o kit. Há quem diga, contudo, que foram outros dois petistas – Ivan Guimarães e Paulo Okamotto – que bolaram a caixa, produzida por uma agência de publicidade.

Antes mesmo do escândalo do mensalão vir à tona, Pizzolato nunca gostou de atrelar seu nome ao time comandado pelo tesoureiro do PT. Apesar de andar com um cartão de visitas com o timbre da campanha que o apresentava como integrante do comitê financeiro, Pizzolato afiançou em entrevista à *Folha de S.Paulo* que nunca vez parte da equipe de Delúbio Soares. Defendeu sua posição de "pau para toda obra" naquela campanha:

– Eu fazia de tudo, cuidei de gerador de luz, de estacionamento, de lojinha e até do carnê de contribuição dos filiados.

A jornalista quis saber, então, por que ele andava com um cartão de visitas anunciando que era do comitê financeiro, com timbre da campanha.

– Para não ficar muito solto lá dentro [do comitê]. Aí, me deram esse cartão – disse, em entrevista publicada em 6 de agosto de 2004.

Pizzolato, como qualquer outro militante petista, fazia de tudo para ser parte daquele momento histórico e vislumbrava chances reais de integrar o primeiro escalão num possível governo Lula. Em 2002, ele havia sido eleito presidente da Associação Nacional dos Participantes de Fundo de Pensão, entidade que ajudou organizar em parceria com Gushiken. Mas estava mesmo empenhado em eleger o principal nome do PT que, ao final da campanha de 2002, havia dado "quase duas voltas ao mundo", conforme propagandeou o último programa eleitoral da coligação Lula Presidente.

Exibido numa noite de sexta-feira em cadeia nacional de rádio e televisão, o programa detalhou o esforço e o sacrifício do candidato petista que "viajou por 93 cidades diferentes, fez 103 comícios, 66 carreatas, passou 147 horas dentro de avião e percorreu 61.127 quilômetros". Estrela dos "showmícios" de Lula, a dupla sertaneja Zezé di Camargo e Luciano cantou e, num depoimento gravado, registrou o tom da campanha. Luciano apareceu dizendo estar feliz porque poderia dizer aos filhos que fez parte da mudança. Militantes e simpatizantes do PT foram às ruas celebrar o resultado das eleições em 27 de outubro de 2002. A vitória de Lula nas urnas emocionou muita gente, entre eles Pizzolato e Andréa. Cheios de esperança, Pizzolato e os amigos petistas apostaram todas as fichas num 2003 diferente para eles e para o país. Havia chegado a hora do arquiteto que fez carreira no mundo sindical assumir a presidência do Banco do Brasil.

Cada dia com sua bomba

Com a vitória do PT, Henrique Pizzolato esperava ser recompensado. Almejava a cadeira mais importante do Banco do Brasil. Ele e seus amigos acreditavam que era dono de uma trajetória compatível com o cargo. A esperança aumentou depois que Pizzolato conversou com Lula durante a campanha. O então candidato quis saber se ele ainda pretendia continuar no banco e quais projetos tinha para a instituição.

O breve diálogo foi suficiente para criar a expectativa nos amigos mais próximos de Pizzolato. O período de transição passou, Lula tomou posse numa cerimônia que atraiu uma multidão a Brasília, e os primeiros nomes foram designados para compor a equipe de governo. Pizzolato não estava entre eles. Não parecia ser a opção mais óbvia para nenhum cargo.

Na verdade, o nome dele sequer foi cotado no gabinete presidencial para comandar o banco. Em 29 de janeiro de 2003, finalmente o *Diário Oficial da União* publicou o decreto de nomeação do novo presidente do Banco do Brasil. O ato que anunciava o comandante mais recente do principal banco do país fora assinado pelo vice-presidente José Alencar e pelo então ministro da Fazenda Antonio Palocci.

O nome escolhido não era o de Pizzolato, mas de Cassio Casseb Lima, engenheiro de formação que, depois de passar por importantes bancos internacionais, estava prestando consultorias. Fora uma escolha de Palocci, acatada sem objeções pelo presidente Lula. Casseb não era petista de carteirinha, também não pôde montar sozinho a própria equipe. O PT usaria outros cargos da estrutura do banco para acomodar filiados e aliados.

Pizzolato, então, continuou a se movimentar para tentar participar daquele novo governo de alguma forma. O amigo Alexandre Teixeira, o Terremoto, saiu do Rio e foi para Brasília para ajudar no corpo a corpo. Fizeram lobby mesmo. Procuraram, primeiro, os políticos com origem no sindicato dos bancários. Acreditavam que Ricardo Berzoini e Luiz Gushiken, recém-empossados, respectivamente, ministro da Previdência e chefe da Secretaria de Comunicação da Presidência, poderiam ajudar. Foram atrás de outros petistas no Congresso. Passaram-se duas semanas desde a nomeação do novo presidente do Banco do Brasil, e nenhum cargo havia sido oferecido a Pizzolato, que começou a se sentir desprestigiado.

No fundo, confidenciou uma pessoa próxima ao ex-presidente, Lula nunca foi muito com a cara de Pizzolato. Era grato e reconhecia todos os sacrifícios que ele fizera pelo PT no Paraná, em especial quando topou tornar-se candidato ao governo, treze anos antes, sem estrutura alguma. Mas o achava vaidoso demais. O dia em que Pizzolato apareceu usando uma gravata-borboleta, despertou ainda mais uma certa antipatia no presidente da República.

Quem o avalizou desde o primeiro momento foi Luiz Gushiken, que insistiu na indicação para a diretoria de marketing. Mas amigos de Pizzolato atribuem também a Gilberto Carvalho, ex-chefe de gabinete de Lula, os louros por ele não ter virado uma "piada nacional" ao ficar sem cargo na histórica gestão petista. Pizzolato, por sua vez, sempre tentou desvincular qualquer peso político à sua nomeação. Passou anos dizendo que quem o escolheu fora o novo presidente do banco.

Em 17 de fevereiro de 2003, finalmente Pizzolato assumiu um lugar no governo que acabara de começar. Ganhou a diretoria de marketing do Banco do Brasil, área em que era preciso ser funcionário de carreira da ativa para ocupar. A princípio, a nomeação soou como um prêmio de consolação. Não era a presidência do banco, nem da Previ – posto em que foi preterido pelo próprio Gushiken, que escolheu Sérgio Rosa para presidir um dos mais importantes fundos de pensão dá América Latina.

Sete meses depois de assumir o cargo, o novo diretor fez pose para um fotógrafo da *Folha de S.Paulo* usando sua usual gravata borboleta e cercado de material publicitário do Banco do Brasil, que foi intensionalmente espalhado sobre sua mesa de trabalho. Após a sessão de fotos, nas quais aparece segurando uma bola de vôlei, falando ao celular ou usando chapéu de cawboy, foi personagem da coluna social do mesmo jornal. Apareceu dizendo ter selecionado 420 entre 2.700 projetos para receberem verba Banco do Brasil em 2004. A coluna destacou ter sido um trabalho "árduo". Pizzolato dispensou propostas como museus em homenagens aos próprios solicitantes. Sobre o novo trabalho, o arquiteto de formação e sindicalista de carreira disse ter ficado preocupado com a "irrecusável" proposta para assumir a área de marketing do banco. Polemizou:

– Como é que eu, que uso gravata borboleta, vou trabalhar num lugar cheio de veados e vou conseguir explicar que não sou veado? – declarou ao jornal.

Apesar de ter sido indicado para um cargo considerado de menos prestígio em Brasília, Pizzolato não tinha do que se queixar quanto ao salário. Ele passou a acumular a diretoria de marketing do banco com a presidência do conselho administrativo da Previ, e ainda ganhava um extra como membro do conselho da Embraer. À Polícia Federal, dois anos depois de assumir todos esses cargos, afirmou que tinha renda mensal de aproximadamente 40 mil reais em valores da época.Nem mesmo as muitas atribuições acumuladas de Pizzolato o faziam dispensar uma viagem. Intensificou os patrocínios do Banco do Brasil na área esportiva e estava sempre voando para acompanhar diferentes torneios ou discutir apoio financeiro. Tênis, vôlei e vôlei de praia eram os principais esportes patrocinados pelo banco e passaram a contar com a presença quase certa de Pizzolato nas etapas dos mais diferentes circuitos.

Praticamente todo mês ele fazia uma viagem internacional. Se não viajava representando o banco, representava a Previ. O *Diário Oficial da União*, por exemplo, anunciou em 2004 que ele participaria do seminário "Estrutura da Previdência na Europa", em três países (Inglaterra, Suíça e Suécia), entre 6 e 15 de julho daquele ano. As despesas com passagem e hospedagem foram custeadas pela Previ.

Tão logo voltou dessa viagem, Pizzolato viu estourar em suas mãos um dos primeiros escândalos envolvendo petistas no governo Lula. Enquanto estava fora do país, o PT promoveu um show de Zezé di Camargo e Luciano numa churrascaria em Brasília para angariar fundos para a construção de sua nova sede. O Banco do Brasil gastou 70 mil reais em ingressos para o evento.

No final de junho de 2004, a churrascaria Porcão formalizou o pedido, enviando ofício ao Banco do Brasil pedindo patrocínio para o show da dupla sertaneja e ofereceu 70 mesas a mil reais cada uma, com capacidade para quatro pessoas. A solicitação foi analisada pela diretoria de Pizzolato, que aprovou a aquisição dos ingressos por, segundo o Banco do Brasil à época, estar dentro da estratégia de gratificação e da qualidade do produto oferecido para o benefício.

Zezé di Camargo e Luciano, que no ano anterior fizeram campanha para Lula, animaram o evento do PT no dia 13 de julho. O público de 2 mil pessoas garantiu ao PT arrecadação de 500 mil reais. Os convidados do banco foram, segundo a própria instituição, funcionários que atingiram metas de venda em agências de Brasília e no entorno da capital federal.

Uma semana depois do retorno de Pizzolato ao Brasil, o jornal *O Globo* revelou que banco havia comprado 70 mil reais em ingressos da apresentação, cuja renda foi convertida em recursos para a construção da nova sede do PT. A oposição ao governo Lula foi, sedenta, para cima do caso, e começou pedindo a demissão de Casseb, o presidente do Banco do Brasil. O banco informou desconhecer o destino da renda da festa.

O presidente do banco, por sua vez, admitiu que a instituição errou ao não devolver os ingressos comprados para o show no Porcão. Apesar de considerar o apoio ao evento uma "prática normal", Casseb afirmou que a partir daquela data tomaria "maiores cuidados". A churrascaria devolveu o dinheiro ao Banco do Brasil.

Pizzolato, por sua vez, desdenhou do rebuliço provocado pelo episódio:

– Já comemos torresmo com muito mais cabelo – disse, em entrevista ao jornal *Folha de S.Paulo*.

À época, ele não apontava o dedo para ninguém na busca por responsáveis pelo episódio. Tampouco considerava um pecado a decisão de usar dinheiro do banco para comprar ingressos de um evento do PT. Dessa culpa, ele não sofria:

– Se tiver um céu, vou ficar muito pouco no limbo pelo que já passei, pelo que já fiz e por todas as orações a São Francisco – disse Pizzolato, na entrevista na qual falou de torresmos, da participação dele na campanha que elegeu Lula e da própria indicação para chefiar a diretoria de marketing.

O episódio fez Pizzolato balançar na cadeira de diretor. Quase perdeu o cargo por conta dos 70 ingressos. Mas não caiu. Depois do natural arrefecimento da crise, ele passou a frequentar o noticiário de forma mais amena. Aparecia listando todos os patrocínios do Banco do Brasil no esporte, reclamando do uniforme preto e rosa da seleção de vôlei e explicando por que o atletismo subiu ao segundo lugar do pódio de dinheiro repassado pela estatal a diferentes modalidades esportivas. Zezé di Camargo e Luciano, que pleiteavam um patrocínio junto ao Banco do Brasil, acabaram ficando sem a verba. Depois da repercussão negativa do show para o PT, pago, em parte, com a verba de uma instituição do governo federal, o banco preferiu recusar o apoio financeiro para a dupla.

O episódio como um todo deixou Lula possesso. O presidente ficou puto, nas palavras de um de seus auxiliares à época, com as declarações de Pizzolato, com a forma como o banco deixou um deslize desse passar e, principalmente, com a repercussão negativa para seu governo. Mal sabia Lula que esse fora apenas um traque inofensivo se comparado à bomba que estava prestes a explodir.

Tudo começou com a história de um sujeito que decidiu tirar do armário um terno verde-claro. Joel foi contratado por 10 mil reais para fazer um serviço relativamente simples. Para tal, no entanto, precisou vestir o terno e fingir ser um bem-sucedido consultor que atuava no eixo Brasília-Curitiba. Foi necessário também ir três vezes ao edifício-sede dos Correios com sua pasta preta de náilon, onde escondia uma câmera de vídeo. Um fio havia ficado desligado na primeira tentativa. Na segunda vez, o problema fora o conteúdo da gravação, considerado fraco demais pelos contratantes.

A terceira tentativa, torciam todos os envolvidos na empreitada, seria a definitiva para arrematar o plano tramado por outro homem. Por trás da aventura de Joel, estava um empresário cheio de contratos com os Correios e capaz de muita coisa para sobreviver no selvagem mundo das licitações.

Joel já havia se aproximado do chefe de Compras e Contratações dos Correios, Maurício Marinho, o alvo daquela operação clandestina. Funcionário dos Correios há 26 anos, Marinho foi indicado, em junho de 2004, por um filiado do PTB para aquele cargo de chefia. Logo ganhou fama de ter o bolso como ponto fraco. Gostava de "mimos" na hora de fazer negócios em nome dos Correios.

Joel foi contratado para se aproximar de Marinho com a desculpa de que estava interessado em participar de licitações no órgão e gravá-lo falando do maior número possível de esquemas de corrupção nos Correios. A gravação seria usada para constranger muitos nos círculos políticos. Ajudaria também o tal empresário a conseguir mais contratos em Brasília. Chantagem profissional.

Para executar o plano, Joel havia criado o personagem fictício J. Goldman. Até cartão em nome do consultor mandou confeccionar. Voltou à sala do boquirroto Marinho para tentar gravá-lo pela terceira vez. Fez o funcionário dos Correios repetir tudo que lhe dissera antes, quando a câmera não estava funcionando. E ainda ganhou algumas revelações de brinde. Deu tudo certo naquela tentativa que, de fato, foi definitiva.

Ao falar de como funcionava o esquema de licitações, Marinho disse que o PTB recolhia dinheiro de fornecedores de diferentes estatais, entre elas os Correios, em troca de facilidades em diretorias onde tinham mais controle. Esse esquema, que servia para fazer caixa de campanha, era comandado por Roberto Jefferson, deputado federal e presidente nacional do partido. Era Jefferson quem dava diretamente as ordens. As revelações foram feita por Marinho a Joel e sua câmera escondida, que captou tudo perfeitamente.

As comissões, prosseguiu Marinho, eram calculadas sobre o valor dos contratos ganhos, e aceitavam-se pagamentos em espécie, depósitos em conta ou até *delivery* em hotéis. A gravação de Joel registra, em áudio e vídeo, a modalidade número um que o funcionário acabara de explicar: o pagamento de propina em "dinheiro vivo". Três maços de mil reais envoltos num elástico saem das mãos de Joel, ou melhor, do empresário J. Goldman, direto para as de Marinho, que não agradece nem sorri. Ele apenas guarda o dinheiro no bolso esquerdo do paletó e continua a conversa como se estivesse negociando um contrato formal:

– Aquilo que eu acerto é comigo – diz Marinho, depois de embolsar o "agrado".

O dinheiro, revelou Joel meses depois, significava apenas um sinal de que o consultor estava disposto a participar das disputas nos Correios e, para isso, contava com a ajuda do funcionário. As imagens em preto e branco foram reveladas pela revista *Veja* em maio de 2005 e pautaram o noticiário nacional instantaneamente. O esquema de corrupção nos Correios virou alvo de inquérito policial e escancarou uma crise sem precedentes entre o explosivo e emocional deputado Roberto Jefferson e o governo federal.

Depois de ter sido citado na gravação, Jefferson, num primeiro momento, rechaçou as acusações do diretor dos Correios. Defendeu-se dizendo ser vítima de extorsão. Mas não teve jeito, transformou-se no alvo da vez. Enquanto a vida do político era revirada pela imprensa, a oposição correu para coletar assinaturas e tentar emplacar uma CPI contra ele e os Correios. Era a chance perfeita de constranger e desestabilizar o governo Lula a um ano das eleições presidenciais.

Tudo – passado e presente – do então presidente do PTB passou a ser notícia. Jefferson era da tropa de choque de Fernando Collor na época do *impeachment*. Já pesou 175 kg e andava de arma na cintura. Era famoso pelo pavio curto. Jefferson exigia dinheiro do IRB-Brasil Resseguros, estatal sediada no Rio. Um policial rodoviário federal, apontado como afilhado político de Jefferson, foi preso por suspeita de participar de uma quadrilha que falsificava combustíveis. Nenhuma informação era desperdiçada. O então deputado descreveu aquele seu momento como "um processo de moer gente".

Tão logo o nome de Jefferson virou notícia, o presidente Lula mostrou-se solidário às agruras do deputado, bombardeado dia e noite pela imprensa. Num almoço no Palácio do Planalto com líderes da base de apoio ao governo, Lula mandou um recado para Jefferson. O presidente chamou o então líder do PTB, partido da vítima da vez, e disse em alto e bom som para todos os presentes ouvirem:

– Zé Múcio, diga ao Roberto Jefferson que sou solidário a ele. Parceria é parceria. Tem de ter solidariedade. O Roberto Jefferson é inocente até que provem o contrário. Quem tiver culpa no cartório, que pague. Essa é a hora em que o Roberto Jefferson vai saber quem é amigo dele e quem não é.

Uma semana depois, Jefferson já sabia quem eram seus inimigos. Sentindo-se traído por aliados do governo terem mantido as assinaturas de criação da CPI dos Correios, mostrou seu lado mais "troglodita", aquele que dizia ter deixado em algum lugar do passado. Atacou o PT e acusou o então presidente petista José Genoino de falta de lealdade. Para definir sua relação com o PT, Jefferson recorreu à fábula em que o escorpião e o sapo fecham um acordo para atravessar um rio. Apesar de prometer ao sapo que não o picaria se fosse carregado em suas costas, o escorpião não cumpre a promessa e o pica, dizendo que isso fazia parte de sua natureza. Ambos morrem afogados.

O alerta em forma de fábula não tirou Jefferson do centro do noticiário tampouco aliviou a agonia de se ver como principal alvo de uma investigação a ser feita pelos próprios colegas. Depois de três semanas de exposição intensa, Jefferson cumpriu a promessa de que falaria. Falou tanto que deu início a um dos mais importantes capítulos da história contemporânea da política brasileira.

Em 6 de junho de 2005, o jornal *Folha de S.Paulo* publicou duas páginas de uma entrevista exclusiva com o deputado. A revelação deixou todos estupefatos porque o relato revelava nomes, e o delator não se protegeu pedindo *off the record*, recurso usado por quem não quer ter o nome divulgado. Jefferson disse que o tesoureiro do PT pagava mesada para congressistas aliados e que muita gente no governo Lula ficou sabendo, inclusive o próprio presidente. Os repasses tinham até nome: mensalão.

Tratava-se, segundo afirmou Jefferson, de uma mesada de 30 mil reais distribuída a congressistas aliados pelo tesoureiro do PT, Delúbio Soares. Segundo ele, o PTB recusou o dinheiro, mas PL (atual PR) e PP não. A prática acabou no início de 2005, quando Lula ficou sabendo. O deputado disse ter sido ele próprio quem levou o caso ao conhecimento do presidente.

O diálogo com Lula foi narrado assim por Jefferson ao jornal:

– Presidente, o Delúbio vai botar uma dinamite na sua cadeira. Ele continua dando mensalão aos deputados.

– Que mensalão? – quis saber Lula.

Jefferson, então, disse ter explicado do que se tratava.

– Não é possível isso – respondeu o presidente, consternado.

Então, segundo a versão de Jefferson, Lula chorou. E, depois dessa conversa, teria mandado secar a fonte. A decisão de suspender a mesada provocou, nas palavras do delator, uma "insatisfação brutal" na base aliada. O tal mensalão, ou a suspensão dele, era a explicação de Jefferson para as dificuldades que o governo enfrentava dentro do Congresso.

Na entrevista, o deputado descreveu ainda a reação de José Dirceu ao saber que a prática, iniciada em 2003, continuava. O então todo-poderoso ministro da Casa Civil deu um soco na mesa. Outros três ministros também foram informados do mensalão.

Cinco dias depois da primeira entrevista, concedida num domingo no apartamento funcional onde Jefferson morava, em Brasília, ele decidiu falar mais. Na verdade, rompeu o silêncio que havia imposto a si mesmo desde que suas primeiras declarações deflagraram operações viscerais de ataque e defesa nunca antes vistas. Ele havia chegado a anunciar que só falaria aos próprios colegas. Estava disposto a prestar depoimento à CPI e à sindicância instaurada para apurar o mensalão na Câmara. Também teria que se defender no Conselho de Ética, que abriu contra ele um processo de cassação por quebra de decoro.

Prevendo um cenário em que apenas ele sairia eternamente inválido de tão ferido, Jefferson antecipou-se. Decidiu entregar a origem do dinheiro do mensalão numa entrevista concedida em 10 de junho de 2005 e publicada dois dias depois pela *Folha de S.Paulo*.

Revelou, com propriedade, que o dinheiro do mensalão vinha de operações com empresas privadas e estatais. Arriscou-se dizendo que os valores chegavam "em malas" em Brasília. Apresentou ainda um novo personagem, sobre o qual muito pouca gente ouvira falar. Quem distribuía o dinheiro era Marcos Valério, um publicitário de Belo Horizonte e "grande operador" de Delúbio Soares, nas palavras do delator do esquema.

Na entrevista, Jefferson reiterou ter rejeitado o mensalão, mas admitiu que aceitou recursos para financiamento da campanha a prefeito em 2004:

– Quem trouxe o recurso à sede do PTB foi o Marcos Valério, em malas de viagem – revelou, fazendo soar como trilha sonora um *strike* eficiente, que derruba todos os pinos do jogo.

O mais novo personagem da crônica política brasileira foi perfilado na mesma edição em que a *Folha* trouxe as revelações inéditas sobre as fontes de financiamento do mensalão. Com o título de "Marcos Valério domina o mercado publicitário em MG", o perfil do empresário começava assim: "O publicitário Marcos Valério, citado por Roberto Jefferson, é o empresário Marcos Valério Fernandes de Souza, que integra um grupo publicitário formado pelas agências DNA Propaganda e SMP&B Comunicação. Com sede em Belo Horizonte, o grupo detém cinco contas do governo federal, entre elas a do Banco do Brasil".

Jornalistas passaram, então, a vasculhar a vida e as empresas de Marcos Valério. Dias depois, o Banco do Brasil foi apresentado pela imprensa como o maior cliente de Valério no governo federal. Descobriu-se que o mineiro ampliou os contratos com o poder público federal a partir do final de 2003, primeiro ano da gestão de Lula. A *Folha de S.Paulo* mostrou que Valério teve o valor de um contrato aumentado, venceu duas contas novas (Correios e Câmara dos Deputados) e conseguiu manter outros três.

Foi a primeira vez que o nome de Henrique Pizzolato foi citado numa matéria relacionada ao mensalão. A reportagem dizia que, na gestão petista, os gastos com publicidade no Banco do Brasil cresceram em 71% se comparados os números de 2003 com os de 2004. A DNA Propaganda, empresa de Marcos Valério, administrou um terço das despesas com este fim (cerca de 86 milhões de reais somente em 2004). Pizzolato, então, foi lembrado, como o chefe da diretoria que havia protagonizado no ano anterior, em um episódio polêmico com o PT, o do show do Zezé di Camargo e Luciano.

A defesa de Pizzolato veio em forma de carta, publicada no painel do leitor da *Folha* em 23 de junho de 2005. Esbravejou dizendo que o jornal ignorou informações essenciais, como o crescimento expressivo da carteira de crédito e de produtos vendidos pelo banco. "Esses índices demandam estratégias de negócios que, obviamente, requerem expressivos investimentos do banco, inclusive em publicidade", diz o texto assinado por Pizzolato. Afirmou ainda que as agências licitadas pelo Banco do Brasil são remuneradas sobre as verbas destinadas à veiculação de campanhas na mídia, por exemplo. "Os percentuais estão estabelecidos em contrato", salientou, lembrando ainda que o Tribunal de Contas da União arquivou o processo que apurava a compra dos ingressos do show da dupla sertaneja.

* * *

O que a carta de Pizzolato não explicou nem rebateu foi uma certa coincidência de datas apontada pelo jornal. A assinatura de Pizzolato do contrato da DNA com o Banco do Brasil aconteceu no dia 23 de setembro de 2003. Mesmo dia em que Marcos Valério teria "fechado a suíte presidencial" do hotel Sofitel, no Rio, para uma festa para oito pessoas, "com gente do PT". Aspas de Fernanda Karina Ramos Somaggio, a ex-secretária de Marcos Valério, num relato publicado pela revista *IstoÉ Dinheiro*.

Na agenda da secretária, o tal dia 23 tinha, de fato, uma viagem prevista de "Marcos" e "Rogério" ao Rio. Trata-se de Marcos Valério e seu ex-advogado e ex-sócio Rogério Lanza Tolentino que, conforme as anotações, sairiam do aeroporto da Pampulha com destino ao Santos Dumont, no Rio, às 8h15.

Há outras duas anotações na agenda. Nenhuma delas, contudo, faz qualquer referência ao Banco do Brasil nem a Pizzolato. A primeira diz: "Sofitel suíte presidencial R$ 3350 + 19% US$ 3,00". Logo abaixo, vem o nome completo do então diretor de uma empreiteira com sede no Rio. A segunda anotação refere-se a uma sala para oito pessoas no mesmo hotel das 10h às 14h. Um asterisco indicava que Marcos Valério dormiria lá.

À revista, Fernanda Karina disse que, nas festas promovidas pelo chefe, "rolava dinheiro, rolava mulher". A entrevista da secretária de Marcos Valério para a *IstoÉ Dinheiro* foi publicada na segunda quinzena de junho de 2005, apesar de ter sido concedida em outubro do ano anterior.

Depois da agitação provocada pelas revelações de Roberto Jefferson, a revista decidiu publicar as declarações de Fernanda Karina, que também falava sobre malas de dinheiro e apontava políticos, alguns deles nominalmente, como beneficiários dos "mimos" de seu ex-chefe. Sobre o Banco do Brasil, a revista publicou uma declaração mais genérica da secretária:

– Olha, para o Banco do Brasil, o Marcos dava festas. Festas para a alta cúpula e para a área de marketing – disse Fernanda Karina, que não apareceu falando em nomes.

Acusada por Valério de extorsão, ela à época respondia processo pelas ameaças feitas ao ex-chefe. Ainda assim, era considerada uma importante testemunha. Tanto dizia ter presenciado como o operador do mensalão atuava quanto estava disposta a falar. Karina falou muito, muitas vezes.

Em menos de uma semana, entre 14 e 21 de junho de 2005, a secretária esteve três vezes no prédio da Polícia Federal em Belo Horizonte. Sempre de forma voluntária, sem ter sido intimada. Entregou sua agenda com anotações comprometedoras e prestou dois depoimentos, reiterando a maior parte das declarações publicadas pela revista e revelando ainda mais detalhes do esquema operado por Marcos Valério.

Negou, contudo, ter presenciado remessa de dinheiro em malas. Disse que "viu malas que acreditava conter dinheiro". Aos policiais, nada disse sobre Henrique Pizzolato nem sobre o Banco do Brasil, a despeito das declarações publicadas pela revista.

Menos de 48 horas depois do último encontro da secretária de Valério com a polícia, o sobrenome do então diretor de marketing do Banco do Brasil foi citado de forma explícita em outro depoimento prestado pela própria. Mais do que explicar o aumento da verba de publicidade do banco, Pizzolato em breve precisaria justificar que tipo de relação mantinha com o operador do mensalão.

Na manhã do dia 23 de junho de 2005, Fernanda Karina chegou acompanhada do seu advogado num prédio de esquina na Serra, bairro da Zona Sul de Belo Horizonte. Ela atendia a uma solicitação para prestar depoimento ao Ministério Público Federal em Minas Gerais.

Eram 11h40 quando Fernanda Karina começou a falar. Contou muita coisa. Começou dizendo que funcionários da SMP&B cederam os próprios nomes para que fossem abertas empresas. A secretária deixou no ar se tais empresas, em nome de laranjas, seriam usadas apenas para movimentar dinheiro ou se faziam negócios de fato. No depoimento, ela confirmou o depósito de 150 mil reais destinados a um político do PSDB (Pimenta da Veiga) e que a atuação de Valério junto a parlamentares incluía pagamento de dinheiro em troca de favores. Disse que esse dinheiro era sacado por três motoboys no Banco Rural em Belo Horizonte, antes do início do expediente. Narrou ainda que os contatos de Valério e Delúbio começaram em junho de 2003.

Quatro páginas de depoimento depois, respondeu perguntas sobre Pizzolato. Não falou de festas nem de contratos. Mas disse que Marcos Valério era amigo do diretor do Banco do Brasil e que os dois mantinham contatos frequentes por telefone. Mais. Quando os dois se encontravam em Belo Horizonte, nunca era numa das sedes das empresas de Valério. "Sempre em algum bar ou restaurante", arrematou.

Naquele depoimento, ela não fez constar mais nada sobre o "Sr. Pizzolato". Mas continuou falando sobre outros assuntos e pessoas até as 15h, hora em que ela, o advogado, uma testemunha e um procurador federal assinaram a declaração. Foram três horas e vinte minutos de duração do depoimento explosivo. No dia seguinte, as declarações da secretária foram enviadas à Procuradoria-Geral da República, em Brasília, que havia solicitado o depoimento. As sete páginas com as revelações de Fernanda Karina somente foram anexadas ao inquérito da Polícia Federal tempos depois. Quando ela falou, a investigação da polícia ainda não havia sido aberta oficialmente. Acabaram virando parte do apenso 39 do inquérito policial e passaram desapercebidas por muita gente.

Quando o escândalo explodiu, eram muitas as investigações simultâneas e nada articuladas. Foram abertas por diferentes órgãos de controle para apurar a avalanche de denúncias que apareciam a cada dia. Delegados da Polícia Federal, procuradores do Ministério Publico Federal, auditores do Tribunal de Contas da União, deputados, senadores e assessores dos congressistas protagonizavam uma verdadeira corrida maluca por informações. Somente no Congresso foram abertas três CPIs – Correios, Mensalão e Bingos (que apesar de ter outro alvo, acabou emplacando requerimentos barrados nas outras duas) –, além dos processos de cassação no Conselho de Ética da Câmara.

No páreo também estavam jornalistas de todo o país. Muitos deles chegaram a Brasília em 2005 exclusivamente para reforçar suas respectivas equipes na cobertura do caso mais caudaloso do governo Lula. Com propósitos distintos, todos estavam atrás de evidências capazes de mostrar como funcionava a engrenagem e quem eram os principiais beneficiados do esquema. Não faltou trabalho. Cada dia era uma bomba nova, explodindo ou sendo desarmada.

Na semana seguinte ao depoimento ao Ministério Público Federal, Fernanda Karina falou o nome de Pizzolato novamente. Dessa vez, diante de dezenas de pessoas e na frente das câmeras. A secretária foi a Brasília falar no Conselho de Ética da Câmara dos Deputados, numa sessão que começou depois do almoço e estendeu-se até o início da noite. Acompanhada por três advogados, compareceu como testemunha no processo de cassação contra o deputado Roberto Jefferson.

Foi inquirida pelo deputado Jairo Carneiro (PFL-BA), relator do processo no Conselho, e titubeou quando ele pediu que confirmasse que Marcos Valério dava dinheiro a pessoas do governo para conseguir contratos com estatais. Recusou-se por três vezes a ratificar a informação, que ela mesma já havia revelado anteriormente. Acabou confirmando-a depois de consultar seus advogados.

Nessa sessão, que durou mais de quatro horas, Fernanda Karina falou o nome do "Sr. Pizzolato" quatro vezes. Nada disse sobre festas ou dinheiro, mas confirmou de forma categórica em mais de uma oportunidade que o chefe dela e o diretor de marketing do Banco do Brasil estavam sempre juntos:

– Porque eu disse que o Sr. Marcos Valério tinha relações estreitas com o pessoal do Banco do Brasil, no Departamento de Marketing, que seria o Sr. Pizzolato e o senhor... outro Marcos... não me lembro agora o sobrenome dele... que sempre se encontravam todas as semanas, enquanto o Sr. Marcos estava aqui em Brasília.

A assessoria de comunicação do Banco do Brasil correu para se defender. Informou que os encontros entre os dois eram "públicos e agendados". Tentou afastar qualquer suspeita dizendo ainda que eles tratavam "de atividades profissionais".

Não foi suficiente. Bastaram as quatro vezes que o nome do diretor do banco foi citado pela secretária para que ele virasse alvo. Entrou na mira de jornalistas e também para a lista de pessoas que seriam chamadas a depor na CPI e na Polícia Federal. A partir daquele dia, automaticamente, passou a ser investigado. Era o início do fim para o então diretor de marketing no Banco do Brasil.

Pizzolato sempre insistiu que nunca fez nada de irregular. Também afirmava que todas as decisões foram tomadas de forma colegiada, ou seja, nunca decidira nada sozinho. Mas, no auge do escândalo, parecia difícil dividir responsabilidades. Somente o nome dele aparece como representante do banco no contrato assinado com a DNA, em setembro de 2003. Pior: Pizzolato mandou ofícios assinados às três agências contratadas pela instituição, entre elas a DNA, comunicando que era competência exclusiva da diretoria dele realizar os serviços publicidade, propaganda e promoção do "conglomerado Banco do Brasil, inclusive de empresas e entidades que possam vir a ser criadas".

Até para os petistas ficou difícil desassociar o nome de Pizzolato aos contratos e contatos com o homem apontado como o operador do mensalão. O próprio Banco do Brasil decidiu suspender, por tempo indeterminado, todas as novas campanhas publicitárias que planejava lançar nos próximos meses. A justificativa oficial apresentada foi a necessidade de "verificar os procedimentos internos".

Ainda hoje, os mais próximos a Pizzolato dizem que Marcos Valério tratava diretamente com outras pessoas dentro do banco. Dono de contratos antigos, ainda dos tempos do presidente Itamar Franco, o empresário circulava com desenvoltura na sede da instituição.

Os amigos de Pizzolato contam como foi a primeira vez em que o petista conheceu o operador. O diretor de marketing tinha o hábito de deixar a porta da sala aberta. Um belo dia, no Banco do Brasil, um senhor alto, magro e careca passou por ali e deu uma batidinha simpática. Abriu um sorriso largo e quis saber:

– Como vai nossa diretoria?

Era Marcos Valério, em um de seus périplos por Brasília. Ele passava em revista por diferentes gabinetes, do Congresso ao Banco Central. Fazia com gosto o que para muitos é uma via-crúcis. Nunca estava sozinho nas andanças, durante as quais Rogério Tolentino era a companhia mais frequente.

Valério passou a circular pelo universo petista no período da campanha eleitoral de 2002. Quando Lula despontou como favorito, o empresário mineiro deu um jeito de se encontrar com Delúbio Soares, o tesoureiro do partido. Logo ficaram próximos. Valério tinha fome por mais espaço e contratos no governo federal. Delúbio estava faminto por dinheiro, sabia que a arrecadação era insuficiente para pagar as próprias dívidas e que candidatos país afora bateriam em sua porta clamando por ajuda.

Ao ser indicado aos petistas, Valério carregava a credencial da experiência. Impressionou muita gente por ter operado movimentações bem-sucedidas para a campanha dos tucanos de 1998, em Minas Gerais. Apesar de ter trabalhado para o opositor, não foi mal recebido pelos petistas. Esteve no comitê eleitoral, visitando o pessoal do núcleo financeiro, do qual Pizzolato fez parte. Depois da vitória de Lula, passou a frequentar a sede nacional do PT, em São Paulo.

Menos de quinze dias após a posse de Lula, Valério chegou ao terceiro andar do Palácio do Planalto. Na porta do gabinete presidencial, ouviu a secretária avisar que o ministro José Dirceu queria entrar no gabinete com uma visita. Ainda de pé, o estranho foi apresentado a Lula como o publicitário de Minas que ajudaria com as dívidas do PT. Dirceu narrou, de forma resumida, detalhes do acordo que acabara de firmar com Valério e Delúbio, numa reunião um andar acima do gabinete do presidente. Além de ouvir sobre a maneira como empréstimos de dois bancos mineiros ajudariam a quitar parte das despesas da campanha, Lula também teria endossado um combinado para receber 7 milhões de reais da Portugal Telecom. O encontro foi breve. Não devia ter durado nem três minutos.

Na semana seguinte, já tinha dinheiro na conta do PT. Valério também fez um repasse para a empresa Caso, do segurança pessoal de Lula. Era dinheiro para pagar despesas com passagem e hospedagem de amigos que foram à Brasília para a posse do petista. Em 2014, o Ministério Público Federal e a Polícia Federal ainda investigavam detalhes desses encontros e repasses. Parte das informações foram apresentadas pelo próprio Marcos Valério num novo depoimento, prestado bem depois do escândalo do mensalão ter vindo à tona.

Em troca de contratos publicitários e adiantamentos de verbas repassadas por órgãos federais, Valério prometeu amortizar as dívidas do PT. Para tal, passou a contrair uma série de empréstimos facilitados pelos bancos BMG e Rural. Às vezes o empresário era o avalista, outras vezes, o contratante, mesmo que depois repassasse o dinheiro para o PT ou para quem o partido indicasse.

As dívidas iam sendo arroladas. Alguns dos empréstimos foram renovados sem pressa, uma, duas, quantas vezes fossem necessárias. Uma das operações foi renovada dezesseis vezes. O Banco Rural, por exemplo, só decidiu cobrar os valores dos empréstimos após a descoberta do escândalo pela imprensa.

A partir do momento em que o nome de Marcos Valério apareceu como operador do mensalão, sabia-se que, se ele quisesse, poderia arruinar a vida de muita gente num estalar de dedos. O Congresso passou a viver num estado permanente de tensão. Do outro lado da Praça dos Três Poderes a situação não era diferente. O Palácio do Planalto tentava proteger Lula de todas as formas, principalmente afastando dele acusações e acusados.

José Dirceu deixou o cargo de ministro da Casa Civil e voltou em 20 de junho para a Câmara com o objetivo de se defender. A partir de então, muita gente que teve o nome citado tentou sair de cena. Passaram a entregar os respectivos cargos para se protegerem e desaparecerem da rota de ataques que, no fundo, miravam mesmo no presidente Lula.

Pizzolato apostou na mesma estratégia. Deixou o Banco do Brasil depois de 31 anos. Pediu para se aposentar em 14 de julho de 2005. No dia seguinte, ele renunciou à presidência do conselho deliberativo da Previ. A decisão de interromper o sonho de fazer parte do primeiro governo petista, contudo, não o livrou de mais acusações e muita dor de cabeça.

No mesmo dia que Pizzolato deixou o Banco do Brasil, Marcos Valério sinalizou que queria colaborar. Ele e o advogado Marcelo

Leonardo mandaram ofício à Procuradoria-Geral da República, propondo um acordo de delação premiada. Estava disposto a contar o que sabia em troca de acusações mais leves, pedido de redução de pena, relaxamento de prisão.

A proposta foi considerada prematura, mas deixou uma brecha. Haveria a possibilidade de reexame do pedido se, no futuro, houvesse interesse de Valério. Naquele momento, ainda era considerada incerta a participação de Valério no esquema. Sequer era possível apontar quais crimes cometera.

Mas o mundo já estava a ruir para o empresário mineiro. Era alvo de acusações em série e de investigações simultâneas que lhe demandavam preparar documentos e elaborar uma estratégia de defesa para cada caso que envolvia seu nome. Sem tempo de cuidar dos negócios, começou a perder as principais contas com empresas estatais numa reação em cadeia.

Primeiro foi o Banco do Brasil, que anunciou a rescisão do contrato com a DNA por meio de nota. Em seguida, os Correios decidiram suspender campanhas publicitárias, sinalizando ser esse o primeiro passo para também cancelar o negócio com a SMPB. A Eletronorte convocou a diretoria para discutir a parceria com uma das empresas de Valério.

Valério ainda estava longe de se transformar em um homem sem nada a perder. Mas a tentativa de negociar uma delação premiada foi um importante sinal para o mundo político. Ele tinha munição e se ofereceu para apresentá-la. Era uma reação esperada, principalmente de quem estava sob ataque e em situação de quase abandono.

O empresário, que até meses antes andava com desenvoltura em importantes gabinetes de Brasília e agradava muita gente distribuindo dinheiro e presentes, passou a ser evitado a todo custo. Ninguém queria ter contrato nem contato com o homem acusado de operar o mensalão. Pegava mal. Entretanto, poderia ficar ainda pior se Valério revelasse o que sabia.

Pizzolato passou a temer pelos dias que viriam. Abdicou da diretoria do Banco do Brasil e do cargo na Previ na esperança de que a crise se afastasse dele. Esforçou-se para sinalizar que o ato era um sacrifício merecedor de paz como recompensa. A aposentadoria, contudo, foi precipitada porque ele ficou encurralado. Não conseguiu desarmar duas bombas que lhe feririam severamente.

Um dia antes de entregar o cargo no banco, tentou explicar a uma jornalista do *Estado de Minas/Correio Braziliense* como comprou sua cobertura em Copacabana em 20 de fevereiro de 2004. A escritura de compra e venda registra o pagamento de 400 mil reais, sendo 300 mil por meio de um cheque e 100 mil em moeda corrente.

Embora esteja registrado o pagamento integral no ato da assinatura da escritura, Pizzolato disse à jornalista que os 100 mil foram repassados depois, com o dinheiro obtido pela venda de um terreno no Paraná:

– Comprei o apartamento na seguinte perspectiva: tenho 300 mil agora. Mais 100 mil, pago assim que a vendedora desocupá-lo. Eu tinha a venda de um terreno engatilhada – explicou, conforme declaração publicada no jornal.

Disse ainda que, como não sabia qual seria a forma de pagamento pelo terreno, prometeu à proprietária pagar em dinheiro o restante da quantia. Irritou-se ao ser questionado sobre como repassou, efetivamente, os 100 mil reais que faltavam na transação.

– Por que você quer saber? – reagiu.

A jornalista precisou insistir. Não é comum uma pessoa guardar consigo 100 mil em espécie, principalmente um funcionário de carreira do principal banco do país. Foi confusa a primeira versão de Pizzolato para explicar o pagamento em espécie, e se transformou em seu calcanhar de Aquiles. Respondeu que entregou uma nota promissória à vendedora do apartamento, a ser quitada em até sessenta dias por meio de cheque e dinheiro em espécie.

Assim, tentou explicar:

– Do terreno, eu recebi um cheque, né? Aí peguei mais cheque meu e mais um pouco em espécie e concluí. É só entrar, já que vocês gostam, na conta bancária e conferir – provocou Pizzolato, referindo-se ao acesso de jornalistas a informações sigilosas.

Não era preciso ter acesso a dados sigilosos para ver que havia uma lacuna na história de Pizzolato. Ele deveria repassar os 100 mil restantes em abril, conforme ele mesmo explicou. Documentos públicos, contudo, registram a venda de um terreno no Paraná por ele somente em 31 de agosto de 2004 por 57 mil reais. Considerando a possibilidade de o pagamento do terreno ter sido feito bem antes do registro do negócio, qual era o valor desse cheque? Pizzolato não soube dizer. Arriscou ser de 5% a 10% do valor que devia. Irritado, disse que não anotava esse tipo de coisa:

– Não pensei que fosse surgir uma jornalista que iria me inquirir sobre isso. Eu fui amontoando e pagando.

Ao ser interrogado pela Polícia Federal sobre o mesmo tema menos de um mês depois, deu outra versão, completamente diferente da publicada pelos dois jornais. Aos policiais, nada falou sobre terreno, cheques ou nota promissória. Afirmou que os 100 mil "eram fruto da venda de aproximadamente 40 mil dólares que havia adquirido para fazer uma viagem de aposentadoria". Disse mais, declarou que esses dólares foram comprados ao longo de três anos no próprio Banco do Brasil. Estava tudo devidamente declarado em seu Imposto de Renda, insistiu.

Pizzolato precisou de uma nova versão para explicar, além do pagamento em espécie, porque recebeu e o que fez com R$ 326.660,67, entregues na casa dele 35 dias antes de assinar o contrato de compra do apartamento. Ficou tudo ainda mais complicado para o ex-diretor do Banco do Brasil. O dinheiro ligava Pizzolato diretamente ao esquema do qual ele negava peremptoriamente fazer parte. Os milhares de reais que chegaram à casa de Pizzolato em 15 de janeiro de 2004 saíram no mesmo dia da conta da DNA de Marcos Valério no Banco Rural – onde políticos e assessores praticamente faziam fila para sacar o mensalão.

Especialista em enfrentar filas, manusear dinheiro alheio, pegar e entregar encomendas, Luiz Eduardo Ferreira da Silva era contínuo antigo e trabalhava numa empresa que presta serviços para a Previ. Todo mundo o chama de Duda, inclusive Pizzolato, que o conhecia havia muito tempo, desde 1998, quando foi diretor de seguridade do fundo de previdência.

Duda morava numa área que alagava com qualquer chuvisco. Convivia com o medo de perder, a cada chuva, o pouco que tinha. Nunca conseguiu um financiamento para comprar uma casa nova. Não tinha renda compatível.

Pizzolato, então, decidiu ajudá-lo. O modestíssimo imóvel no bairro Boavista, em São Gonçalo, foi comprado com dinheiro emprestado pelo então diretor da Previ. Custou 18 mil reais. Duda mudou-se para lá em 2002 com a mulher, os dois filhos e um cachorro vira-lata. Quatro anos depois, a rua onde morava nem asfalto tinha ainda. Ainda não se livrara da água das chuvas, que deixaram muitas marcas nas paredes também da casa nova. Ainda assim, o funcionário da Previ era muito grato a Pizzolato.

– Se eu tenho isto, agradeço muito a ele – disse numa entrevista em 2005, referindo-se à casa comprada com o empréstimo do amigo e chefe, que passou anos recebendo a dívida em parcelas mensais de 250 reais.

O nome e o CPF de Duda apareceram num relatório de nove páginas do Conselho de Controle de Atividades Financeiras, o Coaf. Em 7 de julho de 2005, o documento foi encaminhado à Justiça Federal em Minas Gerais. Atendia a um pedido do juiz que havia solicitado informações sobre as duas principais empresas de Marcos Valério: a SMP&B e a DNA Propaganda.

No relatório, Luiz Eduardo Ferreira da Silva foi listado como um dos sacadores da DNA Propaganda. Na semana seguinte, ele foi chamado para dar explicações a auditores da Previ, que desconheciam qualquer tipo de relação entre o fundo de pensão e as empresas de Marcos Valério. Não fazia nenhum sentido Duda aparecer na tal lista de sacadores. Acuado, o contínuo narrou pela primeira vez uma história que fora obrigado a repetir outras incontáveis vezes. Dias depois, explicou mais uma vez o episódio à Polícia Federal.

No dia 15 de janeiro de 2004, Pizzolato ligou para a Previ. Era preciso buscar uma encomenda para ele. Passou nome e endereço da pessoa que deveria ser procurada no Banco Rural. Sugeriu ainda o nome de um motorista de confiança para levar Duda até a agência no centro do Rio e, em seguida, a Copacabana. Pizzolato queria que a tal encomenda fosse deixada na casa dele.

No banco, o contínuo entrou sozinho. Procurou pelo nome indicado por Pizzolato. Contou que foi atendido por uma pessoa branca, de aproximadamente 30 anos. O funcionário da agência bancária colocou dois pacotes embrulhados em papel pardo na mesa. Foi tudo tão rápido que, um ano e meio depois, Duda disse ser incapaz de identificar esse homem.

O funcionário pediu que assinasse um documento e que fornecesse a carteira de identidade para que fosse tirada uma cópia. Explicou ser apenas um recibo para registrar a entrega dos dois embrulhos. Na verdade, Duda assinou um fax enviado por uma das agências do banco em Belo Horizonte. O papel tinha o nome e o número da carteira de identidade do contínuo e o autorizava a retirar os 326.660,67 reais referentes a um cheque da DNA que estava em poder do banco.

Duda disse que nem leu o papel. Desceu com os dois pacotes na mão, entrou no carro e seguiu junto com o motorista para Copacabana. À polícia disse ter entregado a encomenda nas mãos de

Henrique Pizzolato, que o recepcionou na porta do apartamento. Voltou direto para a Previ. Contou ainda aos policiais ter ficado atordoado ao ser informado por dois funcionários da Previ que o nome dele constava como "recebedor do mensalão" e num relatório do Coaf como sacador de uma quantidade de dinheiro que nunca teve na vida.

Desesperou-se. Negou ter feito qualquer saque no Banco Rural. No dia seguinte, foi novamente convocado para dar explicações. Disse aos funcionários da Previ que se lembrava de ter ido àquele banco. Foi a pedido de Pizzolato. Narrou toda a história em detalhes, do telefonema à entrega da encomenda. O depoimento de Duda foi gravado e encaminhado à presidência do Banco do Brasil e à CPI dos Correios. No mesmo dia, Pizzolato formalizou sua aposentadoria, que havia sido decidida na noite anterior.

Além do saque na agência do Banco Rural, os conselheiros da Previ decidiram examinar extratos do cartão de crédito corporativo em nome de Pizzolato. Reportagem publicada pelo jornal *O Globo* mostrou que o cartão fora usado para comprar, além de vinhos, a assinatura do site erótico Malícia. O executivo sempre rechaçou os gastos com pornografia. Admitiu que o cartão era usado para comprar vinhos e às vezes uísque para presentear empresários que lhe convidavam para eventos nos quais ele não podia comparecer. Ele atribuiu a "uma falha administrativa" o fato de nunca ter visto as faturas.

Era apenas uma questão de tempo para deputados e senadores aprovarem a convocação de Pizzolato. Bem que a base governista tentou adiar a votação do requerimento para ouvir o ex-diretor do Banco do Brasil. Depois de aprovada a audiência, a data custou a ser definida. O tempo, nesse caso, se mostrou cada vez mais inimigo de Pizzolato. No Congresso, a avaliação, até mesmo entre petistas, era de que o caso estava tão escrachado que dificilmente ele escaparia.

Não recolhemos feridos

Encarar uma reunião da CPI nunca foi uma tarefa fácil para ninguém, principalmente para os que se sentam à mesa principal para responder perguntas. Henrique Pizzolato sabia que precisava se preparar para o dia em que seria escrutinado pelas excelências do Congresso Nacional.

Antes, porém, precisou apresentar explicações à Polícia Federal. No dia 8 de agosto de 2005, Pizzolato entrou no simétrico prédio da polícia na Praça Mauá, no centro do Rio. Ficou registrado no depoimento que ele esteve, estranhamente, no cartório da Delegacia de Repressão ao Tráfico Ilícito de Armas. À polícia, apresentou sua versão sobre a entrega dos 326.660,67 reais em seu apartamento.

Primeiro, disse que recebeu um telefonema de Belo Horizonte no próprio celular funcional. Do outro lado da linha, o interlocutor se apresentou como da DNA e disse falar em nome de Marcos Valério. Tinha um favor a pedir. Queria que ele ajudasse a apanhar "documentos" no centro do Rio e, no final do dia, entregar a encomenda a uma "pessoa do PT".

Pizzolato disse ter anotado o endereço e o nome de quem entregaria a encomenda. Em seguida, ligou para a própria secretária na Previ perguntando se havia algum mensageiro disponível. Ela repassou a ligação para Duda, que recebeu as instruções do chefe.

À tarde, quando o contínuo chegou, tinha em mãos dois envelopes lacrados. Garantiu que, pelo volume dos embrulhos, "era muito difícil" que contivessem mais de 300 mil reais. Falava isso por experiência própria, como bancário. Guardou os pacotes num armário, sem conferir do que se tratava, e ficou esperando "a pessoa do PT".

No início da noite, o porteiro avisou que tinha uma pessoa do partido querendo subir. Os pacotes foram entregues. Pizzolato não sabe dizer quem buscou "os documentos" enviados por Marcos Valério.

– A pessoa sequer chegou a se identificar, dizendo apenas que era do PT. Pode até ser que tenha falado o nome, mas foi muito rápido – argumentou.

À polícia ele garantiu não ter intimidade com Marcos Valério, com quem se encontrou "de oito a dez vezes" para tratar de assuntos profissionais. Ainda assim, considerou normal o fato de ter atendido ao pedido do dono da DNA de pegar e levar "documentos". Afirmou ter feito um favor para um desconhecido, entregando a encomenda a uma pessoa que não se identificou.

Naquele ponto, Pizzolato já estava sendo auxiliado por um advogado de São Paulo. A versão que contou da entrega do dinheiro, somada ao fato de ele ter comprado um apartamento no mês seguinte, em nada o ajudou. Pelo contrário, provocou a ira do PT.

Afinal, o nome do ex-diretor do Banco do Brasil estava também numa lista elaborada por Marcos Valério. Em uma das muitas vezes que pediu ao Ministério Público Federal para ser beneficiado com a delação premiada, o operador do esquema entregou o documento entitulado "Relação de pessoas indicadas pelo PT que receberam recursos emprestados ao PT por Marcos Valério através das empresas". Nessa lista, eram citados nomes dos beneficiários, de seus contatos com as datas e valores dos repasses feitos entre 2003 e 2004, que totalizavam 55,8 milhões de reais. No caso de Pizzolato, o nome dele aparecia com um asterisco, logo abaixo de um petista do Rio (Manoel Severino dos Santos), e indicava a data e o valor exato que foi retirado por Duda na agência do Rural.

Ao explicar todos os nomes e valores da relação apresentada, Marcos Valério afirmou:

– Manoel Severino, constante no item 14 da lista, é do PT do Rio de Janeiro, exerce o cargo de presidente da Casa da Moeda e os recursos destinavam-se ao custeio da campanha eleitoral do PT no Rio de Janeiro. Esses valores eram recebidos pelo prório Manoel Severino, por Henrique Pizzolato e por Luiz de tal – afirmou Marcos Valério, sem mais detalhes, num termo de declarações prestados ao Ministério Público Federal em 2 de agosto de 2005.

Naquela altura da vida, Pizzolato já estava bastante afastado do partido. Havia mudado de domicílio eleitoral e não fez o recadastramento no PT. Nem o dízimo cobrado pelos filiados que ocupam cargos públicos Pizzolato pagava. Tampouco atuou na campanha para prefeito e vereador em 2004. Por isso, os petistas sentiram o golpe quando o ex-dirigente do Banco do Brasil apontou o dedo para "alguém do PT" como o beneficiário do dinheiro enviado pelo operador do mensalão e entregue pelo contínuo na casa de Pizzolato.

Terremoto contou que conhecia todo mundo do PT do Rio. Por mais de uma vez, disse ter pedido a Pizzolato a descrição das características físicas do sujeito que pegou o dinheiro. Prometeu ir atrás de todos os filiados à procura dessa pessoa. Mas Pizzolato nunca se empenhou em encontrar esse álibi.

– Eu tentei enxovalhar o Pizol para tentar identificar a pessoa. Hoje eu tenho 90% de certeza de que ele não lembra quem era e 10% eu deixo para a tese de que ele não quis implicar qualquer pessoa politicamente aqui no Rio – afirma Terremoto, convencido de que o amigo não ficou com o dinheiro.

Na primeira vez que pisou na CPI dos Correios, em 18 de agosto de 2005, Pizzolato chegou desacreditado. Precisava convencer deputados e senadores de que sua história era factível. O depoimento dele estava marcado para 11h, mas uma tumultuada sessão administrativa se estendeu até o início da tarde. Ele precisou esperar por mais de três horas para falar.

Eram 14h53 quando Pizzolato entrou pela porta dos fundos da sala da CPI, acompanhado de dois advogados. Carregando uma pasta preta, atravessou o plenário vestindo jeans, camisa social e um blazer azul de botões dourados. A ausência da gravata-borboleta, marca de Pizzolato, foi notada:

– Por que o senhor está sem gravata hoje? – quis saber o deputado Arnaldo Faria de Sá (PTB-SP), quando interrogou Pizzolato.

Por mais que parecesse uma brincadeira, o tom da pergunta era de inquisição. O mesmo tom que empregaria caso estivesse questionando se Pizzolato havia roubado. Ouviu do interrogado que ele havia se aposentado e aposentado também as formalidades, como a gravata. O deputado lembrou que o ex-dirigente do banco era conhecido como "gravatinha" por usar muitas "borboletas".

Quando chegou à sala da comissão, Pizzolato estava visivelmente acuado. Foi o último a se sentar. Acomodou a pasta no chão, debaixo da mesa, e ficou uns dez segundos esperando uma autorização para assumir um lugar na mesa principal. O então presidente da CPI, senador Delcídio Amaral (PT-MS), que não parava de falar ao microfone, sequer reparou no convidado. Enquanto o senador olhava fixamente para o papel que tinha em mãos e falava initerruputamente, Pizzolato fez as honras e tentou se acomodar na cadeira onde ficaria sentado por cinco horas e seis minutos.

Delcídio, aparentemente a contragosto, anunciou que Pizzolato prestaria depoimento na condição de testemunha. No dia anterior, o advogado dele havia entrado com pedido de *habeas corpus* no Supremo Tribunal Federal. Queria garantir a Pizzolato o direito de não responder a perguntas que pudessem incriminá-lo. O Supremo negou o pedido, mas entendeu que, diante da ausência de elementos que vincule os fatos investigados pela CPI dos Correios a Pizzolato, ele não deveria ser tratado como investigado.

Enquanto deputados e senadores discutiam o direito de Pizzolato a não se autoincriminar, ele mantinha as mãos sobre a mesa. Passava uma mão sobre a outra, afagando-se, como se pedisse calma para si mesmo. Em seguida, sacou uma caneta do bolso, pegou uma folha de papel em branco e preparou-se para responder às perguntas, a começar pelas formuladas pelo relator, o deputado Osmar Serraglio (PMDB-RS).

O que se viu a seguir foi um verdadeiro show de canastrões. Todo mundo ali interpretava um papel. Serraglio tentava fazer o tipo linha-dura educado. Lançava com frequência olhares desafiadores a Pizzolato, acompanhados de uma leve inclinação da cabeça e de um tom de indignação, que foram, mais de uma vez, flagrados pelas câmeras da CPI. O relator nunca elevava o tom de voz e demonstrava firmeza a cada uma das perguntas de sua enorme lista de questionamentos.

A oposição, estridente como sempre, fez fila para falar. Enquanto pedia mais tempo para fazer perguntas, tentava apertar Pizzolato. Alguns partiram para a intimidação. Outros se irritaram com as respostas lacônicas para perguntas fáceis de responder. Pizzolato tinha dificuldade de confirmar, por exemplo, se prestou ou não determinadas declarações atribuídas a ele em jornais. Falava baixo, atrapalhava-se com o microfone. A cada intervenção, ia, claramente, minando a própria credibilidade.

* * *

Sempre a primeira a chegar para ser a primeira a fazer perguntas depois do relator, a senadora Heloísa Helena fez um apelo. Pediu que Pizzolato se colocasse no lugar dos congressistas e desse subsídios para que pudessem acreditar nele.

– O que estou tentando, senhor Pizzolato, é que vossa senhoria me convença – explicou a senadora, que vestia sua tradicional camiseta branca, naquele dia com estampa do PSOL.

Pizzolato alegou ter sido usado. Contudo, não insistiu nessa tese nem apontou possíveis algozes muito menos a razão para terem armado contra ele. Não conseguiu se impor, tampouco convencer quem acompanhou o depoimento.

Um dos últimos a questioná-lo foi o então deputado petista José Eduardo Cardozo, que não hesitou em expor fragilidades do discurso de Pizzolato. Deliberadamente, foi algoz, papel que, anos mais tarde, voltaria a protagonizar contra Pizzolato – em 2014, Cardozo era Ministro da Justiça e, portanto, chefe da Polícia Federal e responsável por formalizar pedidos de extradição.

No primeiro depoimento de Pizzolato na CPI, ainda que cheio de formalidades, Cardozo começou atacando:

– Inicialmente, gostaria de dizer, senhor Henrique Pizzolato, com toda franqueza, que estou muito pouco satisfeito com o depoimento de vossa senhoria. É difícil, realmente, dar credibilidade, com a devida vênia, a devida licença, à explicação que vossa senhoria tem dado.

Em seguida, passou a questionar Pizzolato sobre a compra e a venda dos 40 mil dólares. Arrancou a confissão de que a compra fora regular, mas a venda, feita aos poucos, aconteceu em casas de câmbio que não lhe forneceram recibo. Não poderia, portanto, provar que de fato trocou esses dólares.

Pizzolato se enrolou ainda mais à medida que Cardozo o desafiava a explicar a origem do dinheiro que disse ter pago em espécie pela compra da cobertura. Afirmou ter demorado uns três meses para trocar os dólares por reais. Foi guardando o dinheiro em casa. Alegou que não fez depósitos para não pagar imposto. Naquela época, qualquer movimentação bancária implicava em pagamento de uma contribuição chamada CPMF.

Cardozo não se conteve: disse que ficava difícil acreditar que, de fato, Pizzolato pegara um dinheiro "apenas para servir a alguém, que não sabe quem". Passou a reproduzir a versão da história que acabara de ser contada, apontando todos os absurdos da narrativa. Começou destacando o fato de Pizzolato ter pedido para um *office boy* pegar e, em seguida, guardar em casa um pacote de conteúdo desconhecido. Classificou a atitude como, no mínimo, uma "imprudência". Ressaltou também que era uma coincidência muito grande a venda de dólares sem comprovante no mesmo período que o dinheiro sacado no Banco Rural foi entregue na casa do ex-diretor. Ainda mais absurdo, na avaliação do deputado, era Pizzolato ter passado a guardar os reais em casa.

– Veja, senhor Pizzolato, é uma tese difícil de ser sustentada – resumiu o deputado que não deu nem chance de Pizzolato se defender.

O ex-diretor do Banco do Brasil também não se esforçou muito. Não pareceu estar disposto a convencer Cardozo ou qualquer outro integrante da CPI. Parecia evitar o confronto a qualquer custo. Acreditava que uma resposta mais agressiva significaria cair na provocação dos que ali estavam querendo apenas polemizar e espetacular. Preferiu repetir a versão apresentada à Polícia Federal, sem muito mais detalhes. Não se esforçou nem para ser didático.

Naquele dia, Pizzolato não era o único que prestava depoimento no Congresso. Sua audiência fora completamente esvaziada por outra CPI, a do Mensalão. Enquanto Pizzolato falava no Senado, deputados ouviam Delúbio Soares, o ex-tesoureiro do PT. Lá, do outro lado do Congresso, onde a cúpula é voltada para baixo, estavam os principais holofotes e as principais novidades do dia.

Apesar de ter irritado os deputados com respostas ainda mais lacônicas que as de Pizzolato, Delúbio confirmou o acordo que previa a transferência de 10 milhões de reais do PT para o PL. Também admitiu que 475 mil reais sacados das contas de Marcos Valério por um assessor de Ciro Gomes foram, na verdade, usados para pagar despesas de campanha de Lula.

Mesmo não tendo sido a principal atração do dia, a experiência de ficar ali sentado por horas, ouvindo o que não queria, deixou Pizzolato traumatizado. Era uma armadilha atrás de outra. Um vacilo qualquer poderia ser fatal, como ele próprio perceberia nas semanas seguintes.

Pizzolato deixou o Senado por volta das 20h. Estava exausto. Por mais que as perguntas estivessem focadas no tal favor que disse ter prestado para a DNA e na compra da cobertura em Copacabana, ele bem que tentou explicar que, como diretor de marketing, não cabia a ele definir valores a serem gastos em publicidade. Isso ficava a cargo de cada diretoria que queria promover um produto ou uma ação, referendado por um colegiado. Afirmou que, a ele, cabia encomendar e acompanhar as campanhas, atendendo a demandas apresentadas por outros departamentos do banco. As explicações, contudo, não eram claras nem firmes. Ninguém prestou muita atenção na parte técnica.

Naquele dia, ele falou também um pouco sobre privatizações. E, por mais que tenha poupado o máximo que pôde o amigo Luiz Gushiken, acabou insinuando que o então ministro de Comunicação de Governo interferia nas decisões de investimento da Previ. Abriu brecha para insistirem em marcar logo o depoimento de Gushiken.

Pizzolato foi embora querendo esquecer aquelas últimas horas. Mas os deputados e senadores não se esqueceram dele. A imprensa também não. Sabiam que ele poderia ser a ponte para jogar Gushiken na investigação. O nome de Pizzolato continuou sendo notícia.

Quatro meses depois, Pizzolato voltou à CPI dos Correios para encarar sete horas de depoimento. A situação dele se complicara ainda mais, aos olhos dos integrantes da comissão. Mas, aparentemente, ele estava bem mais preparado se comparado à primeira vez que sentou naquela cadeira.

Foi sem gravata. Estava, mais uma vez, de jeans, camisa social e blazer. No entanto, nesse segundo depoimento, respondeu às perguntas com mais firmeza e, sempre que podia, dava muitos detalhes. A mudança de comportamento era notória, a começar pelo texto que leu tão logo chegou no início da tarde de 7 de dezembro de 2005. Naquela nota, lida pausadamente, estava a base do que seria sempre sua defesa a partir daquele dia.

Desde a última vez em que havia dado explicações aos deputados e senadores, surgiram dois fatos novos relacionados a Pizzolato. A CPI descobriu que Pizzolato e outros três funcionários do Banco do Brasil assinaram um documento que garantiu o repasse adiantado de recursos à DNA Propaganda até setembro de 2004, quando o próprio diretor firmou um novo contrato com a empresa que acabara de vencer a disputa pela conta. Resultado: 73,8 milhões de reais foram direto para a conta da DNA num curto período de tempo, antes mesmo da definição das campanhas publicitárias. O dinheiro fazia parte da cota do Banco do Brasil no Fundo de Incentivo Visanet, que administrava cartões da bandeira Visa. Desse montante repassado com autorização do banco à agência de publicidade de Marcos Valério, o relator da CPI concluiu que aproximadamente 20 milhões abasteceram o "caixa dois" do PT. O deputado Osmar Serraglio sempre sustentou que os pagamentos antecipados à DNA sem prévia comprovação de gastos podiam ser encarados como uma forma de favorecimento à agência do publicitário.

Enquanto a CPI fazia contas, Marcos Valério mandou entregar quinze quilos de documentos no Congresso. Queria provar que o Banco do Brasil ainda lhe devia dinheiro relativo às campanhas dos cartões Visa e que, portanto, era impossível ter havido o tal desvio de recursos. O banco também questionava os valores calculados pela comissão.

A segunda novidade, que naquela quinta-feira de depoimento criava uma grande expectativa em deputados e senadores da oposição, não foi exatamente uma descoberta da CPI. Foi, na verdade, uma declaração do próprio Pizzolato publicada na revista *IstoÉ Dinheiro*: o ex-ministro Luiz Gushiken lhe ordenou que autorizasse o pagamento antecipado à DNA de Marcos Valério.

As declarações causaram muito rebuliço. Levaram suspeitas novamente para dentro do Palácio do Planalto, onde Gushiken despachava quando a tal ordem citada por Pizzolato teria sido dada. Depois que o escândalo do mensalão estourou, ele deixou a Secretaria de Comunicação da Presidência e foi para outra secretaria do governo federal. Gushiken classificou de "falsas" as acusações de Pizzolato e assegurou que o ex-diretor não estava subordinado a ele.

A amizade dos dois ficou ainda mais abalada depois do segundo depoimento de Pizzolato na CPI. Sentiu-se traído pelo amigo com quem um dia dividira o apartamento e que era companhia de corridas nos finais da tarde. Pizzolato, que já tinha laços enfraquecidos com petistas, perdeu em definitivo qualquer tipo de apoio que poderia contar com a tropa de choque governista na CPI.

Ao prestar o segundo depoimento, Pizzolato tentou explicar que havia falado com o jornalista da revista, mas que não o autorizou a publicar a entrevista. A justificativa veio diante do questionamento de um deputado, que quis saber por que à revista ele havia dito que Gushiken lhe dera uma ordem e, ali, naquela sala, suavizou dizendo ter recebido uma orientação.

– Na realidade, a entrevista contém algumas informações que eu dei, mas contém também interpretações, contém informações parciais, contém algumas análises e conclusões que não conferem com o meu pensamento. Então... E a montagem da entrevista foi o que mais me surpreendeu, porque eu não fora informado que estava dando uma entrevista – tentou explicar Pizzolato.

De nada adiantou o eufemismo. Perguntado durante o depoimento, Pizzolato admitiu por mais de uma vez que seguiu orientação de Gushiken e do então presidente do banco Cássio Casseb ao autorizar o adiantamento de recursos do Fundo Visanet. Segundo ele, o ex-ministro dissera que poderia assinar a nota técnica autorizando o pagamento porque não havia nada de errado. Em última análise, seria bom para o banco.

– Olha, eu entendi aquilo como uma ordem, como... Eu não iria confrontar o ministro – afirmou Pizzolato, na CPI.

Do início ao fim da audiência, ele deixou claro que não poderia ser responsabilizado pelas supostas irregularidades no banco. Garantiu que sua diretoria somente estruturava as campanhas de publicidade. Não cuidava de pagamentos nem de gestão de recursos:

– Portanto, a diretoria de negócios propunha, a diretoria de marketing contratava, a diretoria de logística pagava e a diretoria de controles fiscalizava – explicou, tentando se eximir das acusações que pesavam contra ele.

Deixou claro que, quando assumiu a diretoria de marketing do Banco do Brasil, recebeu determinação expressa para nada mudar. Não trocou nenhum funcionário, não alterou contratos nem interrompeu campanhas. Não tinha autonomia para tomar decisões sozinho. Tudo era decidido de forma colegiada.

Em seguida, indicou com detalhes quem participou da decisão e como foi definido que a DNA receberia a cota do banco referente à verba publicitária do Fundo Visanet. Citou nomes, datas e disse que não assinou nada antes de consultar o presidente do banco e

Gushiken. E só deu o aval na tal nota técnica porque lhe mostraram pareceres e documentos atestando a legalidade daquele ato.

– A nota, quando me foi apresentada, já continha as assinaturas do diretor de varejo, do gerente de cartão de crédito do banco e do gerente de propaganda. Já constava na nota o nome da agência de publicidade, o número da conta-corrente e o número da agência para a qual o Visanet faria a transferência dos recursos. Esses recursos não passavam pelo Banco do Brasil, nem passavam pela diretoria de marketing – disse em claro e bom som.

A aparente segurança de Pizzolato naquele segundo depoimento impressionava. Ele não estava mais inspirado, mas devidamente mais bem preparado. Havia discutido amplamente como se portar diante dos deputados e senadores. Simulou uma lista de perguntas e treinou respostas.

Na véspera do depoimento, Pizzolato e a mulher estavam no hotel Blue Tree, em Brasília. Chegaram do Rio e lá se hospedaram. Estavam se preparando para o depoimento quando foram chamados na recepção por três visitantes. Eram o advogado de Pizzolato e dois ex-colegas do Banco do Brasil.

O trio lembrou que a revista *IstoÉ Dinheiro* já estava nas ruas fazendo estragos devido aos ataques contra Gushiken. Os jornais haviam reproduzido a história e estavam atrás de mais informações. Por mais que Pizzolato dissesse que houvera manipulação de suas declarações, aquele seria um dos principais assuntos do depoimento. Por razões distintas, base e oposição explorariam eventuais contradições no discurso de Pizzolato.

Terremoto conta que o trio chegou ao hotel "com prato feito". Tinha preparado tudo. Os três defenderam que Pizzolato entregasse Gushiken e Gilberto Carvalho (então chefe de gabinete de Lula). Disseram ser o único jeito de ele se livrar das pressões e ameaças. Uma espécie de delação premiada velada, que o livraria de mais desgaste e de um eventual pedido de indiciamento. Terremoto disse que eles tinham nas mãos perguntas prontas para serem entregues a alguns congressistas. Não estavam ali somente para instruir Pizzolato sobre como deveria responder e agir. Na visão do amigo, queriam usar o ex-diretor do Banco do Brasil como arma para tentar atingir, ainda que a distância, Lula.

Andréa fumava um cigarro atrás do outro. Estava nervosa e dava muitos palpites. Pizzolato resistia em partir para o ataque. "Ele me relatou isso... O pessoal disse que ele ia sair preso de lá, algemado. Pizzolato disse que não iria fazer [entregar os dois petistas mais próximos a Lula]", conta Terremoto, terminando a conversa por ali.

Um dos participantes do encontro, Ivan Guimarães, contou outra versão. Ele foi assessor da presidência do Banco do Brasil e, em seguida, assumiu a presidência do Banco Popular – que, no primeiro ano, gastou mais em publicidade do que em empréstimos para população de baixa renda. O próprio Ivan tinha enfrentado a CPI e saiu-se bem melhor se comparado à primeira vez de Pizzolato. Segundo Guimarães, o grupo nunca propôs entregar ninguém. Estavam ali para simular a sabatina, tentar prever os ataques e formular as melhores respostas.

O grupo, de fato, não estava se entendendo. Não entraram em acordo sobre como a conversa de Pizzolato com Gushiken, narrada pela revista, deveria ser apresentada aos integrantes da CPI. O único consenso é que ele deveria ler uma nota grande, detalhada, com o máximo de convicção possível. Mas o tom e o conteúdo do texto eram os pontos de principal discórdia.

Pizzolato estava reticente em aceitar as sugestões dos dois ex-colegas. Encerrou a conversa e mandou todo mundo embora. Finalizou ele a nota, com a ajuda da mulher. Providenciou ainda algumas cópias de gráficos e fluxogramas sobre a estrutura hierárquica do Banco do Brasil. O depoimento começou por volta das 13h, mas um dos advogados dele chegou atrasado. Pizzolato ficou um bom tempo apenas com o assistente de defesa ao seu lado. Assim que chegou, tirou um bolo de papéis da pasta, acomodou-a no chão e cumprimentou o então senador César Borges (à época no PFL da Bahia). A partir de então, agiu como se fosse uma experiente testemunha de CPIs.

Leu uma nota longa e detalhada. Citou nomes. Anunciou a entrega de papéis que considerava importantes, enveredou para um discurso bastante técnico. No decorrer do depoimento, repetiu o que dizia sua nota. Sempre que podia, tentava constranger o deputado ou senador lembrando que já havia respondido determinado ponto. Tentou, de todas as formas, explicar que, apesar de ter assinado uma autorização, ele nada tinha a ver com a decisão de repassar os recursos. Não poderia ser responsabilizado por uma decisão que não fora tomada por ele, e que apenas ganhara o seu "ok" porque lhe haviam dito que era uma prática corriqueira, legal e boa para o banco.

Naquele dia, apanhou tanto da base quanto da oposição:

– Não é possível que nós fiquemos aqui como paspalhos e as pessoas, que assistem a nós pela televisão, ouvindo tanta mentira – reclamou o relator-adjunto da CPI, deputado Eduardo Paes (à época no PSDB do Rio).

Paes apresentou um requerimento de acareação entre Pizzolato e Gushiken. Os dois, contudo, nunca ficaram frente a frente na CPI. Apesar da firmeza aparente de Pizzolato, ninguém estava comprando a versão de que o processo decisório no Banco do Brasil era tão compartimentado a ponto de não ser possível apontar responsáveis. Também não se convenceram de que Pizzolato era apenas um "inocente útil" como ele próprio se definiu durante o depoimento.

Até o presidente da CPI, senador Delcídio do Amaral, que normalmente apenas controlava o tempo dos colegas e colocava em votação os pedidos, repreendeu Pizzolato:

– Vossa senhoria precisa atentar para esses detalhes, até porque, de certa maneira, o que vai, o que se passa ao longo do depoimento, é que o Banco do Brasil seria uma verdadeira barafunda, uma verdadeira Torre de Babel, uma coisa que não é definitivamente e todos nós sabemos disso – disse, diante da quantidade de nomes, conselhos e etapas apresentadas como decisórias dentro do banco.

Sete horas depois de iniciado o depoimento, Pizzolato queixou-se de uma crise de labirintite. Pediu que a sessão fosse encerrada. Os petistas Ideli Salvatti e José Eduardo Cardozo insistiram em interrogá-lo. Foram os últimos a perguntar.

– Eu estava informando ao deputado que estou com labirintite. Estou um pouco fora do nível – justificou Pizzolato, diante de um momento de aparente tontura.

Cardozo prometeu ser breve, mas reclamou que, por ser sempre o último a perguntar, muita gente passava mal na vez dele. Não aliviou para Pizzolato.

Quis saber por que havia uma escalada nos repasses de uma das subsidiárias do Banco do Brasil para uma das empresas de Marcos Valério. Perguntou por que houve transferência de dinheiro, mas nenhum contrato havia sido localizado. Pizzolato disse desconhecer qualquer informação sobre a empresa. Cardozo insistiu, mas não conseguiu nenhuma resposta. A sessão foi encerrada.

O relógio da sala da CPI marcava 20h12 quando Pizzolato deu um gole no suco que estava à sua frente e olhou fixamente para uma pilha de papéis. Os ombros estavam arriados. Era, visivelmente, um homem esgotado.

Em seguida, afastou o microfone da sua frente e guardou os óculos no bolso do paletó. Antes de se levantar, passou a palma da mão na testa lentamente. Se o microfone estivesse ligado, seria possível ouvir sua respiração pesada.

Pizzolato, que até então havia se controlado, desmoronou por completo. Teve uma crise de choro. Sua mulher, Andréa, também se descontrolou ao ver o marido naquele estado. No final do depoimento, ela parecia cuspir fogo:

– O PT vai ter que pagar pelo que fez com ele – esbravejou, como quem promete vingança.

Quem pagou caro pelo que dissera naquele dia foi Pizzolato. Os jornais reproduziram o ataque de Pizzolato a Gushiken na CPI. Destacaram ainda as tentativas dele de se eximir de qualquer tipo de culpa durante o depoimento. Até mesmo os integrantes mais moderados da CPI acreditavam não haver perdão para os pecados que imputavam ao ex-diretor do Banco do Brasil.

Eram muitas as evidências da nota técnica antecipando o pagamento à compra mal explicada do apartamento, um mês depois de ter recebido o pacote com dinheiro – que ele insistira em dizer que pensava se tratar de "documentos". Nada do que Pizzolato falava parecia convencê-los do contrário: como o diretor de marketing, estavam convictos de que ele deu o aval para que recursos administrados pelo Banco do Brasil financiassem o esquema do mensalão.

Até podiam acreditar que ele não fizera isso sozinho, mas era o único contra quem se podia sustentar uma acusação de pagamento de propina. Desde o primeiro dia em que se sentou na cadeira como "testemunha", os integrantes da CPI estavam dispostos a pedir, no relatório final, o indiciamento de Pizzolato.

Espinafrado em Brasília, o ex-diretor do Banco do Brasil voltou para o Rio de Janeiro e entrou de vez no ostracismo. Deu-se início ao processo de envelhecimento precoce, crises de depressão e um apego extremo à religião. "Depois da segunda audiência, o mundo desabou em cima dele. Ele virou bandido", recorda Terremoto. O amigo disse que Pizzolato cumpriu uma tarefa que não havia escolhido. "Ele foi bucha. Encobriu muita gente", observa Terremoto.

O destino político de Pizzolato acabou no dia em que ele atacou Gushiken na CPI. Até a publicação da entrevista em que ele aparecia acusando o então ministro, tolerava-se retratações, processos por injúria contra o jornalista ou a revista, além do discursinho padrão de que "colocaram palavras na minha boca". Nessas horas, quando o efeito das declarações parece ser prejudicial e danoso, a reputação dos jornalistas é quase sempre lançada ao chão sem dó, muito menos piedade.

Mas, diante das câmeras, dos deputados e dos senadores, Pizzolato desafiou a ordem natural da política, em que tudo costuma ser devidamente acertado com antecedência. Ataques e afagos dentro do Congresso nunca são genuinamente gratuitos. Fazem parte de um jogo nada velado do "assopro eu, bate você".

Por mais que Gushiken e os petistas tivessem argumentos para contestar a acusação de Pizzolato, as declarações do ex-diretor do Banco do Brasil incendiaram a oposição. Fez render por alguns dias a expectativa de que a investigação poderia se aproximar de Lula. O então presidente achava ter colocado um ponto final ao tirar o aliado da Secretaria de Comunicação da Presidência e indicá-lo para cuidar do Núcleo de Assuntos Estratégicos do governo. Mas a oposição não perdia a oportunidade de falar que a gravidade dos fatos até então investigados pelas duas CPIs no Congresso era digna do *impeachment* de Lula.

Pizzolato percebeu o erro que cometera tão logo acabou a sessão. Justificou seu depoimento, anos depois, dizendo ter agido sob pressão. Alegou estar se sentindo ameaçado. Temia que os deputados e senadores o mandassem daquela sala da CPI direto para a cadeia.

Nos anos seguintes, foi atrás de muita gente em busca de apoio. Achava que o estrago podia ser reparado. Em troca de ajuda, prometia retratação em relação ao que dissera contra Gushiken. Mas ninguém queria atendê-lo.

"Era um câncer contagioso, fulminante, aquele que matava na hora", disse Terremoto, relembrando que certa vez inscreveu Pizzolato num evento católico de partidos de esquerda só para chegarem perto de Gilberto Carvalho.

Na peregrinação de Pizzolato à procura de perdão, ficou claro que dificilmente receberia apoio de volta do partido ou de amigos de outrora. Os danos eram mesmo irremediáveis.

Ao procurar um deputado federal pouco depois do segundo depoimento, ouviu o que não queria. O "sinto muito" desse deputado veio embutido de uma definição perfeita de como o "estado de guerra" transformou a política brasileira durante o escândalo do mensalão. O segundo semestre de 2005 foi marcado por um "salve-se quem puder" diário. Eram bombas destruindo reputações e arranhando imagens de quem um dia esteve por perto.

O sistema mostrou-se, de fato, bruto para muita gente importante e poderosa. Muitos foram sendo deixados pelo caminho. O escândalo já havia tirado de combate seu delator, o deputado Roberto Jefferson, e o ex-ministro José Dirceu. Em setembro de 2005, Jefferson teve o mandato cassado por quebra de decoro. Dirceu foi defenestrado pelos colegas de plenário em dezembro daquele ano. A Câmara ainda cassaria o mandato do então presidente do PP, Pedro Corrêa.

Diante do apelo de Pizzolato para ser resgatado, o parlamentar disparou:

– Não dá para recolher feridos – disse, sem misericórdia alguma.

Pizzolato, contam os mais próximos, estremeceu com o recado direto e explícito. Estava claro que, na guerra política travada no final do primeiro mandato de Lula, ele era uma das vítimas. Corria, ainda, o risco de se transformar em algoz. Os tiros que lhe abateram eram muitos e vieram da direita, da esquerda e de cima. Pior que os ataques, foi a sensação de estar sendo deliberadamente abandonado no campo de combate pelos companheiros mais poderesos.

Sun Tzu contra a força suprema

É preciso conhecer seus inimigos, ensinou o general chinês Sun Tzu (544-496 a.C.) dois mil anos atrás. Autor de *A arte da guerra*, um dos mais cultuados tratados sobre estratégia militar, Sun Tzu e seus escritos transformaram-se em fonte de inspiração de jovens revolucionários, notórios oficiais das Forças Armadas e até de aspirantes a tubarões do mundo corporativo.

A maior parte dos conselhos do livro do general parece ser de pouca serventia para os que vão à guerra nos dias de hoje. Assemelha-se a exercícios de abstração, quase fábulas com lições de moral. Afinal, qual é o sentido de se afirmar que, ao se deparar com tropas inimigas atravessando um rio, deve-se esperar metade dos soltados atingir a outra margem para atacá-los?

Entre as muitas estratégias de Sun Tzu, uma, em especial, chama atenção. Para o general, toda guerra deve ser breve, racional e econômica, com dispêndio mínimo de recursos materiais e humanos. De pouco valem os confrontos diretos e violentos porque a verdadeira guerra é a psicológica.

Os mais tempestuosos, agitados ou criativos vibram com os ensinamentos milenares do comandante chinês. Não por acaso, dois volumes do mais famoso livro de Sun Tzu ocupam lugar de destaque no escritório de Alexandre Terremoto, num canto do apartamento onde vive em Vila Isabel. Terremoto prefere descrever o espaço como o seu "QG", que, além de quartel-general é, também, despensa e quarto da bagunça.

Naquele canto do apartamento, tem de tudo um pouco. Latas de leite condensado, creme de leite e molho de tomate dividem prateleiras com garrafas de bebidas e muitos livros. Tem até uma foto autografada de Henrique Pizzolato.

Colada num papel emoldurado, Pizzolato aparece de terno e gravata-borboleta num lugar cheio de cartolas. Está com uma na cabeça. A dedicatória diz: "Ao Alexandre Terremoto, com o convite para aproveitar sua experiência de assessor de cartola". Está com a data, 26 de junho de 1999, o nome e o cargo do amigo carimbados: Henrique Pizzolato, diretor de seguridade.

A gravata-borboleta virou marca. Terremoto garante que era uma forma de contestar. Mas muita gente classifica o apreço pelas gravatinhas como extravagância mesmo. Pizzolato, ainda nos tempos que ocupava um cargo na Previ, passou a se vestir de forma mais ousada, misturando cores. Sofisticou o paladar. Com o tempo, transformou-se em amante dos vinhos da província espanhola de La Rioja, e fazia questão de fabricar seus próprios *limoncellos*, o licor à base de limões-sicilianos. No apartamento dele em Copacabana, as garrafas usadas para armazenar a saborosa e inebriante bebida repousam vazias num armário perto da cozinha.

Pizzolato bem que tentou convencer o amigo a beber o tal Rioja. Vivia mandando-o experimentar. Um dia, Terremoto desembolsou 130 reais por uma garrafa, mas não achou grande coisa. Era mais caro que saboroso. O amigo de Pizzolato esbanja simplicidade. Nem de longe é um sujeito que compraria, por exemplo, uma adega para a própria casa. Em março de 2014, ele guardava algumas garrafas de cerveja e uma vodca na despensa do apartamento.

Depois de ler toda a papelada do processo do mensalão a pedido de Pizzolato, montou um site, o Megacidadania, para divulgar os documentos e fazer comentários. Em seguida, mobilizou uma rede de amigos e blogueiros, e deu início a uma série de ofensivas para expor os erros do Supremo Tribunal Federal durante o julgamento do mensalão, principalmente nas redes sociais. Conta, orgulhoso, que atacou o "PIG" (Partido da Imprensa Golpista), como chama a grande imprensa, e revelou "podres" de Joaquim Barbosa, no momento que o ministro do Supremo e relator do mensalão se portava como justiceiro do Brasil. Entre os "podres" estão a notícia do apartamento que o ministro comprou em Miami e como ele voltou a ser funcionário ativo na Universidade do Estado do Rio de Janeiro (UERJ) mesmo sem dar aulas ou fazer pesquisas.

Terremoto passou a fazer parte de um verdadeiro exército de guerrilheiros virtuais que trocam informações diariamente. Ele municiou e foi municiado com documentos, fotos e dados. Contou com a ajuda e colaborou com homens e mulheres capazes de multiplicar e reproduzir rapidamente análises e comentários em diferentes espaços da internet.

Apostou que esses guerrilheiros usariam todo tipo de material para desgastar, desmoralizar e distrair as forças inimigas – exatamente como ensinam os manuais de guerra, do general Sun Tzu ao líder revolucionário Carlos Marighella. Quem eram os inimigos de Terremoto?

Ele se valeu dos ensinamentos do general chinês para definir e estudar bem quem deveria atacar. Por maior que fosse a indignação com a postura dos caciques petistas em relação a Pizzolato, sabia que seria um erro estratégico mirar nos líderes de uma raivosa e eficiente base de apoiadores.

Escolheu, então, Joaquim Barbosa, ministro do Supremo e relator do caso mensalão, que atraiu holofotes e admiradores de todo país quando o julgamento começou. Terremoto reconhece que a decisão foi arriscada, afinal, a depender do tipo de ataque, corria o risco de ser acusado de preconceito racial. Mas apostou no comportamento destemperado do ministro para acusá-lo de ignorar fatos e dados do processo que, segundo Terremoto, provam a inocência de Henrique Pizzolato.

A Rede Globo, que cedeu muito de seus valiosos minutos à cobertura do caso, também virou alvo. Por tabela, a "grande mídia", ou PIG (Partido da Imprensa Golpista), como chamam os que se autointitulam de blogueiros bloqueios progressistas, também passou a ser atacada por não dar espaço às versões e aos documentos divulgados pelos amigos de Terremoto. Foi a forma que encontrou para atrair a atenção e assegurar o apoio dos mais esquerdistas. Seu plano era resistir e atacar para convencer o maior número possível de pessoas de que o mensalão não passava de uma farsa.

Terremoto decidiu fazer guerra em nome de Henrique Pizzolato em algum momento entre 2011 e 2012. Nesse período, o julgamento do mensalão estava para começar no Supremo Tribunal Federal. Muita coisa tinha acontecido ao amigo de Terremoto desde o dia em que ouviu, cambaleante, que seria abandonado no meio da guerra política travada a partir do escândalo do mensalão.

No início de abril de 2006, após nove meses de denúncias, reuniões, análise de documentos e de depoimentos, a CPI dos Correios concluiu seus trabalhos dizendo ter comprovando a existência do mensalão. Convencido de que o esquema desviou dinheiro público para pagar propina a deputados e integrantes do governo federal, o relator da CPI pediu o indiciamento de mais de cem pessoas, entre elas Pizzolato.

Na semana seguinte, o Ministério Público Federal apresentou denúncia contra 40 pessoas também por participação no mensalão. Era óbvia demais a referência ao conto que se passa no Oriente

Médio e narra a história de um homem humilde que descobre, por acaso, o ouro escondido por uma horda de 40 bandidos. Faltou, contudo, apontar o Ali Babá brasileiro.

Luiz Inácio avisou que nada sabia sobre o esquema. Apesar de o mensalão ter sido usado para comprar apoio político para o governo Lula no Congresso, o então presidente nunca foi, de fato, investigado. O nome dele aparece somente duas vezes na denúncia do Ministério Público. Ambas as citações estão em notas de rodapé e fazem parte de um trecho do depoimento de Roberto Jefferson, também denunciado, e outro de Marcelo Sereno, à época assessor especial da Casa Civil, comandada por José Dirceu.

Para o procurador-geral da República que assinou a denúncia, o ex-ministro José Dirceu era o chefe da quadrilha, e Marcos Valério, o operador do esquema de desvio de recursos para compra de apoio político. Pizzolato era o décimo sétimo da lista de denunciados. Responderia por ter sido corrompido, além de ter desviado recursos públicos e tentado ocultar a origem da propina que recebeu. Foi, assim, formalmente acusado dos crimes de corrupção passiva, lavagem de dinheiro e peculato.

A denúncia dizia que ele desempenhou um papel relevante e estratégico no esquema ou, nas palavras do procurador, na "engrenagem criminosa" montada por petistas. Também pesou contra ele a acusação de ter recebido propina. O Ministério Público foi duro com Pizzolato. Classificou de "totalmente inverossímil" a explicação de que "uma pessoa do PT" buscara na casa dele os pacotes com 326.660,27 reais. Para o acusador, Pizzolato não apenas sabia que era dinheiro sujo, como havia mandado o mensageiro buscar a quantia em seu lugar para "ocultar a origem, a natureza e o real destinatário do valor pago como propina".

* * *

No mesmo ano que foi denunciado pelo Ministério Público Federal, Pizzolato formalizou na Justiça a dissolução de seu relacionamento com Andréa. Com a autorização de um juiz da Vara de Família, dividiu seus bens. Ela ficou com todos os imóveis dele, exceto a cobertura de Copacabana e o apartamento que ele comprara para o pai em Concórdia. Henrique ficou com as aplicações financeiras.

Pizzolato temia ver bloqueado o próprio patrimônio, mas sabia que chamaria muita atenção se passasse todos os imóveis e investimentos para o nome da mulher. Como ainda era alvo de inquéritos, decidiu que, para não levantar suspeitas, o apartamento onde morava precisava continuar sendo dele no papel. Apesar de o Ministério Público ter concluído a investigação do mensalão, a Polícia Federal ainda apurava a origem do dinheiro que abastecera o esquema.

Os contratos do Banco do Brasil com as empresas de Marcos Valério ainda estavam sendo analisados pelo delegado federal Luís Flávio Zampronha quando ele foi surpreendido com a apresentação da denúncia pelo Ministério Público Federal. O delegado, que sempre encarou o mensalão como um megaesquema de lavagem de dinheiro, continuou apurando a origem dos recursos. E, naturalmente, Pizzolato e outros funcionários do banco permaneceram sob a mira da polícia por terem autorizado antecipação de verbas e assinado novos contratos com a agência de publicidade do operador do mensalão.

O delegado deu prosseguimento à investigação em um novo inquérito, aberto por determinação do Supremo. Ele queria mostrar que o esquema não se limitou à compra de apoio político e pagamento de dívidas de campanha.

* * *

Mais de um ano havia se passado desde a apresentação da denúncia, quando o Supremo Tribunal Federal decidiu transformar todos os 40 investigados em réus do mensalão. Foram trinta horas de julgamento e intensa pressão, principalmente da imprensa, para que o inquérito fosse convertido em ação penal.

Nas duas últimas semanas de agosto de 2007, os ministros do Supremo ouviram 28 advogados de defesa, o procurador-geral e o relator do caso, Joaquim Barbosa. Foram ainda surpreendidos com uma curiosidade sem limites dos jornalistas.

Numa conversa ao telefone com o irmão, o então ministro Ricardo Lewandowski revelou o tamanho da pressão. Disse que o "Supremo votou com a faca no pescoço" para abrir a ação penal contra os acusados no mensalão.

Em tom de confidência, afirmou ao irmão que a "tendência" inicial era "amaciar" para o ex-ministro José Dirceu. A conversa telefônica durou aproximadamente dez minutos e foi testemunhada por uma jornalista da *Folha de S. Paulo*, num restaurante em Brasília.

Questionado dias depois sobre o peso da pressão, o ministro do Supremo garantiu que a pressão existiu mas não influenciou seu voto nem o resultado final do julgamento. Mas Lewandowski disse estar "magoado" e "atingido". Além da divulgação do que falara ao telefone, ele viu nas páginas dos jornais as mensagens on-line que trocara com a colega Cármen Lúcia no começo dessa primeira etapa do julgamento.

Os dois compartilharam impressões sobre a sustentação do procurador-geral da República, Antonio Fernando de Souza. Discutiram ainda alguns pontos da acusação que, na avaliação deles, levantavam dúvidas e despertavam insegurança. Trechos desses diálogos foram fotografados e publicados pelo jornal *O Globo*.

Separados por três metros, Cármen e Lewandowski comentaram, por escrito, o desempenho do procurador-geral:

– Ele está, corretamente, "jogando para a plateia" – escreveu Lewandowski.

– É, é a tentativa de mostrar os fatos e amarrar as situações para explicar o que a denúncia não explicou – rebate a colega.

Além disso, os ministros fizeram observações sobre as denúncias relacionadas ao crime de peculato. Lewandowski mostrou-se inseguro em aceitar que o crime fosse imputado também aos que não ocupavam cargo público à época. Na denúncia, o procurador-geral pediu que fossem processados como coautores.

– Minha dúvida é quanto ao peculato em coautoria ou participação, mesmo para aqueles que não são funcionários públicos ou não tinham a posse direta do dinheiro – disse o ministro.

Em seguida, Cármen Lúcia informou a posição do ministro Eros Grau, que sentava ao lado da ministra e a quem ela tratou por "Cupido". Eros é o nome do deus grego do amor. Na versão romana, o belo arqueiro chama-se Cupido.

– O Cupido acaba de afirmar aqui do lado que não vai aceitar nada... (ilegível).

Os trechos que vieram a público deixaram os dois ministros constrangidos diante de seus pares. Também mudou, num primeiro momento, o trato do Supremo com a imprensa. Fotógrafos, por exemplo, passaram a ter espaço limitado dentro do plenário.

Acuados e pressionados diante daquele julgamento repleto de holofotes, os ministros decidiram acompanhar o relator Joaquim Barbosa, que acolheu as denúncias do Ministério Público Federal e apontou os petistas José Dirceu, José Genoino e Silvio Pereira como os integrantes do núcleo central do esquema.

Mas também houve momentos de discordâncias. Lewandowski e Barbosa protagonizaram, em agosto de 2007, um dos primeiros embates que marcariam todo o julgamento do mensalão. Ao reagir às denúncias de formação de quadrilha, por exemplo, Lewandowski irritou o relator, defensor da acusação.

Pizzolato, assim como os outros denunciados, não escapou do processo e ganhou um assento no banco dos réus. Desesperou-se ao ver ministros, como Carlos Ayres Britto e Celso de Mello, salientando a indignação com os fatos narrados pela denúncia. Sentiu que era hora de dar início a um plano maluco, que seria seu porto seguro caso tudo viesse a desmoronar.

Em 28 de agosto de 2007, o Supremo Tribunal Federal encerrou o julgamento das denúncias. Três meses depois, Pizzolato estava em Florianópolis solicitando uma carteira de identidade para Celso, o irmão morto em 1978.

Era apenas o primeiro dos muitos documentos que emitiria em nome do falecido a partir daquela data. Precisava de papéis oficiais como RG, CPF e título de eleitor para conseguir os passaportes brasileiro e italiano para Celso. Acreditava ser esse o jeito mais fácil de sair do país. Mais cedo ou mais tarde teria os próprios passaportes retidos pela Justiça e estaria automaticamente impedido de viajar ao exterior.

Decidiu, então, agir por conta própria. Não precisava de muito para executar o plano, pensado para ser caseiro e envolver o menor número possível de pessoas. O primeiro passo foi pegar a certidão de nascimento de Celso no cartório em Concórdia. Com ela em mãos, ficou fácil emitir a carteira de identidade.

Teve o cuidado de ir à capital catarinense para não levantar suspeitas em sua cidade natal, onde muita gente conhece a família Pizzolato. O passaporte, por sua vez, também foi tirado em Santa Catarina, mas Pizzolato escolheu uma outra cidade, Lages. Em pouco tempo, ele ressuscitou Celso e fez um teste. Em junho de 2008, pôde fingir ser seu próprio irmão numa viagem à Argentina.

Estava pronto o plano que lhe garantiria a liberdade. Mas a ideia de se transformar em Celso foi mantida sob sigilo. A mulher de Pizzolato era uma das poucas que sabia da "arma secreta", um supertrunfo que só funcionaria se segredo fosse.

Os mais próximos contam que, entre 2005 e 2013, Pizzolato se apegou a três planos centrais. Não eram excludentes, mas foram sendo elaborados à medida que a situação dele se complicava no desenrolar do escândalo do mensalão.

Pizzolato começou apostando alto no trabalho dos advogados contratados para absolvê-lo no processo que tramitava no Supremo. Em fevereiro de 2008, mudou parte de sua linha de defesa apresentada à CPI. O ministro Joaquim Barbosa havia escalado juízes federais para ouvir os 40 réus e suas testemunhas de defesa.

Durante o depoimento na Justiça Federal no Rio, Pizzolato não confirmou o que ele próprio disse à CPI dos Correios. Negou ter autorizado o repasse antecipado à DNA Propaganda por ordem do então ministro Luiz Gushiken. Explicou ao juiz que, quando sustentou tal afirmação, estava numa condição de "ameaça e constrangimento".

O juiz indagou que tipo de ameaça o forçou a falar coisas que não queria.

– Ameaça de que iriam me prender, todo tipo de ameaça física, de exposição – respondeu Pizzolato, explicando ainda que, diante da pressão a que fora submetido na CPI dos Correios, não teve condições de raciocinar na hora do depoimento.

Essa retratação em relação a Gushiken ajudaria a absolver o ex-ministro no futuro, mas não foi suficiente para fazer o ex-diretor do Banco do Brasil se recompor com o PT, tampouco com os companheiros mais importantes do partido. Ao responder perguntas sobre as demais acusações que pesavam sobre ele, manteve as mesmas versões apresentadas aos deputados e senadores. Não mudou nenhuma linha do que disse sobre a origem e destino dos mais de 326 mil reais levados à sua casa pelo contínuo. Também afirmou ter pago com notas de câmbio parte da cobertura em Copacabana, comprada um mês depois de ter feito o tal favor para a DNA.

No final do depoimento, Pizzolato lamentou por ter sido "humilhado, execrado e satanizado" em público no episódio do mensalão. Disse viver um drama:

– Perdi grandes valores que tinha, familiares, boa parte de minha saúde, minhas economias e perspectiva de vida. Tudo a partir de insinuações, hipóteses. Não foi apresentado um documento como prova.

Para se defender, nomeou outras testemunhas, uma delas era funcionário da Rede Globo, e explicou como funciona a bonificação paga para as agências que garantem um elevado volume de anunciantes para empresas de televisão, rádio e impresso. Atestou a legalidade da prática, colocada sob suspeita na denúncia do Ministério Público Federal. Terremoto conta que se dispôs a testemunhar em favor do amigo. Falaria para onde achava ter ido o dinheiro sacado no Banco Rural. Preparou-se para dizer que o dinheiro foi para o grupo que disputava o comando do PT do Rio com Manoel Severino. Ex-presidente da Casa da Moeda, Severino também apareceu numa lista divulgada por Marcos Valério como beneficiário de 2,6 milhões de reais, sacados do Banco Rural entre 2003 e 2004.

Os advogados acharam melhor Terremoto não testemunhar sobre o destino do dinheiro. Ao longo do processo, os defensores de Pizzolato viram suas teses evocadas sendo, uma a uma, ignoradas ou rechaçadas pelos ministros do Supremo. Acabaram colecionando derrotas seguidas. Pizzolato decidiu trocar de advogado. Pouco adiantou.

* * *

O Supremo marcou para a tarde de 2 de agosto de 2012 o início do julgamento do maior escândalo de corrupção que abalou o governo Lula. Dos 40 denunciados, 38 poderiam ser absolvidos ou condenados pelos ministros. Ficaram de fora do julgamento o deputado José Janene, que morreu em 2010, e o petista Silvio Pereira, que fizera um acordo para prestar serviços comunitários e ser excluído do processo.

Sete anos depois de Roberto Jefferson ter denunciado o esquema de desvio de recursos públicos para compra de apoio político, havia chegado a hora da mais alta corte do país definir qual seria o destino dos envolvidos. Logo na primeira sessão, um inesperado bate-boca entre os ministros Lewandowski e Barbosa fez o Supremo atrasar o cronograma. Pararam tudo para deliberar sobre uma questão que parecia superada havia meses. Um dos advogados fez uma intervenção, pedindo a divisão do processo criminal. Queria que o Supremo julgasse somente os casos das autoridades com foro privilegiado, isto é, dos réus que estivessem naquele momento exercendo cargo de deputado federal.

A discussão dividiu os dois ministros que, a partir daquele dia, passaram a protagonizar embates duros e sucessivos. Depois de horas de debate, o pedido do advogado de desmembrar o mensalão foi rejeitado pela maioria dos ministros. A sessão durou cinco horas e terminou, naquele dia, com a leitura de um resumo do relatório de Barbosa.

Depois de virar réu, essa foi a primeira grande derrota de Pizzolato no Supremo. Ser julgado diretamente na mais alta corte significava começar do fim. Não haveria a oportunidade de ver o processo subindo, aos poucos, degrau por degrau da hierarquia do Judiciário. Não haveria outro lugar para questionar decisões ou recorrer, a não ser o próprio Supremo. Havia passado tanto tempo desde o início da tramitação do processo que o representante do Ministério Público Federal já não era mais o autor da denúncia.

Roberto Gurgel havia sido nomeado para o cargo e coube a ele ler a acusação formulada por seu antecessor contra os réus da ação. A posição não mudou. O procurador sustentou que o ex-ministro José Dirceu era o "mentor" do esquema. Pediu ainda a condenação e a prisão de 36 dos 38 réus e a absolvição de Luiz Gushiken e Antônio Lamas.

Em seguida, foi a vez dos advogados falarem. Todos insistiram nas mesmas teses: não houve mensalão nem desvio de dinheiro público. Alguns dos defensores admitiam, no máximo, que existiram recursos não contabilizados de campanha, eufemismo evocado pelos petistas para o famoso "caixa dois" tão logo o mensalão virou escândalo.

A sustentação oral do advogado de Pizzolato, Marthius Sávio, chamou atenção pelo tom das críticas ao Ministério Público. Ele abriu o sétimo dia de julgamento afirmando que os procuradores cometeram erros técnicos primários. Para ele, o processo é "ilusionismo jurídico" e a "denúncia, falaciosa":

– Se o MP estivesse preocupado em saber da verdade real bastava apenas ir a uma agência, dessas onde os procuradores têm conta, e perguntar como funciona o sistema de gerência – provocou o advogado.

Diante dos ministros, advogados tendem a dar uma carga mais viceral a seus argumentos. Mudam o tom de voz, gesticulam com mais frequência. Não chegam a dramatizar como fazem os defensores e acusadores que participam de tribunais com jurados, mas se esforçam para chamar a atenção na tribuna do Supremo.

Na vez em que falou, o advogado de Pizzolato rechaçou com vigor todas as acusações relacionadas ao repasse das verbas de publicidade do Banco do Brasil para a agência de Marcos Valério. Disse que seu cliente não tinha poderes para autorizar nada, que todas as decisões do banco eram tomadas de forma colegiada e fundamentadas em pareceres técnicos.

O advogado também negou as acusações de que Pizzolato recebeu 326 mil reais de propina do grupo de Marcos Valério. Sustentou não se tratar de propina, apenas de pacotes que Pizzolato passou adiante, sem conhecer seu conteúdo. E, o mais importante, alegou que o dinheiro do Fundo Visanet, apontado como uma das principais fontes usadas para financiar o esquema, nem era público nem Pizzolato tinha ingerência sobre esses recursos.

Marthius Sávio falou por quase uma hora. Tão logo concluiu sua sustentação oral, o ministro Joaquim Barbosa decidiu questioná-lo. Quis saber detalhes sobre a Visanet: qual era a participação do Banco do Brasil no fundo, quem determinava e como o dinheiro era transferido para a agência de propaganda para promover as campanhas publicitárias dos cartões Ourocard.

Sávio explicou que Pizzolato não tinha poderes para definir o destino do dinheiro. Citou o nome de um funcionário do banco que representava a instituição junto ao comitê que geria a publicidade do fundo. Afirmou ainda que, como o banco não aportava diretamente recursos no Visanet, tratava-se de dinheiro privado. O dinheiro era parte de uma porcentagem descontada em cada operação de compra feita com os cartões Visa. Barbosa insistiu:

– Pizzolato jamais fez essa determinação? – interpelou Joaquim Barbosa.

– Jamais, pois ele não era responsável – assegurou o advogado, com muita convicção.

Quando fez as perguntas ao defensor do ex-diretor do Banco do Brasil, Barbosa estava de pé, com os cotovelos apoiados no encosto da cadeira. A posição amenizava as fortes dores nas costas do ministro. Depois de ouvir as explicações do advogado, ele se disse satisfeito. Onze dias depois, Joaquim Barbosa defendeu a condenação de Henrique Pizzolato e de outros cinco réus.

O ministro separou seus votos por núcleos, começando pelo chamado braço financeiro do esquema. A estratégia do julgamento previa analisar primeiro a situação de quem movimentou o dinheiro, seja desviando ou ocultando sua verdadeira origem. Os casos do núcleo político, dos beneficiários e mandantes, ficariam por último. O raciocínio era cartesiano, partia do menor para o maior e mais importante nome do mensalão. Era preciso identificar os responsáveis pela liberação do dinheiro para, em seguida, atribuir culpa aos que o usaram para fins nada republicanos, na visão de Barbosa.

Na sessão de 20 de agosto de 2012, quando defendeu a condenação de Pizzolato, Joaquim Barbosa usou um exemplo para refutar a tese da defesa de que o dinheiro era privado e, portanto, não caberia a acusação de peculato. Comparou o caso com o de um carcereiro que se apropria dos bens que estavam no bolso de um preso, os quais fora encarregado de guardar. A mesma regra vale para o Banco do Brasil, que deve cuidar dos recursos de seus correntistas com zelo.

O Banco do Brasil era acionista do Fundo Visanet e, apesar de não fazer aportes, tinha direito a uma cota para custear publicidade e atrair ainda mais usuários do cartão. Cabia ao banco administrar esses recursos, ainda que eles não entrassem no cálculo do orçamento anual da instituição.

Para Barbosa, ao definir o crime de peculato, a lei não fala só de bens públicos, mas também de bens particulares. Em ambas as hipóteses, explicou o ministro, o bem necessita estar em poder de um funcionário público em razão de seu cargo.

– Portanto, o argumento utilizado pela defesa não descaracterizaria a natureza criminosa da conduta tendo em vista que o réu Henrique Pizzolato, no caso, detinha o poder de dispor sobre os recursos em razão do cargo do diretor de marketing – afirmou o ministro.

Barbosa disse ainda que Pizzolato teve a intenção de beneficiar a agência de Marcos Valério e que a auditoria do próprio banco detectou que ele não submeteu as suas decisões às alçadas competentes. Reforçou também que todo o dinheiro do Fundo Visanet era do Banco do Brasil.

Venceu a tese do relator. Depois de praticamente uma semana de discussões, que incluíram os casos de outros réus também ligados ao núcleo publicitário, o Supremo condenou Pizzolato por unanimidade. Ele foi declarado culpado até mesmo por Ricardo Lewandowski, que sempre puxava algumas divergências, e naqueles dias de debate defendeu a absolvição de Luiz Gushiken e de João Paulo Cunha.

Pizzolato e a mulher assistiram a parte do julgamento na Espanha, pela internet. Estavam lá quando ele foi condenado. Dos 11 votos que pediram sua condenação, o do ministro Lewandowski foi o que mais irritou, principalmente a Andréa.

O ministro destacou a "total balbúrdia que reinava" na área comandada por Pizzolato:

– Ora se autorizava essas importâncias, antecipações, por e-mail, telefone ou carta. Não havia nenhuma sistemática prévia. É claro que essa falta de sistemática tem, a meu ver, um propósito – observou, ao defender a culpa de Pizzolato.

Lewandowski citou ainda o que disse uma testemunha considerada chave. O depoimento de uma ex-gerente de mídia foi usado por ele para ratificar as denúncias do Ministério Público. Ela afirmou que notas frias foram emitidas para justificar campanhas que nunca foram veiculadas.

O ministro não observou, contudo, que o depoimento dessa testemunha poderia estar sob suspeita. A Polícia Federal descobriu uma empresa que recebeu dinheiro da DNA e repassou 25 mil reais a essa testemunha. Tal empresa era do genro de um então senador da oposição. O fato dessa informação não ter sido levada em conta provocou a ira de Pizzolato e da mulher dele.

"Andréa odeia o Lewandowski, não odeia Joaquim. Olha, o voto do Lewandowski foi muito mais cruel", observa Terremoto.

Os votos de todos os ministros contrariaram as previsões feitas pelos próprios advogados do ex-diretor do Banco do Brasil. Convencidos da vitória, eles tinham mandado Pizzolato preparar a carne para o churrasco. Haviam garantido que ele estaria fora da lista de condenados. Mas Pizzolato foi considerado culpado por todos os ministros. Essa condenação unânime parecia irreversível e impossibilitaria, inclusive, um pedido imediato de revisão da decisão.

Quando Pizzolato e Andréa voltaram ao Brasil para as eleições de 2012, ele já estava condenado. Haviam saído do país tranquilos, mas voltaram em pânico. No início de outubro, ele deu uma entrevista ao jornal *Folha de S.Paulo*, dizendo estar sendo "injustiçado, execrado e amaldiçoado":

– Estou sobrevivendo à base de remédio. Isso é uma violência ao ser humano. No dia que eu recebi a notícia eu não enfartei porque... eu dou graças a Deus – disse, sobre a condenação unânime.

Nessa entrevista, Pizzolato afirmou se sentir a caminho da "guilhotina", da "fogueira da inquisição". Ao ver o amigo arrasado com a sentença, Terremoto decidiu intensificar a estratégia de defesa e de resistência na internet.

Terremoto foi um dos primeiros a abraçar a guerrilha virtual pró-Pizzolato. Desde que saiu do Ministério Público do Rio de Janeiro, no início de 2012, passou a dedicar a maior parte do tempo a ler e divulgar documentos que acreditava ser a prova da inocência de Pizzolato. O trabalho para desmoralizar o Supremo e angariar apoio da opinião pública transformou-se no segundo plano traçado por Pizzolato em busca da própria liberdade.

A estratégia enfrentou a resistência dos advogados. Eles temiam que vazassem papéis sigilosos; acreditavam que a operação irritaria os ministros e desmoralizaria as estratégias jurídicas. Por isso, os ataques na internet se intensificaram depois da condenação de Pizzolato. A ideia era tentar constranger os ministros e mobilizar a opinião pública antes de o Supremo fixar as penas dos condenados. Com a ajuda de amigos como Terremoto, Pizzolato começou a divulgar tudo o que considerava relevante para sua defesa.

Pouco antes do início do julgamento, Pizzolato havia se reaproximado do PT. Passou a participar também de eventos, em sua maioria, promovidos por petistas para militantes do próprio partido. Foram aplicados na prática os dizeres da *A arte da guerra*, guardado no escritório/despensa de Terremoto. "Ao percorrer as fileiras de teu exército", diz o general chinês, "se notares algum vazio, preenche-o".

Na internet e nos encontros com filiados, eram apontadas as principais falhas no julgamento e divulgados documentos do processo que haviam sido ignorados pelo Supremo. Não faltavam críticas contra as decisões dos ministros, principalmente do relator Joaquim Barbosa.

Terremoto e Pizzolato viajaram muito para participar de atos, reuniões e encontros com lideranças locais e petistas de carteirinha. No início de 2013, Pizzolato foi filmado falando ao microfone em um desses encontros. Era um ato de petistas da Zona Norte de São Paulo, que se dizia "unida em defesa do PT pela anulação da AP [Ação Penal] 470".

Participavam da reunião o então deputado José Genoino, também condenado no mensalão, e o senador Eduardo Suplicy, que chamou por Pizzolato. O ex-diretor havia saído da salinha lotada para falar ao telefone com alguém da família. De camisa xadrez dentro da bermuda caqui, pegou o microfone, agradeceu a oportunidade e pediu desculpas. Disse que a família ligou por estar preocupada com os remédios dele.

Feito o preâmbulo, Pizzolato se apresentou como funcionário de carreira do Banco do Brasil por mais de trinta anos, militante da CUT e do PT desde a fundação. Em seguida, narrou seu drama pessoal:

– Eu me vi envolvido num evento que não tinha sequer conhecimento. Faz oito anos que eu e minha família estamos tentando nos defender. Estou sendo acusado de desviar dinheiro público do Fundo Visanet para financiar as contas do partido. A Visanet é uma empresa multinacional, que é gerida por uma diretoria, um conselho de administração do qual eu nunca fiz parte. Meu único trabalho era fazer a parte braçal das campanhas de publicidade.

Pizzolato disse ainda que não era a dor, o sofrimento físico nem o desgaste pessoal que mais o incomodava. O que mais lhe doía era perceber que "80% do pessoal do PT não sabe ou ainda acredita na grande imprensa". Garantiu que nunca houve dinheiro desviado, nem público nem privado. Segundo ele, tudo estava auditado e comprovado.

Aproveitou para fazer o comercial da página de Terremoto na internet, pedindo para visitarem o Megacidadania em caso de dúvidas. Lá encontrariam documentos e provas de que os responsáveis por eventos da Visanet eram todos do governo tucano. Durante seu testemunho, Pizzolato reclamou que ninguém, nem Joaquim Barbosa, os demais ministros do Supremo ou o Ministério Público, em nenhum momento, fizeram referência a esses papéis.

Pizzolato se comparou ao personagem kafkiano de *O processo*. O livro narra a situação insólita de um homem que é processado sem saber o delito que cometeu. Na história do escritor Franz

Kafka, o processado precisa enfrentar a burocracia protelatória, as repartições nada auspiciosas e pilhas de requerimentos, pedidos e papéis que "não atam nem desatam". Tudo, no universo kafkiano, é absurdo, ilógico, irreal.

Assim, Pizzolato dizia se sentir, atônito num mundo em que nada fazia sentido. Aos companheiros, naquele encontro, ele foi categórico ao dizer que tudo relacionado ao mensalão "é uma perseguição política".

Voltou a se definir como "o inocente útil", expressão que usara no segundo depoimento da CPI dos Correios oito anos antes. Disse ainda que só fora condenado porque era preciso sustentar a tese de que houve desvio de dinheiro público e, assim, atingir outros petistas, o partido e até o presidente Lula. Era a deixa para sensibilizar os companheiros. Pizzolato pediu aos presentes para não aceitarem uma culpa que não existia:

– Vou até meu último segundo de vida, vou jurar, vou comprovar... – Foi interrompido com aplausos dos que participavam do ato. Em seguida, prosseguiu: – ... dinheiro do Banco do Brasil, na minha gestão, de onde eu fiscalizei, não saiu um centavo. Tudo era decidido em comitê.

Finalizou seu discurso dizendo ter todos os argumentos e toda a documentação para provar sua inocência:

– Os ministros não viram porque não quiseram ou porque tiveram má-fé – atacou para, em seguida, dar um aperto de mão em Genoino e um abraço em Suplicy, com direito a tapinha nas costas.

Numa dessas viagens que fizeram a São Paulo, Terremoto convenceu Pizzolato de que deveriam procurar o ex-ministro José Dirceu. No final de 2012, foram, sem avisar, a Vinhedo, no interior paulista, para tentar encontrá-lo. Não conseguiram falar com

Dirceu, que estava viajando. Para não perder a viagem bateram na porta da revista *Retrato do Brasil*. Terremoto não perdia tempo, para ele era preciso reagir sempre.

A revista estava cobrindo o mensalão e, segundo Terremoto, havia procurado o advogado de Pizzolato. Antes de irem à sede da publicação, Terremoto já tinha entregado a um dos responsáveis pela *Retrato* um kit com os principais documentos e relatado os absurdos do julgamento. Depois que Pizzolato apareceu na redação da revista, a edição de dezembro de 2012 trouxe "A prova do erro do STF" como matéria de capa. Com a imagem de uma lupa sobre um papel, a publicação afirmou que documentos da Visanet provam que o desvio de 73,9 milhões de reais apontado pelo Supremo não existiu.

A versão de Pizzolato ganhou doze páginas na revista. Uma delas era integralmente ocupada pela foto do ex-diretor, de braços cruzados, com olhar distante, contemplando o infinito. Fora tirada na sacada do apartamento dele no Rio para ilustrar a matéria que classifica a documentação da defesa de Pizzolato como "profunda e coerente". A papelada foi recolhida por Pizzolato e seus advogados ao longo de sete anos. O texto da revista ainda acrescentava um dado: a devassa feita pela Receita Federal concluiu que o único pecado de Pizzolato havia sido descontar como renda tributável a mesada da madrasta Elide, que o criou desde os nove anos. Nada mais de errado encontraram na vida dele.

A base da matéria é a mesma usada pelos guerrilheiros virtuais que defendem Pizzolato. Eles se valem do laudo 2828, elaborado por peritos da Polícia Federal para sustentar que o ex-diretor de marketing fora condenado injustamente. De fato, o laudo não cita Pizzolato e aponta outros nomes como responsáveis pela gestão do Fundo Visanet. O que os defensores do ex-diretor não comentam, no entanto, é o relatório do delegado Luís Flávio Zampronha.

Ao concluir sua investigação em março de 2011, o delegado não se limitou ao laudo 2828. Ele conjugou os achados dos peritos com depoimentos coletados e diligências realizadas para identificar as transações financeiras que abasteceram as contas de empresas de Marcos Valério, entre elas os repasses do Banco do Brasil por meio da Visanet à DNA Propaganda.

Ressaltou ainda que o objetivo da investigação não era "individualizar a responsabilidade e a participação dos representantes do Banco do Brasil e do Fundo de Incentivo Visanet". Observou também que não fora apenas o Banco Rural e o BMG que concederam empréstimos ao operador do mensalão. A DNA de Marcos Valério também contraiu empréstimo junto ao Banco do Brasil.

O delegado atestou que houve desvio de recursos – em valor menor do que o apontado pelo Ministério Público durante o julgamento do mensalão – graças à colaboração e participação de integrantes da diretoria de marketing do Banco do Brasil, além da "total falta de controle" sobre a verba de publicidade administrada pela instituição. Segundo o policial, o esquema montado por Marcos Valério promoveu, "no período de 2001 a 2005, o desvio sistemático de recursos" originados dos contratos entre a DNA e o Banco do Brasil, "cujos valores foram empregados no financiamento da rede de influência política montada no decorrer dos anos".

Em resumo, para a Polícia Federal, Pizzolato não agiu sozinho, mas tinha sua parcela de culpa. A polícia encontrou indícios de participação de outras pessoas do banco e da DNA, mas no relatório o delegado destacou que outra investigação havia sido aberta para apurar as condutas dessas pessoas. Esse inquérito continuava nas mãos de delegados federais no Distrito Federal em julho de 2014, sem data para ser concluída. A investigação sobre a origem do dinheiro também tramitava como inquérito em 2014, tendo ganho o número 2474 no Supremo.

Não era apenas o delegado, o Supremo também estava convencido da participação de Pizzolato no esquema do mensalão. Depois de condenarem 25 dos 38 réus, os ministros passaram a calcular a pena de cada um dos culpados. A conta foi cruel para Pizzolato. Em novembro de 2012, o tribunal anunciou a condenação de doze anos e sete meses para o ex-diretor do Banco do Brasil, além uma multa milionária.

O cálculo da corte sentenciou Pizzolato ao regime fechado. Por corrupção ativa, foi condenado a três anos e nove meses de reclusão. Pelo crime de peculato, a cinco anos e dez meses de reclusão. E, por fim, por lavagem de dinheiro, pena de três anos de prisão.

– A culpabilidade do réu se encontra bastante elevada uma vez que Pizzolato manteve contatos diretos com Valério, em troca da prática de atos de ofício de caráter criminoso. O acusado não apresenta antecedentes criminais e não é possível elevar a pena com base na sua conduta pessoal. O réu pretendia obter vantagem indevida de cunho patrimonial e ele trabalhou no comitê financeiro da campanha do PT em 2002 – justificou o ministro Joaquim Barbosa.

O tamanho da pena assustou, mas o anúncio dos doze anos e sete meses não implicava em prisão imediata. Todos os condenados ainda teriam direito a pelo menos uma leva de recursos, os chamados embargos de declaração, que visam solucionar eventuais omissões, obscuridades e contradições da decisão final. Para o advogado de Pizzolato, as contradições eram evidentes. Mas o Supremo não entendeu assim.

No dia 4 de setembro de 2013, os ministros do Supremo rejeitaram por unanimidade todos os recursos apresentados por

Pizzolato, mantendo a condenação à prisão e à multa de 1,27 milhão de reais. O advogado pediu que o julgamento fosse anulado, alegando que outros coautores dos crimes imputados a Pizzolato estavam sendo julgados pela Justiça comum. Assim, caberia ao seu cliente ser julgado não no Supremo, mas junto aos outros réus que teriam assinado notas de empenho com Pizzolato.

A tese foi rejeitada pelos ministros. Para Joaquim Barbosa, a intenção dos advogados do ex-diretor do Banco do Brasil era meramente protelatória. Os recursos apresentados serviam somente para adiar o cumprimento da pena, na avaliação dos ministros.

Pizzolato se viu sem saída. Por ter sido condenado por unanimidade, não havia sequer a possibilidade de apresentar um segundo tipo de recurso. Os chamados embargos infringentes são capazes até de reverter sentenças, mas se aplicam somente aos condenados que tiveram ao menos quatro votos favoráveis. A cadeia para Pizzolato transformou-se em uma questão de tempo.

Quatro dias depois da decisão do Supremo, que enterrou o sonho de liberdade de Pizzolato, um grupo de aproximadamente quinze pessoas se reuniu na espaçosa sala da cobertura dele em Copacabana. O local havia se transformado em "quartel-general" da crise, onde blogueiros, amigos e parentes ajudavam a bolar estratégias de defesa, junto ao processo e à opinião pública.

Naquele 8 de setembro, contudo, Pizzolato ouviu sugestões muito mais radicais. Alguns defenderam que o destino dele deveria ser Venezuela, Bolívia ou qualquer país vizinho de esquerda, onde facilmente entenderiam se tratar de um caso de perseguição política e lhe dariam abrigo. Outros fizeram as contas e perguntaram se ele não estava disposto a cumprir um sexto da pena. Assim, em pouco mais de dois anos, Pizzolato poderia pleitear o regime semiaberto, trabalhando de dia fora da cadeia e dormindo na prisão à noite.

As propostas foram surgindo diante de Pizzolato de forma caótica. Um falou para ele ligar para o presidente boliviano Evo Morales e pedir asilo. Outro disse que a Venezuela era melhor. Podia solicitar refúgio tão logo atravessasse a fronteira. Teve gente que pensou em Cuba como melhor destino.

Enquanto faziam um exercício de geopolítica para sugerir um pouso seguro no qual a esquerda tem a força, uma das amigas de Pizzolato puxou Terremoto num canto. Estava irritada com o silêncio do sempre eloquente amigo. Quis saber se ele falaria alguma coisa. Terremoto cerrou os lábios e deu de ombros como se sua opinião não fosse importante. Preferiu não dizer o que pensava, mas achava que aquela decisão deveria ser tomada por um grupo pequeno por uma questão de segurança. Não era o caso de fazer uma assembleia para definir o futuro de Pizzolato. Considerava arriscado demais.

As pessoas continuavam palpitando. Aquela confusão toda irritou Terremoto e fez Pizzolato chorar, quando as visitas foram embora. Eram duas horas da madrugada e todos estavam exaustos quando o último convidado saiu. Terremoto foi o único que ficou na cobertura. Falou que não queria conversa, que iria embora e que Pizzolato deveria ir dormir. Saiu sem dizer o que pensava sobre o futuro próximo. No dia seguinte, Terremoto voltou no meio da tarde disposto a resolver a situação de forma definitiva.

A casa estava vazia, mas a tensão ocupava cada canto e se fazia presente. Terremoto, Andréa e Pizzolato retomaram a discussão iniciada no dia anterior.

– Qual é a perspectiva daqui pra frente? – perguntou a mulher de Pizzolato.

– Prisão e revisão criminal. Do ponto de vista da Justiça, não há mais nada. Acabou – respondeu Terremoto, sem rodeios.

Os três sabiam que não havia mais recursos ou medidas judiciais capazes de reverter a condenação de Pizzolato em curto prazo. Desde que o Supremo decidira rejeitar a maior parte dos embargos, os condenados olhavam para o calendário, cientes de que a contagem regressiva já havia começado. Faltava apenas saber quando ela chegaria ao fim. O Supremo fazia suspense sobre quando seriam expedidos os mandados de prisão.

Antes de conversar com o casal, Terremoto foi buscar respostas no seu "bate tambor". Recorreu aos orixás para melhor auxiliar o amigo e ouviu que não deveria influenciar na decisão de Pizzolato. Antes de sair de casa, a mulher de Terremoto perguntou o que ele iria sugerir. Terremoto disse que não sabia ainda. Mas, ao chegar a Copacabana e ver o amigo desesperado, decidiu desrespeitar o pai de santo. Palpitou:

– Vou dizer o seguinte: se sou eu, não fujo. Fico. Fico porque o trabalho de resistência já nos fez sair da condição de bandidos. Um número significativo de pessoas acha que tem erro no julgamento – justificou, dizendo que, com Pizzolato preso, ficaria até mais fácil de potencializar a divulgação dos absurdos e das injustiças cometidos pelo Supremo.

Pizzolato estava apavorado. Retomou o assunto que tanto lhe perturbava: as condições das prisões. Terremoto foi incisivo, dizendo não haver uma terceira opção: ou era a cadeia ou a fuga. Pizzolato começou a chorar. Enquanto as lágrimas escorriam, reclamava que o trio não chegaria a nenhuma conclusão por ele.

Andréa defendia a fuga com veemência. Terremoto dizia-se favorável a cumprir a pena no Brasil. Pizzolato, por sua vez, não queria acabar com o impasse. A mulher dele anunciou que votaria pelo marido. "Disse que ia fazer o que os homens fazem e votou por Pizzolato. Ficou 2 a 1 para a fuga", recorda Terremoto.

Diante da posição de Terremoto, Andréa, com seu jeito decidido e enérgico, perguntou:

– Isso significa que você não vai ajudar?

O amigo reagiu. Não os abandonaria por ter sido voto vencido naquela discussão. Avisou que faria o que tinha quer ser feito:

– Vamos sair nesta madrugada. Se prepara. Eu vou decidir como e quando – disse a Pizzolato, colocando um ponto final no dilema.

Terremoto voltou para Vila Isabel. Arrumou um GPS, pegou umas roupas, avisou o advogado, deu um beijo na mulher e foi reencontrar o amigo. Antes, parou para abastecer o Clio, comprar bananas, água e barrinhas de cereal.

Andréa providenciou a compra da passagem aérea. Comprou no próprio cartão de crédito apenas a ida de Buenos Aires para Barcelona para o marido. Pizzolato avisou a Terremoto que iriam até Dionísio Cerqueira, em Santa Catarina, porque já havia acertado, para dali a dois dias, o encontro com outra pessoa na fronteira com a Argentina. Dali, seguiria até a capital portenha e, em seguida, voaria para a Espanha. De lá, iria para a Itália.

Paisagem na estrada para Dionísio Cerqueira, cidade catarinense na fronteira com a Argentina por onde Henrique Pizzolato deixou o Brasil.

Cidade argentina de Bernardo de Irigoyen, na fronteira com o Brasil, por onde Henrique Pizzolato fugiu no dia 11 de setembro de 2013.

Muro pintado na cidade argentina de Bernardo de Irigoyen, na fronteira com o Brasil, por onde Henrique Pizzolato passou ao fugir.

Lado brasileiro da fronteira Brasil-Argentina, num fim de domingo em maio de 2014. Depois de passar a pé por esse posto, Pizzolato seguiu de carro até Buenos Aires, antes embarcar para a Europa.

“Vale das nuvens”: nas manhãs mais frias, a neblina toma conta dos vales próximos à Concórdia (SC), onde Henrique Pizzolato nasceu.

Porta-retratos que decoram uma das prateleiras da cobertura de Pizzzolato, em Copacabana, no Rio.

Henrique e Celso na infância. Reprodução de foto do porta-retrato que, mesmo após a fuga, permanece em lugar de destaque num canto do apartamento de Pizzolato no Rio.

Pizzolato e Andréa Haas, que se conheceram ainda na faculdade e nunca mais se separaram. Reprodução de fotos que estão na cobertura de Pizzolato em Copacabana, no Rio.

Engenho Velho: pacata zona rural de Concórdia (SC), onde Pizzolato passou parte da infância.

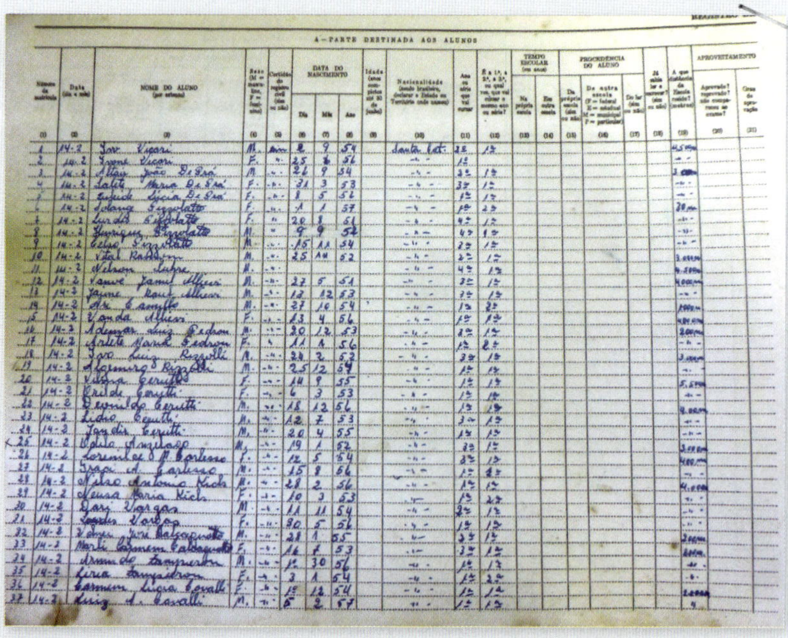

Ficha com dados dos alunos matriculados em 1964 na escola do povoado rural de Engenho Velho, em Concórdia (SC). Único registro com o nome de Henrique Pizzolato e dos irmãos dele na escola onde estudaram.

Pedro Pizzolato, pai do ex-diretor do Banco do Brasil, quando ocupava o cargo de diretor da escola em Engenho Velho, em Concórdia (SC).

Odilla Pizzolato, mãe de Henrique, que morreu em 1963.

Celso Pizzolato, que morreu aos 24 anos em 1978.

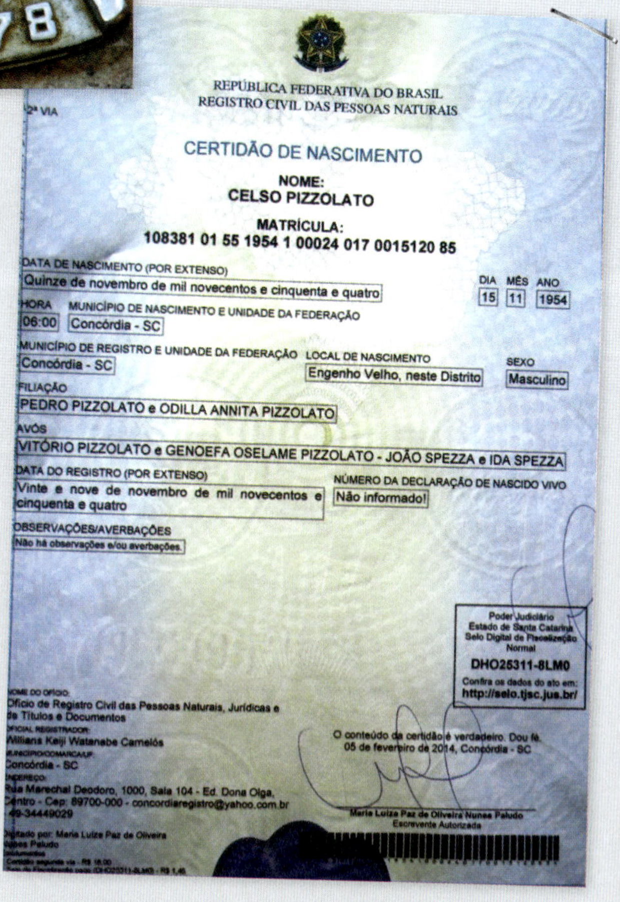

REPÚBLICA FEDERATIVA DO BRASIL
REGISTRO CIVIL DAS PESSOAS NATURAIS

2ª VIA

CERTIDÃO DE NASCIMENTO

NOME:
CELSO PIZZOLATO

MATRÍCULA:
108381 01 55 1954 1 00024 017 0015120 85

DATA DE NASCIMENTO (POR EXTENSO): Quinze de novembro de mil novecentos e cinquenta e quatro

DIA: 15 MÊS: 11 ANO: 1954

HORA: 06:00

MUNICÍPIO DE NASCIMENTO E UNIDADE DA FEDERAÇÃO: Concórdia - SC

MUNICÍPIO DE REGISTRO E UNIDADE DA FEDERAÇÃO: Concórdia - SC

LOCAL DE NASCIMENTO: Engenho Velho, neste Distrito

SEXO: Masculino

FILIAÇÃO: PEDRO PIZZOLATO e ODILLA ANNITA PIZZOLATO

AVÓS: VITÓRIO PIZZOLATO e GENOEFA OSELAME PIZZOLATO - JOÃO SPEZZA e IDA SPEZZA

DATA DO REGISTRO (POR EXTENSO): Vinte e nove de novembro de mil novecentos e cinquenta e quatro

NÚMERO DA DECLARAÇÃO DE NASCIDO VIVO: Não informado!

OBSERVAÇÕES/AVERBAÇÕES: Não há observações e/ou averbações.

Poder Judiciário
Estado de Santa Catarina
Selo Digital de Fiscalização
Normal
DHO25311-8LM0
Confira os dados do ato em:
http://selo.tjsc.jus.br/

NOME DO OFÍCIO: Ofício de Registro Civil das Pessoas Naturais, Jurídicas e de Títulos e Documentos

OFICIAL REGISTRADOR: Willians Keiji Watanabe Camelós

MUNICÍPIO/COMARCA/UF: Concórdia - SC

ENDEREÇO: Rua Marechal Deodoro, 1000, Sala 104 - Ed. Dona Olga, Centro - Cep: 89700-000 - concordiaregistro@yahoo.com.br 49-34449029

Digitado por: Maria Luiza Paz de Oliveira Nunes Paludo

O conteúdo da certidão é verdadeiro. Dou fé.
05 de fevereiro de 2014, Concórdia - SC

Maria Luiza Paz de Oliveira Nunes Paludo
Escrevente Autorizada

Certidão de nascimento de Celso Pizzolato que Henrique precisou retirar no cartório de Concórdia para fazer a carteira de identidade em nome do irmão.

FUNARPEN
SELO DIGITAL Nº
hJ8ex.EqhLM.KUYAU
Controle:
gA1G2.MJ0D
Consulte esse selo em
http://funarpen.com.br

REPÚBLICA FEDERATIVA DO BRASIL
REGISTRO CIVIL DAS PESSOAS NATURAIS

CERTIDÃO DE ÓBITO

Nome

CELSO PIZZOLATO

Matrícula

079897 01 55 1978 4 00010 210 0006528 32

Sexo	Cor	Estado civil e idade
Masculino	Branca	Solteiro , 21 anos ••

Naturalidade	Documento de identificação	Eleitor
CONCORDIA-SC ••	••	----

Filiação e residência
PEDRO PIZZOLATO e **ODILLA ANNITA PIZZOLATO**, residente e domiciliad o FOZ DO IGUAÇU-PR ••

Data e hora do falecimento	Dia	Mês	Ano
Dois de abril de um mil e novecentos e setenta e oito , às 00h 30min ••	02	04	1978

Local do falecimento
VIA PÚBLICA, BR 277, KM 521, em FOZ DO IGUAÇU-PR ••

Causas
SOFRIMENTO CEREBRAL, HEMORRAGIA INTRA CRANIANA, TRAUMATISMO CRÂNIO-ENCEFÁLICO, ACIDENTE ••

Sepultamento / Cremação (Município e cemitério, se conhecido)	Declarante
Cemitério em CONCÓRDIA-SC ••	RAIMUNDO NONATO SIQUEIRA (DELEGADO)

Nome e número de documento do médico que atestou o óbito
Doutor PORCIDIO DOTARIANO DE CASTRO VILANI ••

Observações / Averbações
O extinto era eleitor, deixa bens a inventáriar. . Custas: Isentas (Face a Lei Federal 9.534/97), ••

Nome do Ofício
1ºOfício de Registro Civil, Titulos e Documentos e Pessoas Jurídicas

Oficial Registrador
Marcelo Esteves Santos

Município / Comarca / UF
Município de Foz do Iguaçu - Estado do Paraná

Endereço
Avenida Juscelino Kubitscheck, 200
CEP: 85.851-210 - Fone: (45)3025-4422

O conteúdo da certidão é verdadeiro. Dou fé.

FOZ DO IGUAÇU-PR, 05 de fevereiro de 2014 .

Fernanda Muriana Cardoso
Escrevente Autorizado

1º CARTÓRIO DE REGISTRO CIVIL FOZ DO IGUAÇU - PR AV. J.K. 200 CEP: 85851-210 3025-4422

Certidão de óbito de Celso Pizzolato, registrada em cartório no Paraná.

Túmulo onde estão enterrados filho e mãe – Celso e Odilla Pizzolato –, em Concórdia (SC).

Detalhe da lápide do cemitério em Concórdia (SC), onde Celso e Odilla Pizzolato dividem a mesma sepultura.

Elide, madrasta de Henrique Pizzolato.

Gilnei, irmão mais novo de Henrique Pizzolato, que também morreu num acidento de carro.

Concórdia (SC), cidade no oeste-catarinense onde Pizzolato nasceu e vive o pai dele, em maio de 2014.

Mercedes Nespolo, irmã da madrasta de Henrique Pizzolato e moradora de Engenho Velho.

Sítio do Nêto: propriedade rural no povoado de Engenho Velho onde Pedro Pizzolato buscou refúgio para fugir do assédio de curiosos e da imprensa.

0326

ELEIÇÕES MUNICIPAIS DE 1988 - QUADRO ESTATÍSTICO

MUNICÍPIO DE TOLEDO 75ª/148ª ZONA(s) ELEITORAL(is)

TOTAL DE SEÇÕES DO MUNICÍPIO 199 VOTOS APURADOS 47973
ÍNDICE DE ABSTENÇÃO 9,10 APTOS A VOTAR 52778

TOTALIZAÇÃO GERAL	MAJORITÁRIAS	PROPORCIONAIS
Votos dados aos candidatos	39752	38430
Votos só de legenda		4365
Votos em branco	6902	2622
Subtotal		45417
Quociente eleitoral		2672
Votos nulos	1319	2556
TOTAL GERAL	47973	47973

COLIGAÇÕES

PMDB/PTB/PDT	(XX) Prefeito	( ) Vereadores	( ) Ambos
PDS/PFL/PL/PDC	(XX) Prefeito	( ) Vereadores	( ) Ambos
PDS/PFL/PL	( ) Prefeito	( ) Vereadores	(XX) Ambos
PMDB/PTB	( ) Prefeito	( ) Vereadores	(XX) Ambos
	( ) Prefeito	( ) Vereadores	( ) Ambos

ELEIÇÃO PARA PREFEITO E VICE PREFEITO
RESULTADO EM ORDEM DECRESCENTE DA VOTAÇÃO DOS CANDIDATOS

PARTIDO	NOME COMPLETO	TOTAL DE VOTOS
Prefeito (PMDB)	Luiz Alberto de Araujo	19831
Vice-Prefeito	Rosa Maria Masiero de Campos	
Prefeito (PDS)	Duílio Genari	17621
Vice-Prefeito	Torao Takada	
Prefeito (PT)	Henrique Pizzolato	1851
Vice-Prefeito	Joaquim Silva Maciel	
Prefeito (PCB)	Maria Cecilia Ferreira	449
Vice-Prefeito	Oscar Silva	
Prefeito ( )		
Vice-Prefeito		
Prefeito ( )		
Vice-Prefeito		

ELEIÇÃO PARA VEREADOR
CANDIDATOS ELEITOS NA ORDEM DECRESCENTE DE VOTAÇÃO

PARTIDO	NOME COMPLETO	TOTAL DE VOTOS
PMDB	Odair Maccari	1193
PFL	Leandro Donizetti Alves	1131
PDS	Lírio Conte	1084
PDS	Luís Fritzen	1073
PDS	Sérgio Ricardo Almeida da Luz	1055
PDS	Dario Genari	918
PDT	Lucio de Marchi	837
PMDB	Celso Paulo Mariani Dall'Oglio	819
PDS	Luiz Carlos Johann	719
PDS	Vitório Boff	643
PDT	Benedito Dantas de Souza	622
PDT	Wilmo Barcellos Marcondes	593
PMDB	Léo Inácio Anschau	545
PDS	Manoel José Inácio	528
PMDB	Jorge Luiz Tatim Brum	523
PMDB	Henrique Rossoni	495
PTB	Lino Gotardo Pizzatto	452

Registro do TRE-PR das eleições de 1988, quando Pizzolato ficou em terceiro lugar nas eleições para prefeito de Toledo.

Fachada do prédio em Copacabana, onde Pizzolato é dono da cobertura no décimo andar. Imóvel foi comprado dias depois de os 326.660,67 reais sacados da conta da DNA terem sido buscados e entregues na casa dele por um contínuo da Previ. Pizzolato diz que o dinheiro foi para o PT do Rio e nega qualquer irregularidade. PF diz ser propina.

MINISTÉRIO DA JUSTIÇA
DEPARTAMENTO DE POLÍCIA FEDERAL
SUPERINTENDÊNCIA REGIONAL NO ESTADO DO RIO DE JANEIRO
Av. Rodrigues Alves, nº 01 - 3 º andar - Praça Mauá - Centro
Rio de Janeiro – RJ

COGER/DPF FLS 1009

Inquérito Policial nº 2245 / STF

Termo de declaração que presta:
HENRIQUE PIZZOLATO
na forma abaixo:

Aos oito dias do mês de agosto do ano dois mil e cinco, nesta cidade do Rio de Janeiro/RJ, em Cartório da Delegacia de Repressão ao Tráfico Ilícito de Armas – DELEARM/DRCOR/SR/DPF/RJ, onde presente se encontrava o Delegado de Polícia Federal *PEDRO ALVES RIBEIRO*, comigo Escrivã de Polícia Federal ao final declarado e assinado, aí compareceu **HENRIQUE PIZZOLATO,** brasileiro, solteiro, bancário aposentado, filho de Pedro Pizzolato e Odilla Annita Pizzolato, nascido em 09/09/1952, natural de Santa Catarina, Identidade nº 6.872.444 - SSP/SP, CPF 296.719.659-20, residente na rua República do Peru, nº 72 – Aptº 1205, Copacabana, Rio de Janeiro – RJ, tel: (21) 2256-1713, neste ato assistido pelo advogado Mario de Oliveira Filho, inscrito na OAB/RJ nº 54325, compromissado na forma da lei, inquirido pela autoridade **RESPONDEU**: QUE é bancário aposentado, tendo exercido a presidência do Conselho Deliberativo da PREVI/BB entre março de 2003 até julho de 2005; QUE foi dirigente do Banco do Brasil, por aproximadamente 14 (quatorze) anos, tendo ocupado os seguintes cargos: diretor-representante dos funcionários do Conselho de Administração do Banco do Brasil, curador da Fundação Banco do Brasil e diretor de seguridade da PREVI/BB; QUE pediu sua aposentadoria em julho de 2005, sendo que na época, recebia da PREVI/BB, o salário aproximado de R$ 4.000,00 (quatro mil reais); QUE tinha outras fontes de renda a saber: diretor de comunicação e

Inquérito Policial nº 2245 / STF

1

Íntegra de depoimento prestado por Henrique Pizzolato à Polícia Federal, em 8 de agosto de 2005.

marketing do Banco do Brasil (R$ 19.000,00), conselheiro da EMBRAER (R$ 18.000,00), conselheiro da Associação Nacional dos Funcionários do Banco do Brasil (R$ 4.000,00) e aluguéis de imóveis, não se recordando o montante; QUE portanto, sua renda mensal era de aproximadamente R$ 40.000,00 (quarenta mil reais); QUE em 15/01/2004, salvo engano, recebeu um telefonema de Belo Horizonte, em seu aparelho celular, onde a pessoa se dizia falar em nome de MARCOS VALÉRIO FERNANDES, pedindo o favor de apanhar documentos num escritório no Centro da cidade do Rio de Janeiro; QUE não falou com MARCOS VALÉRIO; QUE não se lembra do nome da pessoa que lhe telefonou pedindo este favor; QUE não é sócio da DNA PROPAGANDA, não é empregado de MARCOS VALÉRIO, nem nunca prestou nenhum tipo de serviço para MARCOS VALÉRIO ou para DNA PROPAGANDA; QUE a pessoa que lhe telefonou não tinha nenhum tipo de intimidade com o declarante; QUE continuando, estes documentos deveriam ser entregues "a uma pessoa do PT" no final do dia; QUE a pessoa que lhe telefonou não disse o motivo de ter sido escolhido para prestar este favor ao Sr. MARCOS VALÉRIO; QUE não tinha certeza de que a pessoa que estava do outro lado da linha era realmente da DNA PROPAGANDA ou mesmo da parte do Sr. MARCOS VALÉRIO; QUE decidiu fazer este favor para o desconhecido que lhe telefonara, já que não se identificou; QUE a pessoa que ligou para o seu celular pediu o nome de quem iría buscar "os documentos" no escritório do Centro da Cidade do Rio de Janeiro; QUE ligou para a secretária do Conselho da PREVI indagando se tinha algum contínuo disponível; QUE aguardou na linha e a secretária indicou o nome de LUIS EDUARDO FERREIRA DA SILVA, vulgo DUDA; QUE a secretária passou a ligação para o DUDA que recebeu instruções do declarante para que fosse buscar os "documentos" num escritório no Centro da Cidade do Rio de Janeiro, cujo endereço não se recorda; QUE não se lembra se foi o declarante quem ligou para a DNA PROPAGANDA indicando o nome de DUDA, ou se foi a DNA que retornou a ligação para saber o nome de quem tinha sido indicado; QUE DUDA foi até o local indicado e na parte da tarde se dirigiu até a residência do declarante onde lhe entregou dois (2) envelopes lacrados; QUE DUDA não comentou onde tinha pego os tais envelopes; QUE colocou os envelopes num armário e ficou aguardando a "pessoa do PT" que iría buscá-los; QUE não abriu os envelopes; QUE no início da noite do mesmo dia, o interfone de seu apartamento tocou quando o porteiro disse que tinha uma pessoa do PT querendo falar com o declarante; QUE autorizou a subida desta pessoa até o seu apartamento, entregando os envelopes que armazenara em sua casa; QUE a pessoa se apresentou como sendo do PT, dizendo que tinha vindo buscar os "documentos" enviados por MARCOS VALÉRIO; QUE a pessoa sequer chegou a se identificar, dizendo apenas que era do PT; QUE pode ser que ela até tenha falado seu nome, mas "foi muito rápido"; QUE pela experiência de bancário "era muito difícil" que os dois envelopes contivessem R$ 300.000,00 (trezentos mil reais) em face do pequeno tamanho dos envelopes; QUE portanto, fez um favor para um desconhecido, entregando os "documentos" para pessoa que não se identificou; QUE em fevereiro de 2004 comprou um apartamento na rua Domingos Ferreira nº 46, Aptº 1001, Copacabana, Rio de Janeiro/RJ, por R$ 400.000,00 (quatrocentos mil reais), sendo que R$ 300.000,00 (trezentos mil) em cheque e R$ 100.000,00 (cem mil reais) em dinheiro; QUE todos estes valores constam de sua declaração de Imposto de Renda; QUE todo o seu patrimônio está declarado junto à Receita Federal; QUE os R$ 100.000,00 (cem mil reais) que possuía em dinheiro vivo, eram fruto da venda de aproximadamente US$ 40.000,00 (quarenta mil dólares) que havia adquirido para fazer uma viagem de aposentadoria; QUE estes dólares foram comprados aos poucos no Banco do Brasil, durante o período de 3 anos aproximadamente; QUE o relacionamento do declarante com MARCOS VALÉRIO era eminentemente profissional, já que este era diretor de uma agência que prestava serviços para o Banco do Brasil, há mais de onze anos; QUE MARCOS VALÉRIO nunca esteve na residência do declarante e que também nunca esteve na residência deste indivíduo; QUE acredita que esteve com MARCOS VALÉRIO aproximadamente de oito a dez vezes; QUE não tem intimidade com MARCOS VALÉRIO; QUE não considera anormal o fato de lhe ter sido feito um pedido para pegar e levar "documentos", já que era diretor de marketing do Banco do Brasil e a empresa DNA PROPAGANDA era prestadora de serviços do Banco do Brasil; QUE tinha consciência de que esse "favor" não estava relacionado com suas atividades do Banco do Brasil, mas sim da DNA PROPAGANDA; QUE se recorda que a "pessoa do PT" esteve em seu prédio no período da noite, no mesmo dia em que recebeu "os documentos" de DUDA; QUE vive em união estável com ANDREA EUNICE HAAS há 25 (vinte e cinco) anos, não possuindo filhos; QUE abre mão do seu sigilo bancário e fiscal; QUE deseja consignar que recebeu a ligação de Belo Horizonte, mencionada no início de seu depoimento, em seu aparelho celular corporativo, cujo número não se recorda; QUE nunca esteve com o Sr. MANOEL SEVERINO, ex-presidente da Casa da Moeda; QUE foi filiado ao PT desde a fundação do partido, mas acredita que sua filiação não tenha sido renovada; QUE trabalhou na campanha do Presidente LULA a Presidente da República; QUE trabalhava no Comitê Financeiro, sendo responsável pela exposição dos planos setoriais e organizações de reuniões e eventos com empresários; QUE nunca tratou nenhum assunto com: MARCELO SERENO, JOSÉ DIRCEU, JOSÉ GENOINO, DELÚBIO SOARES e SILVIO PEREIRA. Nada mais disse e nem lhe foi perguntado, razão pela qual é encerrado o presente termo que, após lido e achado conforme, é

assinado por todos e por mim,.................. Ana Cristina S. Pereira, Escrivã de Polícia Federal, que o lavrei.********

AUTORIDADE:

DECLARANTE:

ADVOGADO:

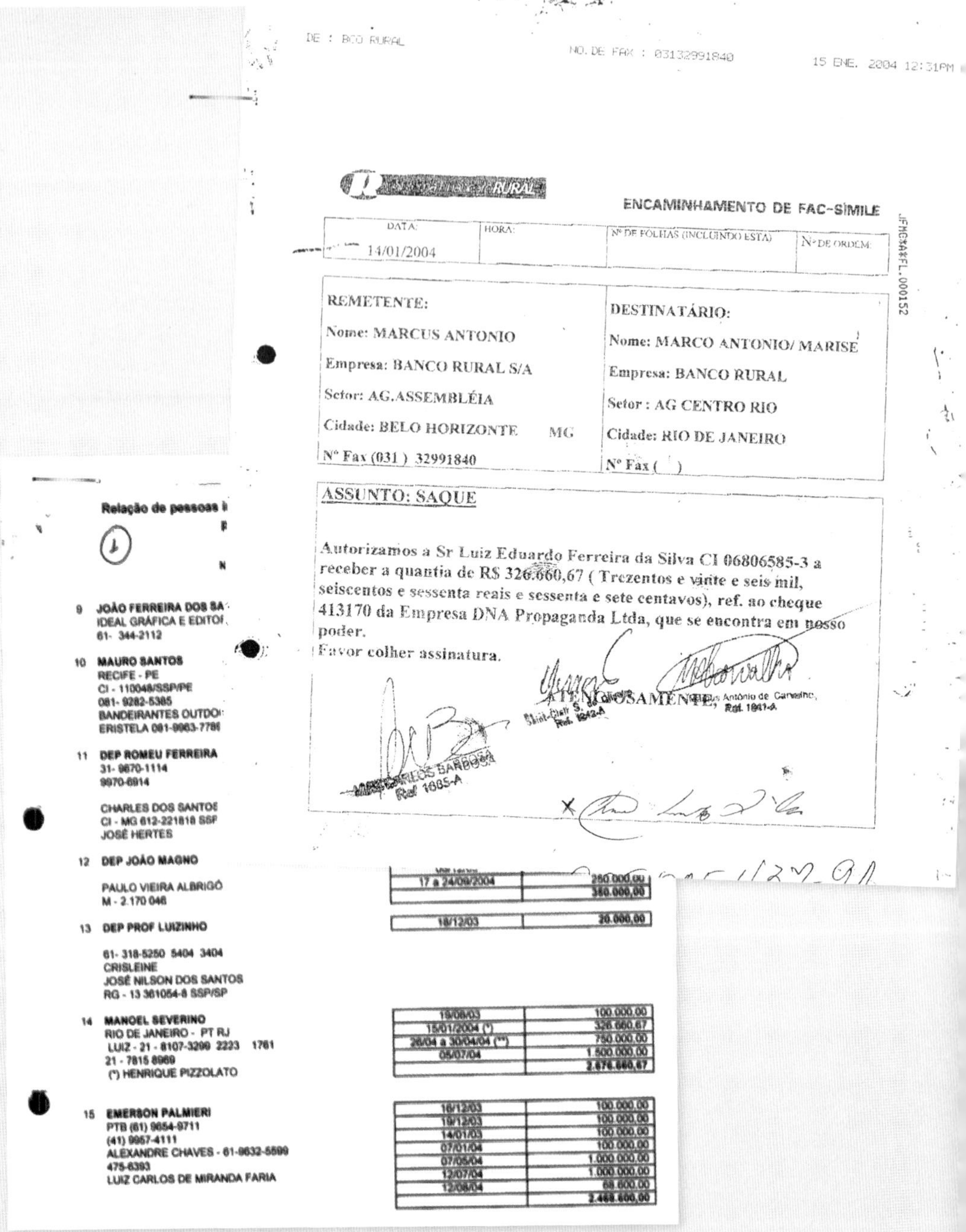

DE : BCO RURAL NO. DE FAX : 03132991840 15 ENE. 2004 12:31PM

RURAL

ENCAMINHAMENTO DE FAC-SIMILE

DATA:	HORA:	Nº DE FOLHAS (INCLUINDO ESTA)	Nº DE ORDEM:
14/01/2004			

REMETENTE:	DESTINATÁRIO:
Nome: MARCUS ANTONIO	Nome: MARCO ANTONIO/ MARISE
Empresa: BANCO RURAL S/A	Empresa: BANCO RURAL
Setor: AG.ASSEMBLÉIA	Setor : AG CENTRO RIO
Cidade: BELO HORIZONTE MG	Cidade: RIO DE JANEIRO
Nº Fax (031) 32991840	Nº Fax ( )

ASSUNTO: SAQUE

Autorizamos a Sr Luiz Eduardo Ferreira da Silva CI 06806585-3 a receber a quantia de R$ 326.660,67 (Trezentos e vinte e seis mil, seiscentos e sessenta reais e sessenta e sete centavos), ref. ao cheque 413170 da Empresa DNA Propaganda Ltda, que se encontra em nosso poder.

Favor colher assinatura.

ATENCIOSAMENTE,

MARCO CARLOS BARBOSA Ref. 1605-A

Ref. 1843-A

Antônio de Carvalho, Ref. 1841-A

JFMG%#FL.000152

Relação de pessoas ...

9 JOÃO FERREIRA DOS SA...
IDEAL GRÁFICA E EDITO...
61- 344-2112

10 MAURO SANTOS
RECIFE - PE
CI - 110048/SSP/PE
081- 9282-5385
BANDEIRANTES OUTDO...
ERISTELA 081-9963-778...

11 DEP ROMEU FERREIRA
31- 9670-1114
9970-6914

CHARLES DOS SANTOS
CI - MG 612-221818 SSP
JOSÉ HERTES

12 DEP JOÃO MAGNO

PAULO VIEIRA ALBRIGÓ
M - 2.170 046

17 a 24/09/2004	250.000,00
	350.000,00

13 DEP PROF LUIZINHO

18/12/03	20.000,00

61- 318-5250 5404 3404
CRISLEINE
JOSÉ NILSON DOS SANTOS
RG - 13 361054-8 SSP/SP

14 MANOEL SEVERINO
RIO DE JANEIRO - PT RJ
LUIZ - 21 - 8107-3299 2223 1761
21 - 7815 8969
(*) HENRIQUE PIZZOLATO

19/08/03	100.000,00
15/01/2004 (*)	326.660,67
26/04 a 30/04/04 (**)	750.000,00
05/07/04	1.500.000,00
	2.676.660,67

15 EMERSON PALMIERI
PTB (61) 9654-9711
(41) 9957-4111
ALEXANDRE CHAVES - 61-9632-5599
475-6393
LUIZ CARLOS DE MIRANDA FARIA

16/12/03	100.000,00
19/12/03	100.000,00
14/01/03	100.000,00
07/01/04	100.000,00
07/05/04	1.000.000,00
12/07/04	1.000.000,00
12/08/04	68.600,00
	2.468.600,00

Documentos referentes à retirada dos 326.660,67 reais na agência do Banco Rural no Rio em 14 de janeiro de 2004. A pedido de Pizzolato, o contínuo da Previ Luiz Eduardo Ferreira da Silva pegou e levou o dinheiro até Copacabana.O ex-diretor do Banco do Brasil diz que alguém que se identificou como do PT do Rio foi buscar o dinheiro em seu apartamento. Nome de Pizzolato também aparece em lista de Marcos Valério como beneficiário da mesma quantia.

Apesar da inverossimilhança do depoimento prestado por CARLOS REOBERTO DE MACEDO CHAVES, que exerceu o cargo de Subsecretário de Fazenda da Prefeitura de Mesquita, então ocupada pelo prefeito ARTUR MESSIAS do PARTIDO DOS TRABALHADORES, verifica-se que os pagamentos realizados em seu nome, suportados com recursos do FUNDO DE INCENTIVO VISANET, foram destinados à rede de influência política financiada pelo ESQUEMA MONTADO POR MARCOS VALÉRIO.

2) LUIZ EDUARDO FERREIRA DA SILVA: conforme apurado no âmbito do Inquérito nº 2245-4/140-STF, a quantia de R$ 326.660,27, recebida por LUIZ EDUARDO

FERREIRA DA ... BANCO DO BRASIL, HENRIQUE PIZZOLATO, em sua residência, configurando ... pagamento de propina por sua participação ativa no desvio de recursos do FUNDO DE INCENTIVO VISANET. Conforme informações reunidas no Inquérito nº 2245-4/140-STF, HENRIQUE PIZZOLATO adquiriu um imóvel na cidade do Rio de Janeiro/RJ por meio de pagamento em espécie, tendo utilizado, para tanto, os recursos repassados pela DAN PROPAGANDA LTDA.

Merece destaque, por sua vez, que ROBSON FERREIRA PEGO, empregado da filial da DNA PROPAGANDA LTDA localizada em Brasília, efetuou em 20/01/04 saque no valor idêntico de R$ 326.660,27, provavelmente referente à segunda parcela da propina destinada ao Diretor de *Marketing* do BANCO DO BRASIL

Considera-se não serem necessárias maiores considerações quanto aos pagamentos recebidos por MARCOS VALÉRIO FERNANDES DE SOUZA.

3.1.2.3.2 – OUTROS REPASSES DE RECURSOS DO FUNDO DE INCENTIVO VISANET EM BENEFÍCIO DE EMPRESAS VINCULADAS A ATIVIDADE DE COMÉRCIO EXTERIOR

Conforme foi abordado em itens anteriores, na reconstituição do caminho percorrido pela quantia de R$ 4.771.900,00 (*follow the money*), apropriado pela DNA PROPAGANDA LTDA a título de distribuição de lucro e empréstimo para a empresa GRAFFITE PARTICIAPAÇÕES LTDA, foi identificado a transferência de recursos para empresas envolvidas com práticas de evasão de divisas e lavagem de dinheiro, utilizadas para ocultar o destino e, conseqüentemente, os verdadeiros beneficiados dos recursos. Entretanto, merece ser destacado que estes pagamentos possuíam o valor padrão de R$ 154.500,00, tendo sido consolidado o seguinte quadro com operações neste valor:

Trecho do relatório do delegado da Polícia Federal Luís Flávio Zampronha, no qual ele afirma que os 326.660,67 reais que Pizzolato recebeu em casa tratam-se de “propina”. O documento faz parte do inquérito 2474 que tramita no Supremo e, segundo a PF, é uma análise baseada no laudo pericial 2828, em depoimentos e apurações que se aprofundaram sobre a origem dos recursos do mensalão. Pizzolato rechaça as afirmações e sempre negou ter recebido qualquer valor indevidamente.

Ressalte-se que o desvio de recursos somente seria possível com a colaboração e participação dos integrantes da Diretoria de Marketing do BANCO DO BRASIL, valendo-se os sócios da DNA PROPAGANDA LTDA da total falta de controle da vultosa verba de publicidade administrada pela instituição financeira estatal[16]. As investigações indicaram que

[16] Conforme apurado no âmbito do Inquérito nº 2245-4/140-STF, a quantia de R$ 326.660,27, recebida por LUIZ EDUARDO FERREIRA DA SILVA em 15/01/2004, foi repassada diretamente ao Diretor de

24

MJ – DEPARTAMENT
DIRETORIA DE COMBA
DIVISÃO DE REPRESSÃO A CRIMES FINANCEIROS

a referida diretoria possuía um incrível poder discricionário para indicar as empresas que seriam beneficiadas com verbas de publicidade do BANCO DO BRASIL, originadas tanto do FUNDO DE INCENTIVO VISANET quanto do orçamento próprio do BANCO DO BRASIL, sendo que em determinados casos a DNA PROPAGANDA LTDA somente executava pagamentos de faturas apresentadas pelo BANCO DO BRASIL, tais como UNESCO, BBTUR, CASA TOM BRASIL, KOCH TAVARES PROMOÇÕES E EVENTOS LTDA, LOWE LTDA, BB TURISMO LTDA, DIRETORIAL PLANEJAMENTO E REPRESENTAÇÕES LTDA, CASA DA GÁVEA, dentre outros repasses que serão detalhados neste relatório[17].

Na sua estratégia de aproximação que estava empreendendo no início de 2003, MARCOS VALÉRIO sabia que necessitava mudar a direção do fluxo do excedente financeiro gerado pelo contrato firmado entre a DNA PROPAGANDA LTDA e BANCO DO BRASIL ainda durante a gestão anterior do Governo Federal[18]. Para garantir a manutenção da referida conta de publicidade, bem como consolidar um novo círculo de contatos, os recursos agora deveriam ser canalizados paro o novo centro de poder representado pelo núcleo político descrito pela PGR na denúncia que iniciou a Ação Penal nº 470-STF[19].

Relembre-se, por fim, que os contratos relacionados no item III.4 da denúncia da PGR, bem como o contrato firmado entre a SMP&B COMUNICAÇÁO LTDA e a CÂMARA DOS DEPUTADOS (item III.1), também podem ter gerado excedentes de lucro a serem desviados para o empregado no financiamento da rede de influência política criada por MARCOS

Marketing do BANCO DO BRASIL, HENRIQUE PIZZOLATO, em sua residência, configurando tratar-se do pagamento de propina pela sua participação ativa no desvio de recursos do FUNDO DE INCENTIVO VISANET.

[17] Os Peritos Criminais Federais demonstraram que os valores faturados pela DNA PROPAGANDA contra a VISANET eram aprovados de maneira global, sem análise prévia das despesas, sem a confirmação de execução dos serviços e com antecipação de recursos.

[18] Serão abordados no decorrer deste relatório os elementos de prova que indicam o desvio durante os anos de 2001 a 2002 de recursos relacionados ao contrato firmado entre a DNA PROPAGANDA LTDA e o BANCO DO BRASIL.

[19] Conforme mencionado anteriormente, foi requisitada pelo Ministério Público Federal a instauração de inquérito específico, a tramitar perante a instância adequada, visando apurar a responsabilidade e a participação dos representantes do Banco do Brasil e do FUNDO DE INCENTIVO VISANET no direcionamento do fluxo de recursos não empregados em serviços de publicidade e propaganda.

25

Logo após as considerações iniciais sobre a outra fonte de recursos utilizada no financiamento político, caracterizada pela remuneração decorrente da intermediação de interesses privados, serão detalhados os elementos de prova acerca do desvio pelo ESQUEMA MONTADO POR MARCOS VALÉRIO de recursos originados do FUNDO DE INCENTIVO VISANET.

Trecho do relatório da PF no inquérito 2474, que tramita no Supremo. Ao analisar o laudo pericial 2828, depoimentos e fluxo do dinheiro, o delegado Luís Flávio Zampronha afirma, no documento, que a diretoria de marketing do Banco do Brasil tinha "total falta de controle" da verba administrada pelo banco e "incrível" poder de indicar empresas beneficiadas com os recursos para publicidade.

Fachada do prédio onde vive Pedro Pizzolato, pai do ex-diretor do Banco do Brasil, no centro de Concórdia (SC).

DE SANTA CATARINA
DE CONCÓRDIA - SC
E REGISTRO DE IMÓVEIS E 1º OFÍCIO DE PROTESTOS
ZINHA BARISON POY - OFICIAL
A POY OLMI - OFICIAL MAIOR
Deodoro, 772- Mirage Offices- 3º Andar- sala 1 - Centro
0479 - E-mail: cartoriopoy@netcon.com.br

RTIDÃO DE INTEIRO TEOR

que esta é a certidão de Inteiro Teor da Matrícula número
xo:

VEIS

Livro n.º 2 REGISTRO GERAL
Comarca de Concórdia - Santa Catarina
2.º Ofício do Registro de Imóveis
O Oficial

Fls.: 01
Ano: 2.003

Data: 18 de Fevereiro de 2.003.-

PARTAMENTO nº 306, situado no quarto pavimento
nio Edifício Solar Leste, à Rua Vitório Celant,
eodoro nº 170, nesta cidade de Concórdia SC, com
m² e o **BOX DE ESTACIONAMENTO nº 15**, situado no
a privativa de 12,00 m², área de uso comum de
perfazendo a área construída o total de 142,67 m², a cuja unidade corresponde uma fração ideal de terreno na proporção de 2.145 %, ou seja 25,74 m², no terreno objeto da matricula nº 12.097, fls 01 do lv 2 "BA" deste Cartório.-

Proprietário: **DINIZ DE OLIVEIRA NETO**, comerciante, CI nº 14/R 702 839 SSP/SC, CPF nº 020 750 679 53, casado pelo regime de comunhão universal de bens com a Sra. ROSA MARIA DE OLIVEIRA, do lar, CI nº 14/R 517 996 SSP/SC, ambos brasileiros, residentes e domiciliados nesta cidade de Concórdia SC.-

Título Aquisitivo: Registrado neste cartório sob nº 12.097 e R-8-12.097, lv. 2 "BA".-

Oficial Designada

R-1-16.187:- Pela Escritura Pública de Compra e Venda, lav. pelo Tabelião designado de Concórdia SC, Sr. Eraldo Ivo Kuhn, lv 378 fls 126, aos 21 de Maio de 2.003, o Sr. **DINIZ DE OLIVEIRA NETO** e sua mulher **ROSA MARIA DE OLIVEIRA**, já qualificados, representados pelo Sr. Gilberto Coldebella, vendem a totalidade do imóvel objeto da presente matricula para o Sr:----- **HENRIQUE PIZZOLATO,** brasileiro, solteiro, maior, bancário, RG 6 872 444 SSP SC, CPF 296.719.659-20, residente e domiciliado nesta cidade de Concórdia SC, pelo preço de R$ 47.000,00. Emol. 378,00. O referido é verdade e dou fé. Concórdia, 02 de Junho de 2003.-

Marilia Clara Poy Olmi
Oficial Designada

Continuação da certidão de Inteiro Teor da Matrícula 16.187.

O referido é verdade e dou fé. Concórdia - SC, 13 de Maio de 2014.

[ ] Loiva Therezinha Barison Poy - Oficial
[ ] Marilia Clara Poy Olmi - Oficial Maior
[ ] Rosângela Casasola - Escrevente

Poder Judiciário
Estado de Santa Catarina
Selo Digital de Fiscalização
Normal
DMB99939-HD47
Confira os dados do ato em:
selo.tjsc.jus.br

Emolumentos:
01 Certidão de Inteiro Teor.......................... R$ 7,95
Selos: R$ 1,45
Total: R$ 9,40

CERTIDÃO VÁLIDA POR TRINTA(30) DIAS

Certidão da Matrícula nº:16.187
Impresso em:13/05/2014 14:45:47

Página 1/1

Registro no cartório de imóveis de Concórdia (SC) do apartamento que Henrique Pizzolato comprou em 2003 para o pai morar.

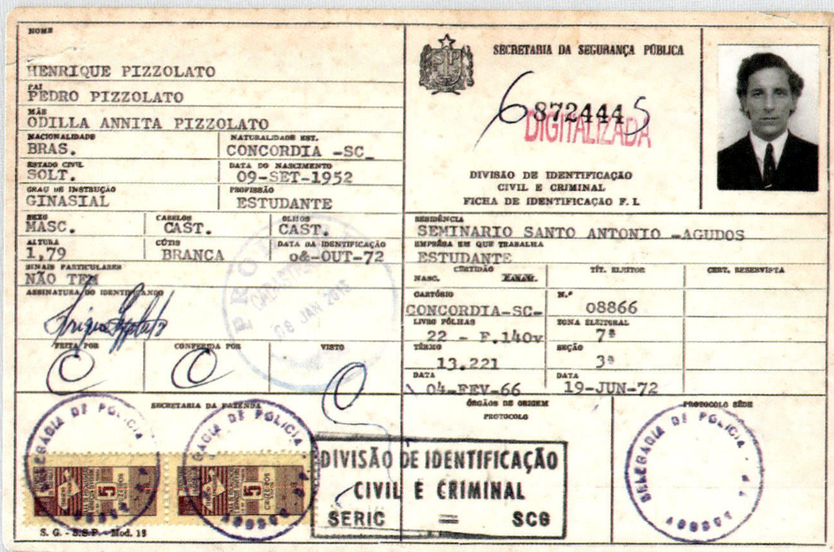

NOME
HENRIQUE PIZZOLATO
PAI
PEDRO PIZZOLATO
MÃE
ODILLA ANNITA PIZZOLATO
NACIONALIDADE
BRAS.
NATURALIDADE EST.
CONCORDIA -SC
ESTADO CIVIL
SOLT.
DATA DO NASCIMENTO
09-SET-1952
GRAU DE INSTRUÇÃO
GINASIAL
PROFISSÃO
ESTUDANTE
SEXO
MASC.
CABELOS
CAST.
OLHOS
CAST.
ALTURA
1,79
CÚTIS
BRANCA
DATA DA IDENTIFICAÇÃO
06-OUT-72
SINAIS PARTICULARES
NÃO TEM
ASSINATURA DO IDENTIFICANDO
FEITA POR
CONFERIDA POR
VISTO
SECRETARIA DA FAZENDA
S. G. - S.S.P. - Mod. 15

SECRETARIA DA SEGURANÇA PÚBLICA
6872444 5
DIGITALIZADA
DIVISÃO DE IDENTIFICAÇÃO
CIVIL E CRIMINAL
FICHA DE IDENTIFICAÇÃO F. I.
RESIDÊNCIA
SEMINARIO SANTO ANTONIO -AGUDOS
EMPRÊSA EM QUE TRABALHA
ESTUDANTE
CERTIDÃO
NASC.
TÍT. ELEITOR
CERT. RESERVISTA
CARTÓRIO
CONCORDIA-SC-
N.º
08866
LIVRO FÔLHAS
22 - F.140v
ZONA ELEITORAL
7ª
TÊRMO
13.221
SEÇÃO
3ª
DATA
04-FEV-66
DATA
19-JUN-72
ÓRGÃOS DE ORIGEM
PROTOCOLO
PROTOCOLO SEDE
DIVISÃO DE IDENTIFICAÇÃO
CIVIL E CRIMINAL
SERIC
SCG

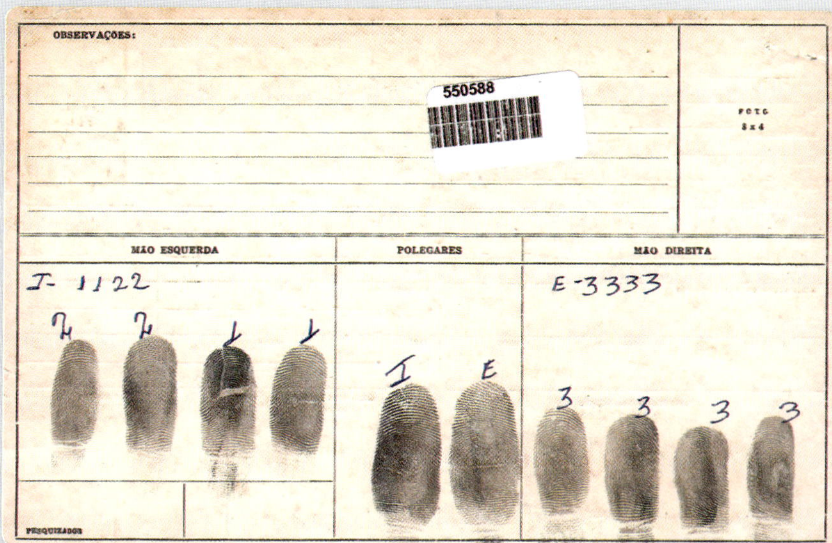

OBSERVAÇÕES:
550588
FOTO
3x4
MÃO ESQUERDA
POLEGARES
MÃO DIREITA
I- 1122
E-3333
PESQUIZADOR

Ficha de identificação de Henrique Pizzolato, preenchida em 1972, quando ele ainda vivia no Seminário Santo Antônio em São Paulo, para emitir a carteira de identidade.

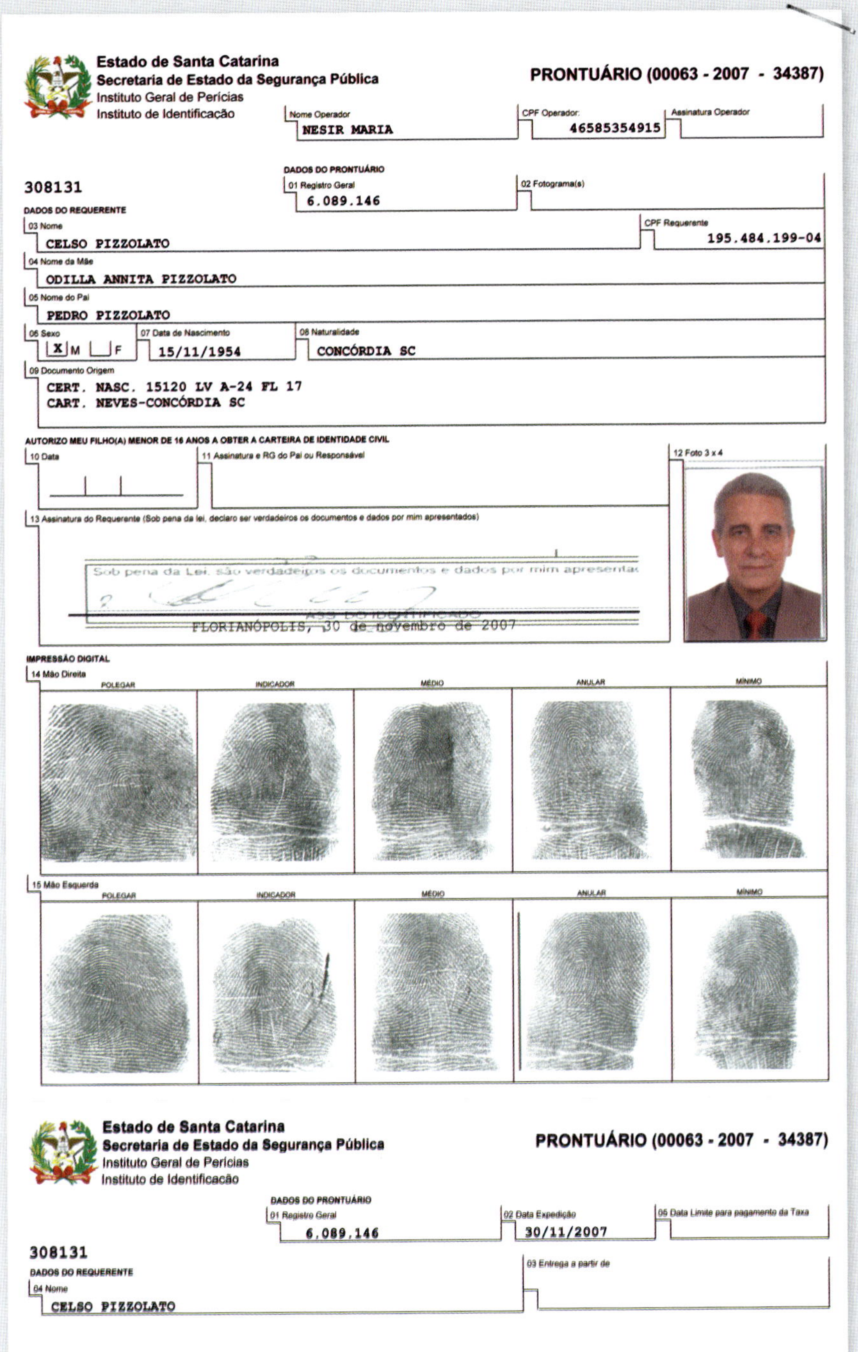

Estado de Santa Catarina
Secretaria de Estado da Segurança Pública
Instituto Geral de Perícias
Instituto de Identificação

PRONTUÁRIO (00063 - 2007 - 34387)

Nome Operador: NESIR MARIA
CPF Operador: 46585354915
Assinatura Operador:

308131

DADOS DO PRONTUÁRIO
01 Registro Geral: 6.089.146
02 Fotograma(s):

DADOS DO REQUERENTE
03 Nome: CELSO PIZZOLATO
CPF Requerente: 195.484.199-04
04 Nome da Mãe: ODILLA ANNITA PIZZOLATO
05 Nome do Pai: PEDRO PIZZOLATO
06 Sexo: [X] M [ ] F
07 Data de Nascimento: 15/11/1954
08 Naturalidade: CONCÓRDIA SC
09 Documento Origem: CERT. NASC. 15120 LV A-24 FL 17
CART. NEVES-CONCÓRDIA SC

AUTORIZO MEU FILHO(A) MENOR DE 16 ANOS A OBTER A CARTEIRA DE IDENTIDADE CIVIL
10 Data: __/__/__
11 Assinatura e RG do Pai ou Responsável
12 Foto 3 x 4
13 Assinatura do Requerente (Sob pena da lei, declaro ser verdadeiros os documentos e dados por mim apresentados)

Sob pena da Lei, são verdadeiros os documentos e dados por mim apresentad
ASS. DO IDENTIFICADO
FLORIANÓPOLIS, 30 de novembro de 2007

IMPRESSÃO DIGITAL
14 Mão Direita: POLEGAR, INDICADOR, MÉDIO, ANULAR, MÍNIMO
15 Mão Esquerda: POLEGAR, INDICADOR, MÉDIO, ANULAR, MÍNIMO

Estado de Santa Catarina
Secretaria de Estado da Segurança Pública
Instituto Geral de Perícias
Instituto de Identificação

PRONTUÁRIO (00063 - 2007 - 34387)

DADOS DO PRONTUÁRIO
01 Registro Geral: 6.089.146
02 Data Expedição: 30/11/2007
05 Data Limite para pagamento da Taxa:

308131

DADOS DO REQUERENTE
04 Nome: CELSO PIZZOLATO
03 Entrega a partir de:

Ficha da Secretaria de Segurança Pública de Santa Catarina com os dados de Celso Pizzolato e foto de Henrique Pizzolato. O documento em nome do morto foi expedido de 30 de novembro de 2007, pouco depois de o ex-diretor do Banco do Brasil ter virado réu no Supremo no caso do mensalão.

Detalhe da foto 3x4 que Henrique Pizzzolato usou para emitir a carteira de identidade em nome do irmão morto.

PÁGINA 1 DE 1

MJ-DEPARTAMENTO DE POLÍCIA FEDERAL
DIREX/CGPI-COORDENAÇÃO-GERAL DE POLÍCIA DE IMIGRAÇÃO
REQUERIMENTO PARA PASSAPORTE E/OU COMUNICAÇÃO

DOCUMENTO DE 2007

01 MICROFILME 857/0712-6

02 SÉRIE 670247-3 CV | 04 DATA DE EMISSÃO 25/02/08 | 05 DATA DE VALIDADE 24/02/2013

06 ÓRGÃO EMISSOR DPFB/LGE/SC | 07 CÓDIGO DO ÓRGÃO 303406657-5

08 PEDIDO DE
1 [X] PASSAPORTE COMUM
2 [ ] PASSAPORTE P/ ESTRANGEIRO
3 [ ] LAISSEZ-PASSER
4 [ ] INCLUSÃO DE INFORMAÇÃO

USO OFICIAL

09 DOCUMENTOS/ASSINATURAS CONFERIDOS POR — ASSINATURA E CARIMBO — MATRÍCULA: Fernando Lorenzetti, Agente de Polícia Federal, Mat. 13.262

10 PESQUISADO POR — ASSINATURA E CARIMBO — MATRÍCULA: Alex Becker Philippi, Agente de Polícia Federal

DADOS PESSOAIS

11 NOME COMPLETO: CELSO PIZZOLATO

12 NOME ANTERIOR:

13 NOME DO PAI: PEDRO PIZZOLATO

14 NOME DA MÃE: ODILLA ANNITA PIZZOLATO

15 DATA DE NASCIMENTO: 10/11/1954 | 16 CIDADE DE NASCIMENTO: CONCÓRDIA | 17 UF: SC | 18 PAÍS DE NASCIMENTO: BRASIL | 19 CÓDIGO: 3034

20 SEXO: 1 [X] MASCULINO 2 [ ] FEMININO | 21 ESTADO CIVIL: 1 [X] SOLTEIRO 2 [ ] CASADO 3 [ ] VIÚVO 4 [ ] SEPARADO JUDICIAL. 5 [ ] DIVORCIADO

22 PAÍS DE NACIONALIDADE: BRASIL | 23 CÓDIGO: 3034 | 24 PROFISSÃO: CONSTRUCÃO CIVIL | 25 CÓDIGO: 647

26 ENDEREÇO RESIDENCIAL - LOGRADOURO, NÚMERO, ANDAR E COMPLEMENTO: ESTRADA DE SÃO FRANCISCO, KM 4,5 | DISTRITO/BAIRRO: SÃO FRANCISCO

TELEFONE: 3278 4421 | CIDADE: URUBICI | UF: SC | CEP: 88650-000 | PAÍS: BRASIL

DADOS DE DOCUMENTOS

27 CARTEIRA DE IDENTIDADE — NÚMERO: 6.089.146 | DATA DE EMISSÃO: 30/11/2007 | ÓRGÃO EMISSOR: SSP/SC | UF: SC

28 INFORMAÇÃO SOBRE O DOCUMENTO DE VIAGEM ANTERIOR — SÉRIE | NÚMERO | CÓDIGO

29 TÍTULO DE ELEITOR — NÚMERO: 135816810353 | SEÇÃO: 0013 | ZONA: 205 | UF: RJ

30 GUIA DE RECOLHIMENTO DA UNIÃO/GRU — VALOR: 89,71 | DATA: 17/01/2008 | BANCO-AGÊNCIA

31 CERTIDÃO DE: 1 [X] NASCIMENTO 2 [ ] CASAMENTO | NÚMERO: 15120 | LIVRO: A-24 | FOLHA: FL 17

CARTÓRIO: CART NEVES | CIDADE: CONCÓRDIA | UF: SC | CPF: 195.484.199-04

32 COMPROVANTE DE SITUAÇÃO MILITAR — DOCUMENTO | NÚMERO | SÉRIE | CATEG. | RM/DN/COMAR | CSM/OAM

33 AUTORIZAÇÃO

34 DECLARAÇÃO

DECLARO, SOB AS PENAS DA LEI, QUE NÃO TENHO DOCUMENTO DE VIAGEM VÁLIDO E IMPEDIMENTO PARA SAÍDA DO PAÍS, SENDO VERDADEIROS OS DADOS CONSIGNADOS NESTE DOCUMENTO.

LAGES (SC) — LOCAL | 17/01/2008 — DATA

ASSINATURA

TERMO DE RECEBIMENTO

RECEBI E CONFERI O DOCUMENTO SOLICITADO

ASSINATURA | Lages — LOCAL | 28/02/2008 — DATA

Ficha preenchida por Henrique Pizzolato com os dados do irmão morto para emitir um passaporte na PF em Lages (SC), em janeiro de 2008. Mais uma vez, Henrique usa uma foto própria para o documento ser confeccionado em nome de Celso que diz ser trabalhador da construção civil e morador de Urubici (SC).

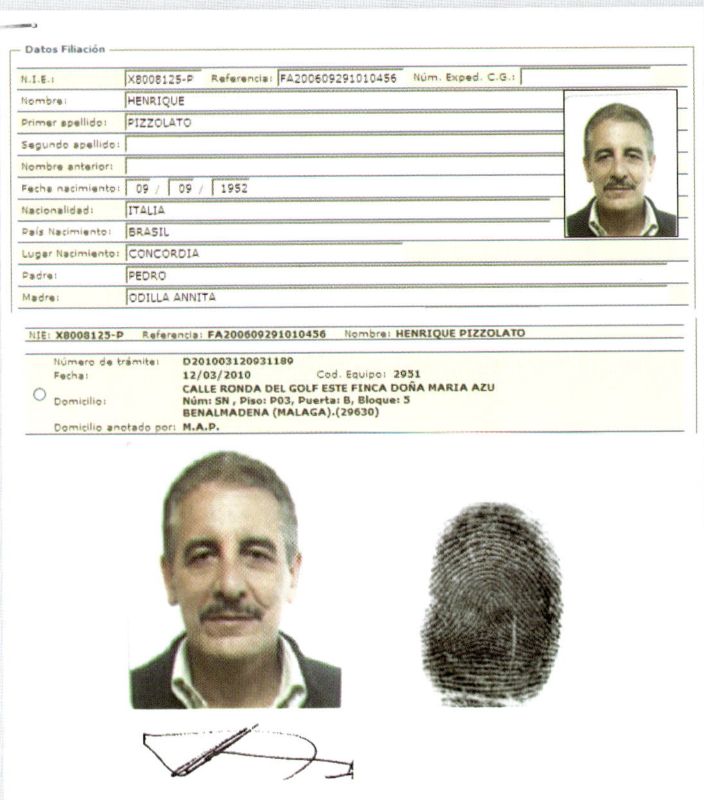

Datos Filiación

N.I.E.:	X8008125-P Referencia: FA200609291010456 Núm. Exped. C.G.:
Nombre:	HENRIQUE
Primer apellido:	PIZZOLATO
Segundo apellido:	
Nombre anterior:	
Fecha nacimiento:	09 / 09 / 1952
Nacionalidad:	ITALIA
País Nacimiento:	BRASIL
Lugar Nacimiento:	CONCORDIA
Padre:	PEDRO
Madre:	ODILLA ANNITA

NIE: **X8008125-P** Referencia: **FA200609291010456** Nombre: **HENRIQUE PIZZOLATO**

Número de trámite:	**D201003120031189**
Fecha:	**12/03/2010** Cod. Equipo: **2951**
Domicilio:	**CALLE RONDA DEL GOLF ESTE FINCA DOÑA MARIA AZU Núm: SN , Piso: P03, Puerta: B, Bloque: 5 BENALMADENA (MALAGA).(29630)**
Domicilio anotado por:	**M.A.P.**

Ficha de residente emitida por autoridades espanholas em 2010. Enquanto era julgado pelo Supremo Tribunal Federal, Henrique Pizzolato passou temporadas em Málaga, na Espanha.

Escola em Copacabana, onde Henrique Pizzolato vota. Nas eleições de 2012, ele foi abordado por jornalistas na porta da seção, depois de passar uma temporada no exterior e ter sido considerado “desaparecido” pela Justiça Federal no Rio.

PIZZOLATO Henrique **Control No.: A-7414/11-2013**

Requesting Country: BRAZIL
File No.: 2013/63688
Date of Publication: 18 November 2013

CIRCULATION TO THE MEDIA (INCLUDING INTERNET) OF THE EXTRACTED VERSION OF THE RED NOTICE AS PUBLISHED ON INTERPOL'S PUBLIC WEB SITE: YES

RED

FUGITIVE WANTED TO SERVE A SENTENCE

1. IDENTITY PARTICULARS

Family Name: PIZZOLATO
Family Name in the Original Script or Chinese Telegraphic Code: N/A
Family Name at Birth: PIZZOLATO
Forenames: Henrique
Forenames in the Original Script or Chinese Telegraphic Code: N/A
Date and Place of Birth: 09 September 1952 - Concordia, Brazil
Sex: Male
Nationality: ITALIAN (CONFIRMED), BRAZILIAN (CONFIRMED)

Also Known As / Other Dates of Birth Used: N/A
Marital Status: Single
Father's Family Name and Forenames: PIZZOLATO Pedro
Mother's Maiden Name and Forenames: ANNITA PIZZOLATO Odilla

Occupation: Bank official
Languages Spoken: Portuguese, Italian
Regions/Countries Likely to Be Visited: Italy
Additional Information: N/A
Identity Documents:
Italian passport No. AA 4133892
Brazilian national identification nr No. 6.872.444 in São Paulo, Brazil

DNA Code: N/A
Description: N/A
Distinguishing Marks and Characteristics: N/A

INTERPOL For official use only

Difusão vermelha: Alerta mundial em nome de Henrique Pizzolato, condenado e foragido, emitido pela Interpol.

20/11/13 Coordenação de Tecnologia da Informação

Ministério da Justiça

DEPARTAMENTO DE POLÍCIA FEDERAL
COORDENAÇÃO GERAL DE POLÍCIA DE IMIGRAÇÃO

STI - SISTEMA DE TRÁFEGO INTERNACIONAL

Agente de Consulta: LUIZ EDUARDO NAVAJAS TELLES PEREIRA
Data/Hora: 20/11/2013 18:56 (Horário de Brasília)

Home Efetuar Consultas Sobre Sair

Você está aqui: **STI / Detalhar Atendimento**

Dados Detalhados

Dados do Viajante

FOTO **Nome do Viajante:** HENRIQUE PIZZOLATOO

Data de Nascimento: 09/09/1952 **Sexo:** Masculino

Histórico:

Número Seqüencial	Data/Hora do Movimento	Status do Movimento	Tipo de Movimento	Tipo de Documento	Número de Documento	Classificação	País de Nacionalidade	Identificação do Transporte	Ponto de Migração	Nome do Servidor	Matrícula do Servidor
1	* 20/11/2013 14:38	Movimento Normal	Saida	3 - PASSAPORTE COMUM	AA4133892	10 - PERMANENTE (1)	ITÁLIA	KJJJG	AEROPORTO INTERNACIONAL GOV. ANDRÉ FRANCO MONTORO - DEAIN/DREX/SR/DPF/SP	SONIA REGINA FERNANDES	5007835

(*) Horário da máquina local (Atendimento Off-line)

Fechar

sti.dpf.gov.br:8081/sti/relacaoAtendimentos.do 1/2

Registro falso de saída de Henrique Pizzolato do país. Funcionário terceirizado da PF no aeroporto internacional em Guarulhos (SP) afirmou ter feito uma "brincadeira": inventou um número de voo e errou a grafia do sobrenome do então foragido.

Dolce vita: Porto Venere, na Riviera Italiana, vilarejo escolhido por Pizzolato para se esconder entre novembro de 2013 e janeiro de 2014.

Vila onde Pizzolato ficou escondido na Itália já foi reduto de poetas e hoje atrai muitos turistas, principalmente italianos e norte-americanos.

Fachada da pousada "I Gabbiani", em Porto Venere, onde Henrique Pizzolato e a mulher buscaram refúgio em novembro de 2013. No local, ele se apresentou como Celso.

Casa alugada pelos donos da pousada "I Gabbiani" por 300 euros mensais para "Celso" e Andréa passarem a temporada de dezembro a março em Porto Venere, enquanto procuravam um imóvel para comprar na Riviera Italiana.

Vista desfrutada dos fundos da casa na Via dell'Olivo 575, alugada por "Celso" Pizzolato por 300 euros mensais, para a temporada entre dezembro de 2013 e março de 2014.

Região da Cinque Terre, na Itália,onde Pizzolato e a mulher escolheram como refúgio enquanto a polícia tentava descobrir o paradeiro dele.

Detalhe de uma lápide no cemitério de Porto Venere, com o "Golfo dos Poetas" ao fundo.

Pagina 1 di 1

Protocollo Verbale: **TVCS07 2013 VD 903227**
Protocollo Sdi: **TVCS072013903075**

LEGIONE CARABINIERI VENETO
STAZ.CC TREVISO
Via Cornarotta, 24
Tel. 0422 5100 - Fax 0422 5106053 - E-mail sttv545110@carabinieri.it

VERBALE di ricezione di denuncia orale sporta da: **Pizzolato** Henrique nato in Brasile il 09/09/1952, cittadinanza italiana, sesso maschile, residente in Spagna, Malaga, Sierra Del Co, 16, e relativa a "furto borsa", fatto avvenuto il 14/09/2013, in Spagna.---//

****

Il giorno 12/10/2013 alle ore 11:41, in Treviso presso gli uffici di STAZ.CC TREVISO, avanti al sottoscritto Maresciallo Capo SAELI Salvatore appartenente al Comando in intestazione, è presente la persona in oggetto indicata, la quale denuncia quanto segue:---//

"Alle ore 01.38 del giorno 14.09.2013 mi trovavo in Spagna e precisamente presso la stazione feroviaria di Barcelona. Avevo appoggiato la mia valigetta al mio lato e mi ero seduto quando ad un certo punto è passato un ragazzo che assieme ad un altro, con uno stratagemma passava velocemente e mi rubata la valigetta dandosi alla fuga velocemente a piedi. All'interno della stessa oltre ai miei effetti personali e agli oggetti che ho già denunciato presso la Polizia Catalana in Barcelona, vi era anche la mia Carta D'Identità Italiana rilasciata in data 16.04.2009 dal Consolato Ambasciata di Madrid avente nr. ZZ0180320 e valida fino al 16.04.2019. Sono iscritto nelle liste AIRE del Comune di Treviso.-----//

Posso fornire le seguenti informazioni circa gli oggetti e le persone coinvolte:------//

Sono stato vittima di furto il 14/09/2013 in pubblica via. Il fatto è avvenuto in Spagna.-----//

Non ho sospetti sul conto di alcuno.----//"

Non ho richiesto l'intervento di alcuna pattuglia delle Forze dell'Ordine per constatare l'accaduto.-----//

Non sono in grado di riconoscere i rei.-----//

Non ho altro da aggiungere né da modificare.-----//

Fatto, riletto, confermato e sottoscritto in data e luogo di cui sopra.------//

http://tv4026862s001:8080/cc/visualizzaVerbaleFinale.start 12/10/2013

Registro feito por Pizzolato em Treviso, em outubro de 2013, narrando furto de documentos na Espanha, quase um mês antes. A ocorrência policial garantiu a ele uma nova identidade italiana em nome de Henrique.

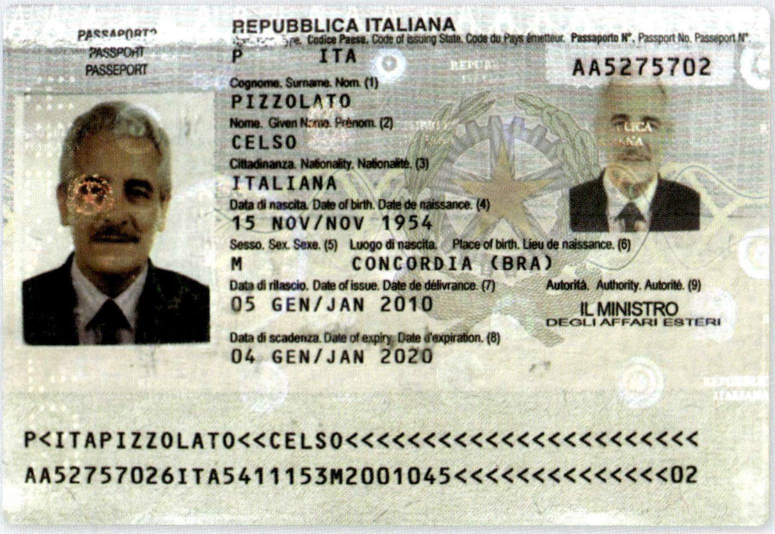

Passaporte italiano em nome de Celso Pizzolato, usado na fuga. Documento foi escaneado no aeroporto de Ezeiza, na Argentina, quando Pizzolato embarcava para a Europa em 12 de setembro de 2013.

Digital coletada pelas autoridades aeroportuárias argentinas no controle imigratório, antes de Pizzolato voar para Barcelona usando documento em nome do irmão, em 12 de setembro de 2013. A digital foi fundamental para comprovar que Celso era Henrique.

Foto de Henrique Pizzolato registrada pelas autoridades argentinas no exato momento em que ele entrava na sala de embarque do aeroporto de Ezeiza, usando documento em nome do irmão, em 12 de setembro de 2013.

Fachada da casa onde Pizzolato foi preso, na via Vandelli, 167, em Pozza de Maranello. No local, vivia o sobrinho dele, Fernando Grando, engenheiro da Ferrari.

Fachada do Comando Central dos Carabinieri, em Modena, para onde Pizzolato foi levado logo após ser preso na casa do sobrinho.

Casa Circondariale di Modena, prisão onde Pizzolato estava detido desde 5 de fevereiro de 2014.

Luiggi, o segurança da Corte de Bolonha, no dia da primeira audiência para discutir a extradição de Pizzolato em 5 de junho de 2014.

Pizzolato aguardou por cerca de 15 minutos dentro do furgão da polícia antes de descer para a primeira audiência na Corte de Bolonha que discutiu sua extradição, em 5 de junho de 2014.

Alessandro Sivelli, advogado de Pizzolato, conversa com outros advogados enquanto aguarda início da primeira audiência que discutiu a extradição de Pizzolato na Corte de Bolonha, em 5 de junho de 2014.

Jornalistas entrevistam o advogado Michele Gentiloni Silveri, contratado pelo governo federal brasileiro para acompanhar o caso Pizzolato na Itália.

Fachada da Corte de Bolonha, onde Pizzolato teve o pedido de relaxamento de prisão negado e onde foi realizada a primeira audiência de extradição.

Jornalistas esperam na porta da Corte de Bolonha pela chegada de Pizzolato.

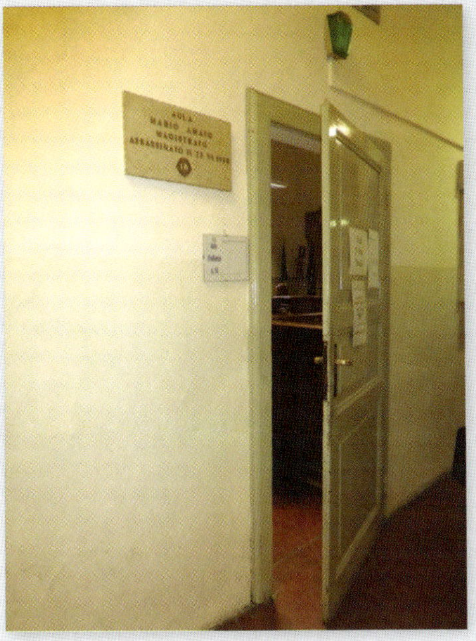

Detalhe da porta da sala onde foi realizada a primeira audiência de extradição de Pizzolato em 5 de junho de 2014.

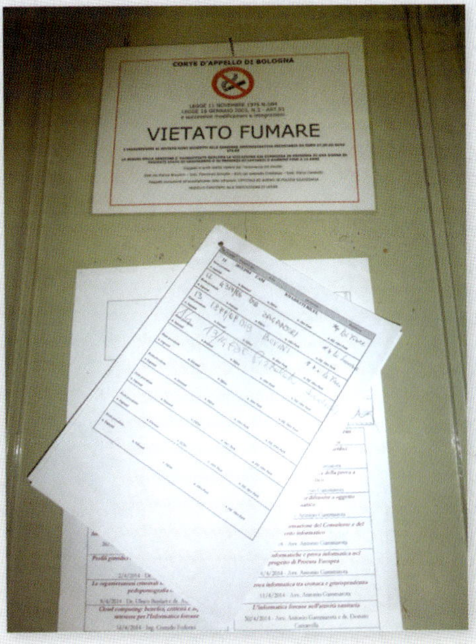

A discussão da extradição de Pizzolato foi a última realizada no dia 5 de junho na sala 14 da Corte de Bolonha, conforme lista de audiências pregada na porta.

Sala 14 da Corte de Bolonha, onde Pizzolato esteve no dia 5 de junho de 2014 para sua primeira audiência de extradição. Abaixo da mesa de uma das juízas, os dizeres: "a lei é igual para todos".

Pozza de Maranello, distrito da cidade onde fica a sede da Ferrari e local para onde Pizzolato pode ir caso tenha atendido o pedido de prisão domiciliar.

Livro: M-363 — *Testamento Público que faz*

Fls.: 108 — **HENRIQUE PIZZOLATO,**

Ato: 001 — *na forma abaixo.*

S A I B A M, quantos este público instrumento de testamento virem, que no dia vinte e quatro do mês de abril do ano de Nascimento de Nosso Senhor Jesus Cristo de dois mil e nove (24/04/2009), nesta Cidade de São Sebastião do Rio de Janeiro, Estado do Rio de Janeiro, República Federativa do Brasil, em Cartório do 19º Serviço Notarial, na Rua Senador Dantas, nº 84, fundos – sobreloja, Centro, e perante mim **MARCO ANTÔNIO PRATES, Tabelião**, compareceu como OUTORGANTE TESTADOR, **HENRIQUE PIZZOLATO**, brasileiro, solteiro, aposentado, portador da carteira de identidade nº 6.872.444, expedida pelo SSP/SP, em 16/10/72, inscrito no CPF sob o nº 296.719.659-20, residente e domiciliado nesta Cidade, na Rua Domingos Ferreira nº 46 – aptº 1001 - Copacabana; por mim identificado como a próprio pelos documentos apresentados, e pelas duas testemunhas idôneas, adiante nomeadas, qualificadas e assinadas, que foram especialmente convocadas para este ato, e afirmam reconhecer o TESTADOR, como o próprio, do que dou fé, bem como de que a presente escritura será anotada no competente distribuidor, no prazo e na forma da lei. E, perante estas mesmas testemunhas, pelo outorgante testador, **HENRIQUE PIZZOLATO**, que se encontra em seu perfeito juízo e no uso pleno de suas faculdades mentais e inteligência, segundo o meu e o parecer das testemunhas, diante da segurança e precisão com que respondeu às perguntas que lhe fiz, e de sua livre e espontânea vontade, sem qualquer induzimento ou coação, me foi dito, usando em todas as suas declarações o idioma nacional, que resolveu fazer seu testamento e disposições de última vontade, revogatório de qualquer outro anterior, que porventura tenha feito, como de fato, pela presente escritura, e na melhor forma de direito, ora o faz, declarando o seguinte: **1º) -** que é natural da cidade de Concórdia, Estado de Santa Catarina, nascido no dia 09 de setembro de 1952, sendo filho de **PEDRO PIZZOLATO** e de **ODILIA ANNITA PIZZOLATO**, já falecida; **2º) -** Que vive maritalmente, há 29 anos, com **ANDRÉA EUNICE HAAS** e de cuja união não possui filhos; **3º) -** Que bens e haveres que possua à época de seu falecimento, para sua companheira ANDRÉA EUNICE HAAS, portadora da carteira de identidade nº 6012978489, expedida pela SSP/RS, inscrita no CPF sob o nº 375.576.880-15, neles incluindo: o apartamento 1001, situado na Rua Domingos Ferreira nº 46, com todos os seus móveis, equipamentos, utensílios e pertences; pensão da aposentadoria na PREVI(Caixa de Previdência dos Funcionários do Banco do Brasil); e pensão da aposentadoria do INSS. **4º)** – Em caso do falecimento de seu pai, antes dele testador, a totalidade de seus bens deverão acrescer ao legado de sua companheira. **5º)** – Deseja o testador que não seja realizado velório, homenagem, celebração, nem missa de sétimo dia. Que não se faça nenhuma divulgação, comunicado ou anúncio de seu falecimento, pois não deseja que pessoas fiquem tristes e enlutadas. Que seu corpo seja cremado o mais rápido possível e que suas cinzas sejam jogadas no mar. **6º)** Para testamenteiro e inventariante nomeia **VITALINO VENANCI**, brasileiro, aposentado, portador da carteira de identidade nº 1.488.185-9, expedida pela SSP/PR, inscrito no CPF sob o nº 283.823.079-49, residente e domiciliado nesta cidade, na Rua República do Peru nº 72 – aptº 1205- Copacabana, o qual da por abonado em Juízo e fora dele, independente de caução ou fiança. Disse, finalmente, que por esta forma tem por feito este seu testamento e disposições de última vontade, e roga à Justiça do País que dê ao mesmo inteiro e fiel cumprimento, tanto quanto em direito se lhe possa dar. Assim o disse, na presença das testemunhas, do que dou fé, me pediu e eu lhe lavrei esta escritura de testamento em minhas Notas, a qual sendo lida ao OUTORGANTE TESTADOR, em voz alta e bem clara, ante as testemunhas a tudo presentes aceitou-a por achá-la em tudo conforme com a sua vontade e com o que me foi ditado, outorgou e assina ante as testemunhas que são: **1)** – **MARTA ALFONÇO TEIXEIRA**, brasileira, casada, empresária, portadora da carteira de habilitação registro nº 01928287927, expedida pelo DETRAN/RJ em 19/9/2007, inscrita no CPF sob o nº 661.413.977-00, residente e domiciliada nesta cidade, na Rua Senador Nabuco nº 197 – aptº 201; **2)** – **ALEXANDRE CESAR COSTA TEIXEIRA**, brasileiro, casado, funcionário público, portador da carteira de identidade nº 04.346.312-4, expedida pelo IFP em 20/11/85, inscrito no CPF sob o nº 544.073.037-00, residente e domiciliado nesta cidade, na Rua Senador Nabuco nº 197 – aptº 201, por mim identificadas pelos

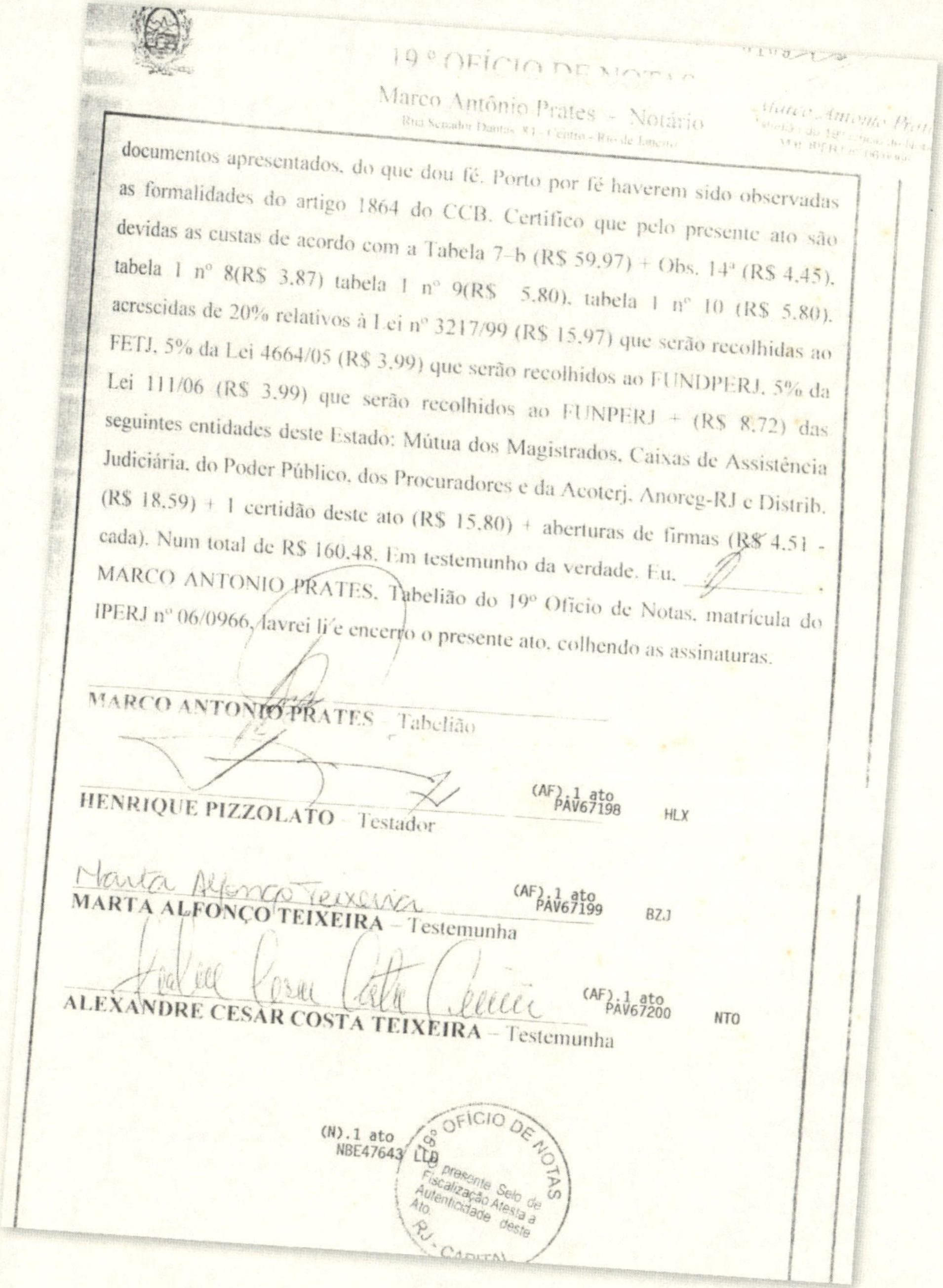
19.º OFÍCIO DE NOTAS

Marco Antônio Prates – Notário

Rua Senador Dantas, 81 – Centro – Rio de Janeiro

documentos apresentados, do que dou fé. Porto por fé haverem sido observadas as formalidades do artigo 1864 do CCB. Certifico que pelo presente ato são devidas as custas de acordo com a Tabela 7–b (R$ 59.97) + Obs. 14ª (R$ 4.45), tabela 1 nº 8(R$ 3.87) tabela 1 nº 9(R$ 5.80), tabela 1 nº 10 (R$ 5.80), acrescidas de 20% relativos à Lei nº 3217/99 (R$ 15.97) que serão recolhidas ao FETJ, 5% da Lei 4664/05 (R$ 3.99) que serão recolhidos ao FUNDPERJ, 5% da Lei 111/06 (R$ 3.99) que serão recolhidos ao FUNPERJ + (R$ 8.72) das seguintes entidades deste Estado: Mútua dos Magistrados, Caixas de Assistência Judiciária, do Poder Público, dos Procuradores e da Acoterj, Anoreg-RJ e Distrib. (R$ 18.59) + 1 certidão deste ato (R$ 15.80) + aberturas de firmas (R$ 4.51 - cada). Num total de R$ 160.48. Em testemunho da verdade. Eu, ________, MARCO ANTONIO PRATES, Tabelião do 19º Ofício de Notas, matrícula do IPERJ nº 06/0966, lavrei li e encerro o presente ato, colhendo as assinaturas.

MARCO ANTONIO PRATES – Tabelião

HENRIQUE PIZZOLATO – Testador (AF).1 ato PAV67198 HLX

MARTA ALFONÇO TEIXEIRA – Testemunha (AF).1 ato PAV67199 BZJ

ALEXANDRE CESAR COSTA TEIXEIRA – Testemunha (AF).1 ato PAV67200 NTO

(N).1 ato NBE47643 LLB

19º OFÍCIO DE NOTAS – O presente Selo de Fiscalização Atesta a Autenticidade deste Ato. RJ – CAPITAL

Cópia do testamento registrado em cartório por Pizzolato, no qual dispensa enterro e pede para ser cremado o mais rápido possível. O documento faz parte da primeira parte do plano tramado por Terremoto para simular a morte do ex-diretor do Banco do Brasil.

Um morto muito vivo

Foi como Celso Pizzolato, um cidadão italiano nascido no Brasil de cabelos e bigode branquíssimos, que Henrique atravessou a Argentina. Em Buenos Aires, embarcou com destino à Europa. Quase 33 horas depois de ter passado pela fronteira, deixou no aeroporto argentino o segundo rastro que, meses depois, permitiu à polícia confirmar exatamente como e quando ele fugiu.

Foi fotografado, teve as digitais recolhidas e a folha de dados do passaporte italiano de Celso escaneada no aeroporto de Ezeiza, pouco antes de ele entrar na sala de embarque. O relógio do computador da imigração marcava 19 horas, 8 minutos e 5 segundos do dia 12 de setembro de 2013, quando Pizzolato, agora "Celso", passou sem sobressaltos pelo controle argentino.

A câmera não registrou o rosto dele por inteiro. O foco está ao fundo, mais precisamente nas cadeiras pouco confortáveis de assentos azuis e nos telões que informam o horário dos voos. Mesmo com a imagem levemente borrada de apenas metade da face do passageiro, eram visíveis as marcas do cansaço de Pizzolato.

As olheiras eram gigantes e os olhos, vermelhos, resultado da sequência de três noites mal dormidas. Como bem definiu Helena, uma das vizinhas dele em Copacabana, Pizzolato passou a ser um sujeito "precocemente envelhecido" a partir de 2005.

A foto feita no início da noite daquela quinta-feira revela como o rosto e a aparência estavam modificados. Um exemplo notório do que é capaz a ação cruel do tempo e a angústia acumulada durante anos. Naquele retrato, Pizzolato quase não se parecia com a imagem de seu passado recente.

Aparentava estar muito distante dali o executivo de um dos principais bancos do país, que exibia cavanhaque e cabelos mais grisalhos, falava com orgulho dos patrocínios do Banco do Brasil. Há muito deixou de ser aquele sujeito dono de um sorriso largo, que chamava a atenção por usar exóticas gravatas borboleta e permitir ser fotografado com chapéu de cawboy promocional, com uma discreta logomarca do banco. Tecnicamente, Henrique ficou mesmo para trás, há aproximadamente 1.400 quilômetros, ainda em território brasileiro. Agora ele era Celso, um morto muito vivo.

Ao contrário da entrada na Argentina, durante o procedimento na saída, não foi necessário responder a nenhuma pergunta. Foi rápido. Não havia razão para alguém desconfiar de Celso Pizzolato, tampouco de Henrique. Naquela data, não existia nenhum alerta vermelho em nome dos irmãos, e os dois constavam no sistema de registro de viajantes das autoridades argentinas.

Cinco anos antes, até Celso já tinha passado por aquele mesmo aeroporto.

Mesmo depois de morto, Celso visitou a Argentina em junho de 2008. Ele passou 46 horas no país vizinho. A viagem serviu para mostrar a fragilidade dos sistemas de controle brasileiros e a facilidade de sair e entrar em qualquer país fazendo-se passar por um homem enterrado há décadas. Ele sabia que era um teste aparentemente pouco arriscado. E funcionou.

Celso Pizzolato embarcou no voo 8016 da TAM, que saiu do Rio de Janeiro com destino à capital portenha no dia 2 de junho de 2008. Chegou ao aeroporto de Ezeiza por volta das 14h14, conforme os registros das autoridades locais, que jamais imaginaram tratar-se de um homem com documentos de um defunto.

O retorno ao Brasil aconteceu dois dias depois, igualmente sem surpresas. Celso passou pela imigração logo após o meio-dia para pegar outro voo da TAM direto para o aeroporto do Galeão, no Rio. Tudo ficou devidamente registrado e arquivado nos computadores das autoridades argentinas e, provavemente, no sistema da Polícia Federal brasileira.

Mas somente descobriu-se que um "morto" pegou um avião e passeou na Argentina mais de cinco anos depois, mais precisamente na reta final da investigação sobre o paradeiro do foragido. Celso pôde aproveitar, sem qualquer temor de ser flagrado flanando pelas ruas, o que há de melhor na capital portenha, do tango aos vinhos e carnes. Nessa viagem teste a Buenos Aires, Pizzolato apresentou um passaporte brasileiro novinho e original. O documento havia sido emitido em nome de Celso pela Polícia Federal em fevereiro de 2008.

Meses antes de mandar confeccionar o passaporte, Celso voltara "à vida" como cidadão brasileiro ao solicitar a diferentes órgãos públicos novos documentos. Em 30 novembro de 2007, ele tirou uma carteira de identidade em Florianópolis, capital catarinense, que lhe garantiu a existência pós-morte.

Para conseguir o documento, precisou apenas de uma foto sua mais recente e da certidão de nascimento do irmão, resgatada no cartório de Concórdia. Não enfrentou empecilho algum. Apesar de Celso estar enterrado na cidade catarinense, a morte dele foi registrada em outro Estado, uma vez que o acidente de carro que lhe custou a vida aconteceu em Foz do Iguaçu, no Paraná. Nem os cartórios, tampouco os órgãos de segurança estaduais, compartilham sistemas e banco de dados interligados, o que permite que vivos – ou mortos – consigam emitir simultaneamente novas vias da carteira de identidade em praticamente todo o território nacional.

Pizzolato também apresentou uma nova foto 3x4, na qual aparece em um traje bastante formal. De barba bem feita, vestiu um terno marrom, de gosto duvidoso, camisa cinza e gravata vermelha. Diante da câmera, esboçou um sorriso amarelo, bem sem graça, que não chegou a ser capturado em sua plenitude.

Em seguida, Pizzolato tirou um novo título de eleitor como se fosse morador do Rio de Janeiro e regularizou a situação de Celso junto à Receita Federal, declarando o falecido como isento. Em janeiro mesmo, Celso estava pronto para votar e já tinha um Cadastro de Pessoa Física, o CPF. Também ganhou endereço, número de telefone e profissão, devidamente informados em 17 de janeiro de 2008, quando foi a Lages, também em Santa Catarina, requisitar o passaporte na Polícia Federal.

Um dia antes, vestiu novamente terno e gravata, desta vez bem escuros, para tirar uma foto de passaporte com fundo branco e data visível na parte inferior. Com os novos documentos em mãos, preencheu de próprio punho, em letras de forma, todos os dados solicitados pelo formulário. No entanto, não há indicação na ficha da polícia de que tenha apresentado o original de documentos, em tese obrigatórios, como o certificado de reservista e comprovantes de que votou nas últimas eleições.

No formulário, afirmou trabalhar na "construção civil" e ser morador de Urubici, no interior de Santa Catarina. O endereço dele no município famoso pelas pinturas rupestres e cachoeiras de águas geladas parece um pouco vago. Na ficha, fez constar que morava na "estrada de São Francisco, km 4,5. Bairro São Francisco".

A inspiração para a solução caseira de confeccionar documentos em nome do irmão parece estar mesmo naquele canto do apartamento em Copacabana, onde guarda a maior parte da coleção de imagens de São Francisco e onde a foto de Henrique ao lado de Celso ganhou lugar de destaque na prateleira, ao lado das duas imagens de Pizzolato juntinho e feliz com a mulher Andréa.

Pizzolato começou a "ressuscitar" o falecido aos poucos, meses depois de deixar de ser investigado para se transformar em réu no Supremo Tribunal Federal. Em 24 de agosto de 2007, os ministros do Supremo aceitaram por unanimidade a denúncia contra Pizzolato por corrupção passiva, lavagem de dinheiro e peculato.

Tão logo ganhou um lugar no banco dos réus, acusado de crimes que categoricamente assegura não ter cometido, Henrique decidiu desafiar a lei. Se era para ser culpado de algo, que fosse de ferir o artigo 307 do Código Penal: atribuir para si falsa identidade para obter vantagem. Transformou-se num verdadeiro falsário, portador de documentos originais, mas em nome de um morto. Aproveitou-se de um sistema precário de integração de dados e emissão de documentos para reviver Celso e, assim, tentar escapar de seu malfadado presente.

Pizzolato fez de Celso um morto com novas vias de documentos pessoais, um viajante internacional e esforçou-se para transformá-lo também num cidadão em dia com a Justiça Eleitoral. Ele tirou o título em nome de Celso em janeiro de 2008 porque precisava apresentá-lo para conseguir o passaporte – devidamente retirado na Polícia Federal em Lages, mediante assinatura de Celso, no dia 28 de abril. Mesmo com o passaporte em mãos, foi às urnas em outubro daquele ano. Celso compareceu e votou nos dois turnos das eleições municipais, segundo os registros do Tribunal Regional Eleitoral do Rio de Janeiro.

À Justiça Eleitoral informou ser morador da cobertura da rua Domingos Ferreira, o que lhe garantiu votar na rua de trás do prédio, bem na esquina da Avenida Nossa Senhora de Copacabana com a Rua Siqueira Campos. Trata-se de um pedaço peculiar de Copacabana, a despeito dos muitos mendigos e pedintes que fazem as senhoras segurarem as bolsas junto ao peito e os senhores conferirem com mais frequência se as respectivas carteiras ainda estão em seus bolsos. Há camelôs na calçada, "homens placa" fazendo propaganda de *sex shop* e uma praça onde se vê de tudo um pouco.

Dentro da Praça Serzedelo Correia, cercada por grades, é possível até se deparar com cenas como a de um homem caminhando apressado espremendo um limão num copo de plástico cheio de torresmo frito. Mas o que mais tem é aposentado jogando cartas ou damas, e criança brincando. O tempo ali parece correr mais devagar do que do lado de fora da praça. É na Serzedelo Correia que garis tomam picolé, numa pausa estratégica para dias mais quentes e desgastantes, que as pessoas buscam refúgio ou simplesmente descansam antes de continuar a caminhada.

Em domingos de eleição, a praça abriga outro tipo de frequentador: moradores e ex-moradores de Copacabana (os que não atualizaram o endereço na Justiça Eleitoral) a caminho das urnas. Em frente a uma das laterais da praça, a agência do banco Itaú se transforma em seção eleitoral. Foi ali que Celso, um cidadão consciente de suas obrigações, mesmo morto, compareceu para votar nos dois turnos da eleição de 2008, que escolheu prefeito e vereadores da capital fluminense.

De acordo com registros do Tribunal Regional Eleitoral do Rio de Janeiro, o último voto dele foi no dia 26 de outubro daquele ano. Henrique também votou naquele último domingo de outubro, a três quadras dali, numa escola municipal que fica em frente à praia e a menos de uma quadra do antigo endereço dele, na arborizada Rua República do Peru.

Nas eleições seguintes, dois anos depois, o eleitor Celso não compareceu ou justificou sua ausência. Mas pagou as multas devidas em janeiro de 2011. Foi nessa eleição que Dilma Rousseff se elegeu presidente do Brasil, e Sérgio Cabral renovou seu mandato de governador do Rio.

Em 2012, por sua vez, somente Henrique compareceu às urnas. Já estava condenado pelo Supremo e, por isso, jornalistas o esperavam na porta da seção eleitoral 53 da zona 205 dispostos a conseguir uma declaração qualquer. Foi abordado pelos repórteres ao sair da escola. Vestia calça jeans, camisa xadrez e um boné. A barba estava feita, mas quem o viu ficou impressionado com seu semblante apático. Estava acompanhado pela mulher, Andréa, que se posicionou na frente do marido e avisou que Pizzolato não daria entrevistas:

– Ele não está em condições de falar, porque está sob efeito de remédios. E não vai se pronunciar – anunciou a mulher que, na ocasião, não quis se identificar aos jornalistas.

Os repórteres seguiram o casal, que voltou direto para o apartamento na Rua Domingos Ferreira, em Copacabana. Celso, por sua vez, não votou naquela eleição nem pagou a multa. A Justiça Eleitoral abriu uma investigação para apurar o caso do morto que votou em dois turnos das eleições de 2008 e quitou as dívidas relativas ao pleito de 2010. Até a conclusão desse livro, contudo, a apuração ainda estava em curso e ninguém havia sido punido.

O pai de Henrique Pizzolato acredita que ele voltou ao Brasil para votar e acabou ficando, depois de uma temporada na Espanha.

– Ele estava na Espanha, passeava. Veio de lá para votar e aí ficou no Brasil – disse Pedro Pizzolato, em entrevista à rádio *BandNews*, reclamando que há tempos não via o filho.

Coincidência ou não, uma semana antes das eleições de 2012, o jornal *O Globo* publicou uma reportagem que questionava já no título: "Onde está Pizzolato, réu do mensalão já condenado por três crimes?"

O sumiço de Henrique Pizzolato havia sido declarado pela juíza federal Simone Schreiber, que há dois anos tentava ouvi-lo num dos processos relacionados ao tempo em que era diretor da Previ. O oficial de Justiça foi nos dois endereços de Copacabana e na Praia de Botafogo, no Rio. Não o encontrou e ouviu no prédio da Rua Domingos Ferreira que ele há quatro meses não aparecia e que poderia estar fora do país. A Justiça tentou ainda intimá-lo em Florianópolis e Campinas. Todos os esforços foram em vão.

"Embora haja informação de que Henrique Pizzolato residiria em Copacabana, nas duas tentativas de citação do réu naquele endereço o oficial de Justiça foi informado de que o réu viaja muito para o exterior, que não aparecia há quatro meses, que estaria no Paraná para resolver problemas familiares etc.", diz o despacho da magistrada, que atestou o "sumiço" em 13 de setembro de 2012, duas semanas depois de o Supremo condenar Pizzolato.

A notícia de que a Justiça não conseguia localizá-lo foi publicada num sábado. Dois dias depois, o jornal *Folha de S.Paulo* informou que Pizzolato estava na Europa desde o fim de julho. Viajara antes de o julgamento começar, em agosto, para tratar de "problemas familiares".

– Pizzolato não queria divulgar a informação porque ele foi acompanhar problemas graves e não quer expor mais a sua família por conta do processo – disse o advogado Marthius Sávio Lobato ao jornal.

Duas irmãs de Pizzolato moraram na Espanha. Há registros de que passaram por Granada. Pizzolato e Andréa, por sua vez, constavam no cadastro de cidadãos estrangeiros residentes em

Benalmádena, cidade litorânea na região de Málaga, desde 2010. Mas a principal razão das longas temporadas na Espanha seria, segundo advogados e amigos, uma sobrinha, que estava muito mal de saúde. Depois de cinco anos na Espanha, a tal sobrinha, voltou ao Brasil, deu aulas de espanhol num cursinho de idiomas e passou no vestibular. “Esteve muito doente”, sustenta Terremoto, referindo-se à sobrinha do amigo.

De volta ao Brasil, no final de 2012, Pizzolato foi obrigado a entregar seus passaportes à Justiça logo depois das eleições. No dia 8 de novembro, o ministro Joaquim Barbosa deu prazo de 24 horas para todos os 25 réus do mensalão entregarem seus documentos, inclusive os emitidos por Estados estrangeiros em razão de dupla nacionalidade. O objetivo era líquido. Barbosa queria evitar que eles deixassem o país. Segundo argumentou o ministro, naquela fase do julgamento, seria “inteiramente inapropriada qualquer viagem ao exterior por parte dos réus já condenados” sem o conhecimento do Supremo, ainda que o resultado do julgamento não fosse definitivo.

A decisão de Barbosa era totalmente previsível. Por isso, depois de confeccionar todos os principais documentos que um brasileiro deve ter, Henrique tratou de providenciar um passaporte italiano para Celso, que vale o dobro do prazo de expiração do documento brasileiro. O passaporte italiano foi expedido em 5 de janeiro de 2010 e, nele, Pizzolato aparece usando bigode.

Parece ter adotado esse visual naquele ano. Também exibe bigode no retrato do documento de residente da Espanha emitido em março de 2010. A cor do bigode e dos cabelos é a diferença mais marcante entre essas duas fotos e a tirada três anos depois, no aeroporto de Buenos Aires, momentos antes de embarcar para a Europa. Os fios embranqueceram totalmente.

O passaporte brasileiro em nome de Celso havia expirado no início de 2013. Voltar à PF para fazer um novo era um risco completamente desnecessário. A prisão já estava anunciada, bastava apenas ser decretada. Por isso, para fugir para a Europa, foi preciso que Pizzolato usasse o documento italiano em nome do irmão.

O italiano Celso Pizzolato era um dos passageiros do voo AR-1160, que demora quase 13 horas entre Buenos Aires e Barcelona. Ele atravessou o Atlântico e desceu do avião da Aerolineas Argentinas em Barcelona no meio da tarde do dia 13 de setembro de 2013. No dia seguinte disse estar na estação de trem da cidade espanhola.

O amigo Vitalino conta que, cansado da viagem que durou praticamente uma semana, Pizzolato cochilou na estação e teve a pasta de mão furtada. Segundo Terremoto, dentro da pasta também estavam a identidade italiana e as senhas e contrassenhas que permitiram uma comunicação mais segura com a mulher, que ainda estava no Brasil.

Terremoto conta que quem avisou que Pizzolato havia chegado são e quase salvo, não fosse pelo furto, foi o sobrinho, um conceituado engenheiro de Fórmula1 que trabalha para a Ferrari e vive em Maranello. Ele mora em Pozza, uma *frazione* (espécie de bairro) do vilarejo italiano que abriga a fábrica da escuderia criada por Enzo Ferrari e que se transformou numa espécie de "Meca" para milhares de aficionados pelas máquinas que ostentam o símbolo do cavalo negro empinado. Em maio de 2014, por 60 euros era possível pilotar por dez minutos nas ruas de Maranello uma Ferrari California, um dos modelos mais baratos do carro símbolo de status e velocidade.

O ronco dos motores contrasta com a vida quase enfadonha do vilarejo. O sobrinho de Pizzolato escolheu viver numa área ainda mais afastada do burburinho, próxima à zona rural e a cerca de meia hora de caminhada do trabalho. O local faz com que se lembre bastante de Toledo, cidade natal do engenheiro e onde Pizzolato aventurou-se pela primeira vez na corrida eleitoral.

Nando, como Pizzolato chama o sobrinho, é o orgulho da família. Saiu do interior do Paraná para viver na Europa, onde está há mais de uma década. Em 2012, trocou o trabalho na Mercedes-Benz pela escuderia mais famosa do mundo. Estava cansado da Inglaterra e decidiu se mudar para a Itália. Alugou uma casa geminada, numa tranquila rua da vila, ao lado de uma loja de material de construção, próxima a um supermercado e a uma pizzaria. O imóvel acabou sendo uma das referências para Pizzolato na Itália, uma espécie de pouso seguro.

Depois da fuga, até então bem-sucedida, Pizzolato deu início ao seu projeto pós-condenação: viver livre como outra pessoa na Itália. Ficaria numa cidade não muito distante da do sobrinho, para que pudessem se visitar com certa frequência. Decidiu que se instalaria inicialmente num pequeno paraíso ao norte, próximo à *Cinque Terre*, ou Cinco Terras, em português. Queria um lugar discreto, agradável e à beira-mar, preferência declarada do casal que nos últimos anos viveu no litoral, no Rio de Janeiro e na espanhola Málaga.

Escolheu Porto Venere (às vezes grafada Portovenere), um típico balneário italiano de pouco mais de 4 mil habitantes considerado a "sexta terra". A região da Ligúria, que seria a nova morada de Pizzolato, abriga vilarejos em sequência, todos construídos na beira de rochedos banhados por um mar cintilante. As cinco mais famosas terras são Riomaggiore, Maranola, Corniglia, Vernazza e Monterosso.

Típicas vilas de pescadores e de produtores de vinho com pouquíssimos carros e muitos turistas, em especial franceses, alemães e norte-americanos, além dos italianos, claro, que chegam de carro, trem e barco. Com exceção de Corniglia que não tem acesso pelo mar e fica escada acima, com mais de 400 degraus (perdi a conta no degrau 403 para recuperar o fôlego e perdê-lo novamente ao admirar a vista do mar imponente).

Monterosso tem praia de areia e é a mais ocidental, plana e espalhada das cidades. Possui uma enorme opção de hospedagem e restaurantes, o que acaba atraindo um número bem maior de turistas. Maranola abriga os pontos mais fotogênicos e esbanja simpatia. De lá, era possível seguir até a bonitinha Riomaggiore por uma passarela à beira-mar com o propício nome de Via dell'Amore. Por razões de segurança, o caminho foi interditado. Vernazza é a mais sem graça e sem estrutura das cidades. Tem uma leve trilha que permite, em 1h30, chegar à pouco visitada Corniglia.

Em 1997, todas as "cinco terras", mais Porto Venere e três ilhas da região, foram alçadas a patrimônio mundial da humanidade, título concedido pela Unesco, dada a excepcional importância natural e também cultural do local. Dois anos depois, viraram parte de um parque nacional criado para proteger a fauna, a flora e as casas em tons variados de verde, amarelo e terracota que parecem estar penduradas nas montanhas sempre muito verdes.

Por aquelas terras passaram tantos escritores e artistas em busca de inspiração, a ponto de um trecho da enseada da Ligúria ter sido batizada de "o golfo dos poetas". Mais recentemente, os escritores italianos Attilio Bertolucci e Mario Soldati se instalaram na área, mantendo a tradição literária iniciada séculos atrás. Um dos moradores no século XIX foi poeta romântico Lord Byron (1728-1844), que transformou um dos cantos de Porto Venere, onde as ondas brigam com os penhascos rochosos, em sua gruta particular. Ali produziu O *Corsário* – a história, também adaptada com certo sucesso para o balé, do poderoso e temido chefe dos piratas, Conrado. No dia do próprio casamento, parte para aterrorizar os sete mares. No retorno, atormentado pela perda do grande amor que havia ficado para trás, ele se joga do ponto mais alto da ilha para encontrá-la nas profundezas do mar.

Byron se jogou muitas vezes naquelas águas geladas. Uma placa intitulada "Gruta de Byron" diz que aquele local com acesso ao mar era a inspiração do "poeta imortal que, como um nadador ousado, desafiou as ondas de Porto Venere a Leirici". Contam os locais que o escritor nadava mais de sete quilômetros para visitar amigos que se estabeleceram em vilarejos próximos, como o casal de escritores ingleses Percy (1792-1822) e Mary Shelley (1797-1851), que escolheu Leirici para morar. Dizem ainda que ela se inspirou no castelo do local para escrever uma de suas mais famosas obras: *Frankenstein*. Outros intelectuais europeus, como D.H. Lawrence (1885-1930), também passaram temporadas na região, desfrutando das paisagens revigorantes. Ou seja, um cenário ideal para viver uma nova vida.

Em Porto Venere, as praias são pequeninas, sem ondas e com muitas pedras de tamanhos variados no lugar da areia. São perfeitas para contemplar a paisagem repleta de veleiros e lanchas, tomar sol e jogar futebol. Casais de todas as idades passeiam de mãos dadas pela cidade, deliciam-se com *gellato* ou namoram nos restaurantes à beira-mar, como se inebriados estivessem pela atmosfera que no passado contaminou tantos poetas. O lugar naturalmente convida para uma lua de mel, para tórridos romances, e também para um amor fugaz de verão, ou uma segunda chance ao relacionamento.

Pizzolato, contudo, não estava ali à procura de um amor. Apesar de protagonista de uma inusitada trama policial, com doses quase nulas de romance, ele certamente optou pela mais charmosa das "*terre*": Porto Venere é uma cidade medieval que foi conquistada e reconquistada por romanos, genoveses e até por franceses, integrantes das tropas do imperador Napoleão Bonaparte (1769-1821).

Protegida por um castelo ao alto, hoje convertido em museu, a cidade é deliciosamente perfumada na primavera. Flores, limoeiros e oliveiras disputam com o mar azul e com suas embarcações o olhar do visitante mais deslumbrado. Os moradores, sempre simpáticos e solícitos, não hesitam em oferecer ajuda, mesmo que ela não seja solicitada.

Caminhar por suas ruas, subir e descer as escadas estreitas rumo às duas igrejas de pedra com vista privilegiada do mar, acompanhar os voos rasantes das gaivotas, tomar um capuccino e devorar uma *focaccia* num café qualquer: na Riviera Italiana muita coisa da vida cotidiana provoca aquele tipo de emoção metade poética, metade confortante. Impossível não gostar de primeira de um lugar como Porto Venere, a despeito das hordas de turistas que chegam cada vez que o barco atraca no porto e das lojas de artesanato de gosto duvidoso, ávidas por visitantes.

Antes de seguir para Porto Venere em novembro de 2013, Pizzolato tomou algumas providências administrativas. Em 8 de outubro, esteve em Modena para formalizar a solicitação de um código fiscal, uma espécie de CPF italiano que lhe permite, por exemplo, abrir conta em banco. Três dias depois, foi a um posto da *Azienda Sanitària Locale*, para conseguir o cartão de atendimento médico no sistema de saúde, concedido a cidadãos italianos e residentes. Os dois documentos foram emitidos em nome de Celso.

No fim da manhã do dia 12 de outubro, cerca de um mês após a fuga, Henrique reapareceu em Treviso, distante aproximadamente duas horas de carro de Modena. Lá, registrou uma ocorrência policial. Ainda não era um homem procurado pela polícia internacional quando, por volta das 11h40, entrou na estreita via Cornarotta onde fica um dos escritórios da Carabinieri, a polícia militar italiana.

Ao cabo Salvatore Saeli narrou que, à 1h38 do dia 14 de setembro de 2013, estava sentado na estação ferroviária de Barcelona, quando um rapaz, acompanhado por outro, passou rapidamente. Como num passe de mágica, esse homem desconhecido pegou sua pasta de mão que estava ao seu lado e fugiu a pé, velozmente. Ainda, segundo a ocorrência policial, afirmou ter registrado o furto à polícia catalã, narrando que levaram sua identidade italiana emitida na embaixada na Espanha. Esse documento tinha validade até 2019, informou Pizzolato. Por isso, estava ali reportando o furto também aos Carabinieri. Disse que não suspeitava de ninguém e nem gostaria de solicitar a intervenção da polícia para apurar o ocorrido.

Muita gente desconfia da veracidade do furto narrado sob a forma de ocorrência policial. De qualquer forma, o registro assinado por Henrique Pizzolato e pelo cabo Saeli serviu como uma espécie de salvo-conduto para solicitar uma carteira de identidade à comuna de Treviso, na região do Veneto. Se Henrique não tinha nenhum documento emitido na Itália, passou a ter um – caso precisasse assumir sua verdadeira identidade.

E por que Treviso? Todo cidadão italiano residente no exterior precisa estar registrado num município da Itália e deve manter atualizada sua localização geográfica. No caso de Henrique, como explicita a ocorrência policial, o nome dele faz parte da lista de registro de italianos residentes no exterior controlada por Treviso.

Com a documentação italiana dos irmãos Pizzolato em ordem, era hora de finalmente reencontrar a mulher. Pizzolato sentia muita falta de Andréa. No início de novembro, dias antes de o Supremo Tribunal Federal mandar prender os condenados pelo mensalão, ela saiu do Brasil com destino à Espanha para, em seguida, encontrar Pizzolato. Segundo Terremoto, entre a fuga e a ida de Andréa para a Europa, ela passou uns 20 dias fora do Rio. Foi avisar pessoalmente parentes do marido e dela sobre a fuga.

Terremoto foi veemente contra a ida apressada de Andréa para reencontrar Pizzolato fora do país. O amigo do casal achava que ela deveria dar um tempo até o assunto esfriar, para não deixar rastros. Pensava que seria mais difícil duas pessoas se esconderem juntas do que uma só.

Andréa e Terremoto tiveram uma briga feia por conta disso. Ela disse que ele teria que segurar a barra sozinho no Brasil, explicando o porquê da fuga, da busca por um novo julgamento, além de continuar os ataques à forma como o Supremo conduziu o processo do mensalão. Ele insistiu que, apesar de o plano da fuga ter dado certo até aquele momento, os dois seriam caçados como bichos. Queria saber se ela estava preparada para, em caso extremo, ter os planos encurralados e abatidos sumariamente. Andréa ficou irritada. Abriu a porta e pediu que Terremoto se retirasse do apartamento. Antes de expulsá-lo, certificou-se de que o amigo sabia o que tinha que ser feito tão logo ela deixasse o Brasil e a prisão fosse decretada.

– Eu sei muito bem o que tenho que fazer – afirmou Terremoto, na última conversa com olhos nos olhos que tiveram, emendando que eram dois “bicudos”.

Andréa, segundo Terremoto, havia tido essa mesma discussão com a irmã. Meses depois, ele até conseguiu rir do bate-boca. No fundo, sabia que tinha razão. Poderia ser mais difícil localizar Pizzolato se ele estivesse sozinho na Itália, sem o Fiat Punto vermelho, que Andréa comprou na Espanha, e longe da casa do sobrinho Nando.

Juntos na Itália, Pizzolato e Andréa se instalaram numa charmosa pousada em Porto Venere, com vista para o mar azul e para as montanhas verdes da Riviera Italiana. Ele se registrou ali como Celso Pizzolato, identidade que, segundo as polícias brasileira e italiana, estava disposto a assumir em definitivo a partir daquele momento.

A pousada escolhida por Pizzolato tem apenas oito apartamentos. Não chegam a ser luxuosos, mas são todos muito espaçosos e aconchegantes. Têm banheiro, cozinha, sofá e sacada – a maioria com vista plena para o mar. Em dias ensolarados, o visual é de tirar o fôlego. Às vésperas do verão de 2014, a I Gabbiani cobrava, em média, 250 euros por quatro dias de hospedagem.

O estabelecimento é o maior orgulho dos proprietários, Giovanni e Maria. Simpáticos e falantes italianos, os sexagenários vivem no último andar da pousada de três pavimentos. São eles que recebem os hóspedes e acertam os pagamentos. O controle das reservas é feito por um dos filhos de Maria. Os nomes dos hóspedes ficam anotados num cadernão, com letras bem grandes. Ao lado, estão também o número de dias e o preço da estadia.

Giovanni normalmente leva pessoalmente os recém-chegados ao quarto. No caminho, conta muitas histórias até mesmo para quem não fala nadinha de italiano. O nome de batismo dele é outro: Arnaldo – o mesmo do irmão mais novo de Benito Mussolini, um dos fundadores do fascismo e presidente que os italianos gostariam de apagar da própria história, tamanha a quantidade de atrocidades promovida por ele.

Quem conta essa história é Armando Ago, capitão da Carabinieri que investigou a passagem de Pizzolato por Porto Venere. Como o nome Arnaldo remete aos Mussolini e, automaticamente, à versão italiana do nazismo, o italiano, como muitos outros, decidiu mudar de alcunha e escolheu atender somente por Giovanni. Seu sobrenome é Gaeta.

Dono de ombros largos e um esbelto porte de estivador, ele é um senhor calvo, com mais cabelo na parte de trás do que na de cima da cabeça. Tem bigode e sobrancelhas igualmente grossos. Usa óculos de grau de aro colorido, largado no meio da testa a depender da distância onde o objeto a ser enxergado está. Ele escolheu o alto de uma ladeira com uma das mais belas vistas do vilarejo e de suas ilhas para construir o *residence* I Gabbiani (as gaivotas, em português) e realizar o sonho de desfrutar com os visitantes de um dos lugares de que mais gosta na Itália.

Giovanni se divide entre a pousada em Porto Venere e outra hospedagem da família em Riomaggiore, uma das *Cinque Terre* italianas. Quando ele não está, quem cuida de tudo é Maria, a típica "*nonna*" italiana. Fala orgulhosa dos quatro netos que, apesar de já crescidos, ainda aparecem crianças nos porta-retratos em destaque na cômoda da sala da casa. Aos hóspedes mais queridos, oferece pequenos mimos como *polpettines*, feitos de carne e fritos na hora, ou mesmo um suave vinho frisante tinto, produzido por um de seus filhos, engarrafado de forma artesanal e mais saboroso do que muito Lambrusco. Presenteia os mais queridos com um garrafão verde, sem rótulo, e uma rolha que parece ter sido talhada a canivete. O vinho é tão rústico quanto saboroso.

A acolhida de Giovanni e Maria conquistou Pizzolato e Andréa. Mesmo no vazio e no frio do outono-inverno à beira-mar, o casal adorou a pousada e, claro, a cidade. Ficou amigo dos donos da pousada, com quem passou a virada de 2013 para 2014. Estavam sempre trocando regalos. Não chegou, contudo, a fazer outros amigos.

De tempos em tempos, Pizzolato visitava o sobrinho em Maranello. O dono do supermercado próximo à casa de Nando diz se lembrar de Pizzolato. Para ele, o brasileiro parecia ser um homem decente. Era de poucas palavras, mas sempre pagava corretamente as compras.

Nando também esteve em Porto Venere. Foi lá uma única vez, em janeiro de 2014. O engenheiro foi conferir se o tio estava bem – um pedido da família. Nando havia passado 18 dias no Brasil, entre 13 e 30 de dezembro de 2013, e percebeu que os parentes mais próximos estavam muito preocupados com a saúde e com a acomodação de Pizzolato. Não sabiam exatamente onde ele havia buscado refúgio e como estava vivendo.

Em Porto Venere, Andréa e Pizzolato usavam um telefone com um chip em nome de Nando. Ligavam, basicamente, para estabelecimentos comerciais, como restaurantes e imobiliárias. No Natal, mais precisamente no dia 24, receberam uma ligação do Brasil nesse aparelho. O prefixo indicava o código de área 45. Esse DDD é usado por 41 municípios no interior do Paraná, entre eles Toledo, onde moram irmãs e sobrinhos de Pizzolato – entre elas, a mãe de Nando.

Se não fosse a presença em tempo integral de Andréa, os encontros ocasionais com Nando e os contatos, ainda que escassos, com os parentes no Brasil, Pizzolato seria um eterno solitário nesse exílio a que se submeteu. Passou quase cinco meses, contabilizados entre a saída do Brasil e a prisão, praticamente escondido.

Com os poucos que trocou algumas palavras na Itália, Pizzolato se apresentou como Celso. Dizia ser um vendedor brasileiro que escolheu aquele belo balneário para desfrutar da aposentadoria depois de uma vida dedicada ao trabalho duro. Queria viver ali.

Pizzolato e Andréa chegaram a procurar a imobiliária Studio Area em busca de um imóvel para se instalarem em definitivo na região. Pareciam estar em dúvida entre Porto Venere e Le Grazie, outro charmoso vilarejo à beira-mar pertinho de onde estavam instalados. Depois de alguns dias na pousada, perguntaram aos proprietários se poderiam morar no apartamento onde estavam hospedados. Giovanni achou que não valeria a pena para ele ter residentes fixos e sairia caro demais para o casal, descrito pelo pessoal da pousada como “bom, simples e gentil”.

Mas o italiano ofereceu aos hóspedes outra propriedade na mesma rua da pousada. A casa estava desocupada e também tinha vista para o mar e para o castelo. Como era transição do outono para o inverno e baixíssima temporada, o preço do aluguel foi mais barato. Ficariam ali para procurarem, com calma, um imóvel para comprar. Giovanni impôs uma condição: em troca do aluguel, o casal teria que cuidar dos bichos de estimação dos proprietários. Nada de cachorros ou gatos. O pessoal do I Gabbiani mostra uma foto de cinco ovelhas no alto de um morro como se quisessem provar que eram esses os animais que precisavam de cuidados, como água e comida.

Como se fossem moradores locais, Pizzolato e Andréa passaram a viver na *villa*, nome dado na Itália às casas com mais cômodos e jardim. Cercada por oliveiras, a casa está escondida. De poucos pontos na cidade é possível avistá-la por inteiro. Ela tem dois pavimentos, paredes descoloridas à espera de uma mão de tinta, janelas verdes e telhado novo, que serve de pouso para gaivotas. É a última casa da rua, fica no número 575 da Via dell'Olivo e tem uma vista deslumbrante da enseada, da vila e do castelo de Porto Venere.

O dono de um olhar mais criterioso poderia encontrar naquela construção muitas imperfeições, mas, para o casal, o "esconderijo" parecia mesmo perfeito. Proporcionava visitas ocasionais às belas cidades da *Cinque Terre*, refeições nos restaurantes locais que oferecem bons frutos do mar e um excelente pesto produzido na região, caminhadas pelas ruelas apertadas que levam às igrejas e ao castelo de pedra, agradáveis fins de tarde em Le Grazie, além de compras no shopping e nas lojas do centro de La Spezia, cidade com uma enorme base militar naval e mais infraestrutura.

Em dias de mais extravagância, se quisessem, poderiam até saborear o vinho mais caro do supermercado local: o famoso Brunello di Montalcino Barbi 2008, que custava cerca de 25 euros.

Vale lembrar que foi um Brunello di Montalcino que o ex-ministro José Dirceu pediu no 1º de janeiro de 2003, o tão esperado dia da posse de Lula na Presidência, como publicou o jornal *Folha de S.Paulo* à época.

Além dos vinhos locais, armazenados em garrafões e consumidos com gosto pelos próprios moradores, a região produz outro vinho, o Sciachetrà. Branco, doce, quase licoroso, que, a depender da safra, chega a custar 80 euros por garrafa, e combina perfeitamente com queijos e sobremesas.

Pizzolato, contudo, não é reconhecido pela badalação. Assim como em Copacabana, ele também é descrito na Itália como um homem mais recluso, de poucos amigos. No entanto, parecia se esforçar para agir mais como um morador do local do que como um turista. Tinha até cartão da Coop Liguria, cooperativa que dá desconto nas compras de supermercado, com crédito de 25 euros.

Como Pizzolato revelou às autoridades locais que pretendia morar naquele pedacinho da Itália, a "Comuna de Porto Venere", espécie de prefeitura da cidade, emitiu para ele a identidade italiana número AS 29919229 em 14 de dezembro de 2013. Ao solicitar o documento, uns 20 dias antes, informou como seu endereço a tal "*villa*" da Via dell'Olivo alugada por 300 euros mensais para uma curta temporada – de dezembro a março. A identidade é praticamente um registro de residência, compartilhado com diferentes órgãos da administração italiana.

O que nem Henrique nem a polícia brasileira sabiam é que aquele pedido provocou uma reação em cadeia nos escaninhos da burocracia e fez soar alertas internos entre autoridades italianas. Em janeiro de 2014 todos os passos do casal passaram a ser monitorados a distância. Com a maior cautela possível, olhares atentos acompanhavam "Celso" toda vez que ele saía de casa.

Revezando-se, vigilantes o seguiam pelas ruas, em curtas viagens e até quando ia às compras. Relatórios detalhados foram produzidos, registrando quase tudo o que Pizzolato fez. Em poucas semanas, já sabiam que se tratava de um senhor de poucos amigos, bastante recluso, num balneário que quase não atrai ninguém naquela época do ano.

Não era difícil seguir o casal. Apesar de o Fiat Punto ser um modelo de carro muito comum na Itália, o que era usado pelo casal estava em nome de Andréa, era vermelho e tinha placa da Espanha. Características raras nos arredores de Porto Venere. Numa comparação esdrúxula, para a polícia, essas eram características similares a equipar o carro com luzes de néon e potentes alto-falantes ligados no volume máximo numa noite escura e silenciosa. Ao longe se identificava o carro.

Era dono de uma rotina simplória, aparentemente acima de qualquer suspeita. Ainda assim, Pizzolato e todos com quem falava com mais frequência ou recebia em casa estavam sendo cuidadosamente observados a distância. Acreditava-se que aquele senhor na casa dos 60 anos, de dupla cidadania e recém-chegado a Porto Venere, poderia estar ajudando o fugitivo brasileiro de mesmo sobrenome. Mas nunca houve nenhum sinal de que ele estava abrigando ou dando suporte, ainda que a distância, a um foragido. Como não queriam assustar o alvo, "Celso" nunca foi abordado na cidade. Mas estava na mira dia e noite, sendo seguido e monitorado por olhares atentos.

Pizza na papuda

O maior pesadelo de Pizzolato havia se confirmado durante o período em que ele se instalava em Porto Venere. A ordem para ele e outros 11 condenados do mensalão serem presos foi dada na tarde de 15 de novembro de 2013.

Pizzolato e Andréa já estavam juntos na Europa quando Joaquim Barbosa, presidente do Supremo Tribunal Federal e relator do mensalão, determinou o fim efetivo do processo. Ou, em "juridiquês" claro, declarou o chamado trânsito em julgado da Ação Penal 470. Tratava-se do último passo formal antes da expedição dos mandados de prisão. Naquela sexta, ele determinou a prisão imediata de 12 dos 25 condenados. Outros mandados viriam nas semanas seguintes.

No início da tarde daquele feriado nacional no Brasil, dia da Proclamação da República, Barbosa mandou prender os 12 sem comunicar previamente à Polícia Federal. Um ano antes, a cúpula da corporação já havia solicitado que fosse avisada com antecedência para se programar. Pega de surpresa, a polícia não teve tempo de certificar a localização exata dos alvos e precisou providenciar, às pressas, celas, transporte e escolta. A burocracia atrasou a emissão dos mandados que demoraram a chegar às mãos dos policiais.

A notícia apareceu em sites e blogs muito antes de a polícia poder dar voz de prisão aos condenados. Cientes da decisão do ministro Joaquim Barbosa, eles começaram a arrumar suas coisas, despediram-se da família e apresentaram-se diretamente à polícia. Nas unidades da PF em Belo Horizonte, São Paulo e Brasília, muitos deles esperaram horas até a chegada dos papéis determinando as prisões.

Por volta das 23h do dia 15 de novembro, dez dos 12 condenados com prisão decretada naquele feriado já haviam se apresentado espontaneamente. O ex-tesoureiro do PT, Delúbio Soares, mandou avisar, por meio dos advogados, que se apresentaria na manhã do dia seguinte em Brasília. Faltava localizar apenas Henrique Pizzolato.

Um dos primeiros a se apresentar naquela sexta foi o ex-presidente do PT e ex-deputado federal José Genoino. Ele saiu de casa, em São Paulo, vestindo camisa social rosa e um lençol amarrado no pescoço tal qual uma capa improvisada de um super-herói. Com o punho cerrado e o braço erguido, repetiu o clássico gesto comunista. Uma espécie de herança política do século XX.

Gesto também de outros momentos históricos como o protagonizado em cima do pódio por dois atletas negros norte-americanos. Depois de conquistarem primeiro e terceiro lugares nos 200 metros no atletismo, eles protestaram a favor dos direitos iguais durante as Olimpíadas de 1968, na Cidade do México. Os dois atletas reproduziram a marca instituída pelos Panteras Negras, defensores dos direitos civis nos EUA nos anos 1960, desafiando a organização dos jogos que proíbe manifestação de cunho político.

O punho erguido cerrado está eternizado também pela estátua de três metros de altura do líder sul-africano, Nelson Mandela, construída em frente à prisão Victor Verster, próxima a Paarl, na região vinícola do Cabo para representar os primeiros passos de um homem livre. O gesto simboliza resistência e automaticamente se completa ao lema *hasta la victoria siempre*, eternizado pelo líder revolucionário latino-americano Ernesto Che Guevara (1928-1967) – ainda que ele não apareça em nenhuma de suas fotos mais famosas com o punho em riste.

É difícil precisar no tempo quando foi oficialmente criado o gesto, adotado por diferentes correntes ideológicas e personalidades das mais diversas áreas. Já foi uma marca dos movimentos comunistas alemães no enfrentamento com nazistas pela Alemanha pós-Primeira Guerra. Com o braço um pouco menos estendido e punhos na altura do ombro, o líder comunista alemão Ernst Thälmann (1886-1944) repetia em comícios o gesto, que acabou sendo importado por grupos de esquerda durante a Guerra Civil Espanhola (1936-1939). Para as feministas, é ainda símbolo contra a opressão machista.

Até Lee Oswald (1939-1963), mesmo algemado, esforçou-se para aparecer assim depois de ser acusado de matar o presidente norte-americano John Kennedy (1917-1963). No Brasil, de Lula a Sócrates, muita gente na política, no futebol e na vida cotidiana também já se deixou fotografar desse modo.

No dia da prisão, foram dois petistas que reafirmaram um dos mais clássicos e internacionais gestos de protesto. Quando Genoino chegou à sede da PF em São Paulo, por volta das 18h20, já estava sem sua "capa", mas voltou a erguer o punho cerrado para as câmeras.

O mesmo fez o ex-ministro José Dirceu quase duas horas depois, quando foi fotografado e filmado entrando na sede da polícia na capital paulista erguendo o punho cerrado. Ele alternava o gesto com acenos para as pessoas que gritavam "Dirceu, guerreiro, do povo brasileiro" na porta da PF. Na área externa do prédio, parou para abraçar a mulher de Genoino, antes de se entregar à polícia.

Em Brasília, o ex-tesoureiro do PL (atual PR), Jacinto Lamas, se apresentou por volta das 20h. Em Belo Horizonte, onde atuavam os núcleos publicitário e financeiro do esquema, sete condenados foram para o complexo da PF. Marcos Valério chegou no carro do advogado às 20h48.

Antes dele, haviam se entregado o ex-deputado federal Romeu Queiroz, o publicitário Cristiano Paz, a ex-diretora da SMP&B Simone Vasconcelos e a ex-presidente do Banco Rural, Kátia Rabello. Os últimos a se apresentarem no local foram o publicitário Ramon Hollerbach e o ex-diretor do Rural José Roberto Salgado.

Todos os cinco homens dividiram a mesma cela, enquanto Kátia e Simone passaram a noite de sexta para sábado juntas em outra cela. Parentes da ex-presidente do Rural chegaram a levar um colchonete para ela dormir.

Na capital mineira, os condenados foram hostilizados, ao contrário do que aconteceu em São Paulo e Brasília. Na sexta-feira, um manifestante apareceu na porta da superintendência da PF em cima de uma motocicleta com um megafone para elogiar o trabalho da polícia no mensalão.

No dia seguinte à apresentação dos condenados, a PF decidiu levar todos os que estavam em outros Estados a Brasília. No final da manhã de sábado, o jato Embraer ERJ 145, prefixo PF-PFN, com capacidade para até 50 passageiros, saiu da capital federal com destino a São Paulo. No aeroporto de Congonhas, por volta das 14h30, embarcaram Dirceu e Genoino. A aeronave parou em

Belo Horizonte, onde os outros sete condenados aguardavam por mais de uma hora numa sala reservada da Infraero no aeroporto da Pampulha.

Eles já haviam sido submetidos a exames no Instituto Médico Legal, na região Oeste da capital mineira, onde um grupo de pessoas fez uma manifestação improvisada. Em coro, repetiam, aos gritos, "ladrão!" e batiam três palmas rápidas, numa sequência interminável, de tirar o fôlego. Escoltados pela PF, chegaram e saíram do local em duas vans, uma branca e outra preta, sob vaias. As pessoas que se aproximaram dos veículos bateram nas laterais e não economizaram xingamentos.

Na chegada ao IML, Marcos Valério foi filmado reclamando:

– Incompetência total! – vociferou, ao lado de dois policiais que faziam sua escolta. Valério passou muito perto da multidão que esbravejava raivosa. Além de "ladrão", ouviam-se gritos de "vagabundos" e "bandidos". Do IML, a polícia os levou até o aeroporto da Pampulha. Alguns motoristas seguiram o comboio pela Avenida Amazonas, Anel Rodoviário e Avenida Antônio Carlos, como se fizessem questão de assegurar que todos embarcariam na aeronave da PF. Um dos manifestantes improvisou um cartaz, escrevendo com caneta vermelha numa cartolina branca "O povo quer saber: quando vai ser a devolução do mensalão aos cofres?! Prisão sem mordomias. Vai tarde!!"

No caminho, muita gente continuou hostilizando os ilustres ocupantes das vans. No aeroporto da Pampulha, mais protesto contra os condenados. Moradores da região os esperavam carregando faixas e bandeiras.

Eram quase 16h30 quando foram levados da sala de espera até o ponto da pista onde estava a aeronave. O primeiro a entrar no jato foi Valério, seguido por Hollerbach, Simone, Queiroz, Kátia, Paz e, por último, Salgado. Todos foram algemados e proibidos de falar uns com os outros dentro do avião que decolou às 16h48 rumo a Brasília. Os nove presos sentaram-se nas poltronas das janelas, com um agente da PF ao lado de cada um deles.

Em Brasília, o jato aterrissou por volta das 17h45 no hangar da PF. A condução dos presos foi muito confusa, marcada por ruídos de comunicação. Até a chegada dos detentos, por exemplo, havia dúvidas se eles passariam o fim de semana nas duas celas da superintendência da PF na capital federal ou se iriam para a Papuda.

Por determinação do ministro Joaquim Barbosa, caberia à Vara de Execuções Penais da Justiça do Distrito Federal decidir o destino exato de cada um dos condenados. Apesar de designada pelo Supremo para cuidar dos presos, ninguém da Vara de Execuções havia recebido orientações com detalhes dos procedimentos a serem tomados para cada um dos condenados do mensalão.

Assim, a PF pressionou para levá-los direto ao complexo penitenciário, mais distante do centro de Brasília. A polícia alegava ter apenas duas celas com quatro camas na superintendência do DF, além de ter expressado preocupação em relação aos protestos na porta do local. Manifestantes pró-condenados acompanhados de um carro de som passaram o sábado na porta da Superintedência da PF em Brasília.

Às 19h33, o ônibus com os nove condenados que vieram de São Paulo e Belo Horizonte entrou no complexo penitenciário da Papuda. Minutos depois, os ex-tesoureiros Delúbio Soares (PT) e Jacinto Lamas (PR, ex-PL), que estavam na Superintendência da PF, também chegaram ao local. Todos foram levados para uma ala da PF na penitenciária, onde ficariam provisoriamente até serem encaminhados às respectivas unidades do complexo.

Já era noite e os agentes envolvidos na operação decidiram pedir comida. Estavam famintos. O périplo até os condenados chegarem ao complexo penitenciário acabou, literalmente, em pizza, oferecida também ao grupo de presos por "educação" – segundo relatam policiais. José Dirceu foi um dos que aceitou a massa, normalmente vetada aos presos.

O primeiro jantar dos condenados na Papuda foi encomendado por policiais numa rede brasiliense de pizzarias, que tem uma unidade próxima ao presídio e oferece preços mais populares como informou o jornal *O Estado de S.Paulo*. A qualidade da pizza, por sua vez, depende do nível de fome.

Um dia após a transferência do grupo para o centro de detenção provisória da PF, um procurador federal e dois promotores do Ministério Público do DF foram fazer uma vistoria no local e encontraram o que sobrou do pedido da véspera.

O cardápio foi convertido em trecho de relatório. "Constatamos, na entrada da ala dos detentos provisórios, a existência de dois sacos de lixo de 100 litros com as embalagens de pizza que foram encomendadas pela PF, tarde da noite, quando se decidiu que os cidadãos presos ficariam naquele recinto", relatou o procurador dos Direitos do Cidadão, Aurélio Virgílio Veiga Rios, que participou da vistoria feita em 17 de novembro de 2013.

Foi a última vez que parte dos condenados, ao menos os que cumprem pena em regime fechado, teve a oportunidade de comer pizza. Considerada uma iguaria para os padrões penitenciários nacionais, aquele jantar da chegada não foi o único momento em que condenados pelo mensalão desfrutaram de tratamento diferenciado na Papuda.

Nas duas primeiras semanas, os integrantes do chamado núcleo político do mensalão receberam uma verdadeira romaria de visitantes especiais, em sua maioria congressistas, que não eram submetidos aos procedimentos padrão de revista. Os meses se passaram e continuaram, ainda que em menor intensidade, as visitas fora dos dias e horários previstos para os demais presos.

Não faltaram reclamações de parentes dos outros internos, acostumados a virar a noite na porta da penitenciária para serem submetidos primeiro aos procedimentos de segurança que podem durar até duas horas. Cerca de 2 mil pessoas fazem fila para entrar em dia de visita, que vai das 9h às 16h.

As denúncias de regalias passaram a ser frequentes nas páginas de jornais e revistas. *O Globo* noticiou em fevereiro de 2014 que o vice-diretor do Centro de Progressão Penitenciária "ganhou uma nova missão" depois de contrariar o petista Delúbio Soares. Ele perdeu o cargo porque teria mandado o ex-tesoureiro do PT tirar a barba e proibido que o carro da CUT, onde Delúbio estava trabalhando, entrasse no pátio do centro de detenção.

A *Veja* publicou que Delúbio conseguiu também mudar o cardápio dos presos, incluindo feijoada aos sábados. Em maio de 2014, a filha de José Dirceu foi fotografada pela *Folha de S.Paulo* furando a fila dos familiares de detentos e sendo levada para dentro do presídio em carro dirigido por funcionário da subsecretária do sistema prisional do governo do Distrito Federal, à época comandado pelo petista Agnelo Queiroz.

Enquanto os primeiros presos pelo mensalão adaptavam-se à nova rotina atrás das grades e continuavam sendo notícia pelo tratamento que recebiam, Pizzolato estava muito distante dali, do outro lado do oceano. Já era Celso, o brasileiro que escolhera a terra dos antepassados italianos para curtir a aposentadoria do Banco do Brasil. Assumiu a identidade do irmão morto apostando que ressuscitar o passado em território italiano o pouparia da prisão. Estava convencido de que ali dificilmente seria incomodado.

Não vivia como um clandestino padrão, apesar da identidade falsa e da vida mais reclusa, tampouco se comportava como um foragido internacional com a cabeça a prêmio. Habitar uma cela nunca fez parte dos planos de Pizzolato. Por isso, passeava nas estreitas e belíssimas estradas curvilíneas à beira-mar, deslumbrava-se com a estonteante vista do golfo dos poetas e desfrutava da comida e dos vinhos da região.

Não é preciso nenhum tipo de extravagância para ser feliz em Porto Venere. Apesar de não ser um dos lugares mais baratos da Itália, até mesmo um mochileiro consegue passar uma temporada de puro êxtase ali.

Mal sabia Pizzolato que aquela *dolce vita* na Riviera Italiana estava fadada a um fim tão prematuro quanto atabalhoado. O revés que estava por vir na vida dele foi consequência de uma série de mal-entendidos dignos do filme do diretor Frederico Fellini.

A busca da polícia por Pizzolato, que parecia ser superficial e insuficiente, entretanto teve um desfecho fulminante. Bastaram 24 horas para fazer cumprir a ordem expressa, emitida 87 dias antes pelo ministro Joaquim Barbosa.

Alerta vermelho

A Polícia Federal saiu em busca de Pizzolato ainda na noite do dia 15 de novembro de 2013. Uma equipe foi procurá-lo no apartamento dele no Rio. A cobertura em Copacabana era o endereço mais recente, registrado no sistema de informações criminais usado pela polícia. Quando chegou à esquina das ruas Domingos Ferreira e Figueiredo de Magalhães, jornalistas já estavam na calçada, ávidos por informação. Sabiam, antes da polícia, que o procurado não estava ali. Vizinhos e porteiro não o viam há meses.

Por volta das 21h, os policiais subiram direto ao décimo andar sem que fossem anunciados pelo porteiro. O interfone não tocou, mas bateram na porta.

– É a polícia?! – disse baixinho Vitalino, num misto de surpresa e constatação.

– Abre a porta, uai – respondeu Terremoto, que decidiu ir com a mulher para o apartamento tão logo soube da notícia de que Pizzolato estava na lista dos que deveriam ser presos imediatamente.

Vitalino, então, abriu a porta. Estava apreensivo. Sequer conseguiu responder o "boa-noite" dito por um dos policiais diante dele.

– Quem mora na casa? – quis saber o policial.

Vitalino, então, manifestou-se. O apartamento era de Pizzolato, mas era ele quem morava ali com a mulher e a neném. Em seguida, fizeram a mais óbvia das perguntas:

– O senhor Henrique Pizzolato está?

Essa era uma pergunta fácil de responder. Mas quem disse o sonoro "não" foi Terremoto. Vitalino parecia congelado diante da polícia. Ele, de fato, é uma figura aparentemente frágil, muito tímida e simplória ao extremo. É capaz de receber visitas que nunca viu na vida descalço ou sem camisa, apenas de calça jeans. A voz falha e o olhar é desviado automaticamente para o chão quando ele é questionado de forma mais incisiva sobre qualquer assunto polêmico ou comprometedor.

Diante do visível desconforto do amigo, Terremoto tentou impedir que a polícia protagonizasse um monólogo. Passou a interagir com o máximo de segurança e calma que a situação permitia. Ele era dono de segredos que jamais poderiam ser revelados naquele momento. Foi quem se apressou em dizer que Pizzolato não estava e mentiu solenemente ao dizer que não fazia ideia de onde ele poderia estar.

– O senhor é quem? – quis saber a polícia.

– Sou amigo dele – respondeu com orgulho.

Os policiais perguntaram ainda se Pizzolato iria se entregar. Terremoto e Vitalino disseram não saber. Do celular, Terremoto ligou para o advogado Marthius Sávio e relatou, na frente da Polícia Federal, o que estava acontecendo. Reportou aos policiais que o advogado também não sabia dizer, naquele momento, se Pizzolato se apresentaria espontaneamente. A polícia pediu os documentos de Terremoto, fez uma reprodução. Ele aproveitou para mostrar a edição da revista *Retratos do Brasil* com a defesa de Pizzolato. Tentou até dar alguns exemplares, mas a polícia se recusou a descer com o material.

Na manhã do dia seguinte, Terremoto conta que foi encontrar o advogado no aeroporto Santos Dumont, no Rio. Por volta das 10h15, avistou Marthius Sávio logo depois que ele saiu da sala de desembarque. Na calçada mesmo, perto do fila de táxis amarelos, o advogado recebeu, junto com os cumprimentos, um papel das mãos de Terremoto. Era a carta na qual Pizzolato anunciava a fuga.

"Ficou comigo guardadinha. É operação de guerra? Eu sei fazer guerra. Ela foi escrita depois da fuga. Eu e Andréa tivemos um tempo para montar. Já estava assinada" revelou Terremoto em março de 2014, emendando que Pizzolato apenas deu a linha do texto por não ter condições emocionais de escrevê-lo.

Com o título de "nota pública", o texto tem 11 parágrafos, 473 palavras e repete "inocência" três vezes. É escrito em primeira pessoa, a despeito de ter sido feito a seis mãos. Nele, Pizzolato afirma ter tido a vida devassada e ressalta que nenhuma contradição em relação ao que declarou à Justiça ou em eventos públicos fora encontrada.

Reclama que foi desrespeitado por setores da imprensa quando, em meados de 2012, estava no exterior acompanhando parente enfermo, no livre direito que tinha de "ir e vir". Não dá nenhum detalhe adicional sobre onde estava, tampouco de quem ele acompanhava naquela época. Declara ainda que voltou ao Brasil em agosto de 2012, após a condenação, para votar nas eleições municipais.

Na carta, Pizzolato diz que estava convicto de que teria êxito com o recurso por haver uma farta documentação comprovando a inocência dele. "Qualquer pessoa que leia os documentos existentes no processo constata o que afirmo."

Destaca ainda a divulgação feita pela "imprensa alternativa" dos documentos que diz serem suficientes para provar a própria inocência. Ainda assim, afirma que, apesar de a revista *Retratos do Brasil* e a internet terem mostrado os papéis, "foi como se não existissem tais documentos". Salienta que toda a base da ação penal tem como "pilar, ou viga mestra" o dinheiro do fundo Visanet.

Em seguida, coloca-se como personagem fundamental da versão de que o esquema foi abastecido com dinheiro público. Evita detalhar a própria defesa apresentada ao Supremo, mas é categórico ao dizer que ele foi "necessário para que o enredo fizesse sentido". E completa com um pensamento aparentemente desconexo, daqueles marcados por uma longa pausa e que acabam escapando quando nos pegamos falando sozinhos em voz alta: "A mentira do 'dinheiro público' para condenar... Todos. Réus, partido, ideias, ideologia".

Pizzolato dispara contra o Supremo sem citar nominalmente a mais alta corte do país nem os ministros que se transformaram em seus algozes, em especial o relator Joaquim Barbosa. Registra a "decepção com a conduta agressiva daquele que deveria pugnar pela mais exemplar isenção". Vai além dizendo que a corte interamericana de direitos humanos já vedou que um mesmo juiz atue em todas as fases do processo, acompanhando a investigação, aceitação da denúncia e o julgamento propriamente. Esse trecho, contudo, merece um parêntese uma vez que o sistema brasileiro prevê a atuação de um mesmo magistrado nessas três fases.

Na nota, Pizzolato ressalta também que não pôde recorrer a uma corte diferente, direito que lhe foi "inapelavelmente negado". De fato, ele não teve uma segunda apreciação do seu caso. Foi "promovido" direto para o Supremo Tribunal Federal, como se foro privilegiado tivesse, assim como os outros nomes do PT também condenados como os deputados federais José Genoino e João Paulo Cunha.

Ele faz acusações graves, afirmando, por exemplo, que as apurações do mensalão foram "desmembradas em inquéritos paralelos, sigilosos, para encobrir documentos, laudos e perícias" capazes de comprovar a inocência dele. "E o cúmulo foi utilizarem contra mim um testemunho inidôneo", alinhava, sem explicar a qual depoimento ele se referia.

A palavra "Itália" aparece somente no penúltimo parágrafo, antes dos agradecimentos. A carta, contudo, não deixa claro o paradeiro exato de Pizzolato. No texto, é dito apenas que ele decidiu fugir para tentar um novo julgamento em território italiano. Tampouco explica como pleitearia uma nova análise de seu caso.

"Por não vislumbrar a minha chance de ter um julgamento afastado de motivações políticos-eleitorais, com nítido caráter de exceção, decidi consciente e voluntariamente, fazer valer meu legítimo direito de liberdade para ter um novo julgamento, na Itália, em um Tribunal que não se submete às imposições da mídia empresarial, como está consagrado no tratado de extradição Brasil e Itália", limita-se a dizer, para, em seguida, agradecer "com emoção" aos que se empenharam ao defendê-lo.

O advogado leu esse texto ali na porta do aeroporto. No meio da calçada, reforça Terremoto. Ao terminar de passar os olhos na carta, Marthius Sávio perguntou:

– Sabia desde quando?

– Fui eu quem o levou – revelou Terremoto.

Segundo Terremoto, o advogado disse que a carta "estava boa", mas não escondeu a irritação. "Ele ficou puto", afirma o amigo de Pizzolato. Temia que o episódio comprometesse a própria carreira. Terremoto estava convencido de que deveria ser o advogado o responsável por divulgar o documento ou, ao menos, confirmar a autenticidade dele. Bastava assegurar que não sabia da fuga e dizer que não foi ele quem orientou o ex-diretor do Banco do Brasil a sair do país.

Mesmo com todas as ressalvas de que havia ficado sabendo da decisão naquele momento, Terremoto acreditava que o advogado daria um peso e uma credibilidade maiores ao conteúdo daquela reveladora nota. Seria, nas palavras de Terremoto, uma espécie de "salvo-conduto", com as devidas ponderações de que Sávio não concordou, tampouco recomendou a fuga.

– Diga: o desgraçado me deixou a carta – sugeriu Terremoto ao advogado.

Antes de o advogado ter autorizado a divulgação do texto, um jornalista já havia recebido a carta. Foi Terremoto quem enviou a nota a um amigo que mora e trabalha em Brasília. Depois de assegurar com o advogado que seria ele quem confirmaria a autenticidade e o conteúdo da nota, o jornalista publicou em seu blog no site da revista *IstoÉ* um texto intitulado "Pizzolato na Itália – Com cidadania italiana, diretor de marketing do Banco do Brasil tentará um segundo julgamento naquele país".

A notícia, já antecipada no título e no subtítulo, confirmava que Pizzolato havia se mudado para a Itália. Anunciava ainda que "em nota que será divulgada em breve por seu advogado, Pizzolato afirma que não teve um tratamento adequado pela Justiça". A informação foi sendo replicada em sites e blogs numa velocidade assustadora.

Enquanto a notícia se espalhava, Terremoto levou o advogado ao apartamento de Pizzolato em Copacabana. Por volta das 11h40, Sávio ligou para o delegado da Polícia Federal no Rio, Marcelo Nogueira. Disse que, ao chegar à casa do seu cliente, foi informado de que ele havia viajado para a Itália. Também teria confirmado ao comando da Polícia Federal em Brasília que a carta divulgada na imprensa pela família de Pizzolato era mesmo do ex-diretor do Banco do Brasil.

Começou, então, o assédio dos jornalistas. Para todos os que ligavam, Sávio repetia a mesma versão. Dizia desconhecer quando Pizzolato saiu do Brasil e que fora uma decisão totalmente isolada. Confirmava o conteúdo da carta e completava assegurando não mais advogar para o ex-diretor do Banco do Brasil, apesar de ter sido ele quem avisou à polícia da ida de Pizzolato para a Itália.

Na porta do prédio de Pizzolato, em Copacabana, Sávio parou diante da insistência de jornalistas que ali estavam. Aceitou conceder uma breve entrevista. Falou que acabara de ser informado sobre a decisão do cliente de deixar o país, também por meio da carta assinada por Pizzolato, a quem chamou de "ex-cliente". Registrou um resumo de sua versão aos microfones dos repórteres que estavam na frente da casa do agora foragido:

– Não tive contato com ele, mas tomei conhecimento da saída dele [do país] com essa nota que foi divulgada. Não vou acompanhar mais [o caso] porque minha participação terminou com o trânsito em julgado da ação. Agora não tenho mais poderes e ele já é meu ex-cliente – declarou o advogado.

Terremoto garante que Pizzolato só falava com o advogado pelo computador, por Skype ou por e-mail, por isso ele nunca soube o paradeiro exato de seu cliente.

Foram muitas as tentativas de ouvir a versão de Marthius Sávio sobre a defesa de Pizzolato e o dia em que ele soube que o cliente fugiu do Brasil. Ele, contudo, nunca respondeu aos questionamentos sobre como se deu sua contratação, sobre suas impressões do julgamento, tampouco sobre a versão de que ficou sabendo no aeroporto da fuga anunciada na carta desabafo, divulgada naquela manhã do dia 16 de novembro de 2013.

Se Pizzolato estava na Itália ou não, a polícia não fazia a menor ideia. Mas tinha certeza de que, ao contrário dos companheiros de partido e dos outros condenados, o ex-diretor do Banco do Brasil não se apresentaria espontaneamente. Pizzolato parecia preferir ser caçado como foragido internacional a ir para uma cadeia brasileira, de forma voluntária, para cumprir sua pena de 12 anos e sete meses de prisão.

Naquele sábado, quando foi divulgada a carta anunciando a fuga e a disposição de Pizzolato em tentar um novo julgamento na Itália, o delegado da Polícia Federal, Luiz Eduardo Navajas, tinha ido a uma festa de aniversário da filha de uma colega de trabalho. Chefe do escritório da Interpol no Brasil, Navajas foi acionado em Brasília, pouco depois que o advogado de Pizzolato confirmara a fuga para a Itália.

Era preciso disparar imediatamente o alerta internacional, colocando o nome de Henrique Pizzolato na lista de procurados pela Interpol. Naquela tarde, Navajas foi direto para o Setor Policial Sul em Brasília. Passou despercebido pelos manifestantes e repórteres que se amontoavam na porta da Superintendência da Polícia Federal. De carro, passou pela guarita da segurança e seguiu reto. Entrou no prédio da Coordenação-Geral de Cooperação Internacional da Polícia Federal e foi para os fundos do primeiro andar, onde fica sua sala.

Ali, além de publicar o nome e os principais dados de Pizzolato na chamada difusão vermelha, que garante o status de foragido internacional em 190 países membros da Interpol, Navajas começou a acionar países específicos. Por meio dos adidos da Polícia Federal, responsáveis por assessorar embaixadores na área de segurança pública e estabelecer um contato com autoridades policiais, alertou países da América do Sul e alguns da Europa, como Itália, Espanha e Inglaterra.

Apesar de Pizzolato ter anunciado seu paradeiro na carta, Navajas e os colegas policiais optaram pela cautela. Eles se recusavam a dar muito crédito para a informação de que ele estava na Itália. Desconfiavam de que poderia ser o que chamam, no jargão policial, de contrainformação. Trata-se de uma técnica usada por quem quer confundir investigadores soltando informações contraditórias ou falsas.

A Polícia Federal passou a procurar Pizzolato dentro e fora do Brasil. Os delegados envolvidos no caso tinham motivos para desconfiar. Depois de anunciada a fuga, passaram a circular nos jornais diferentes versões de como Pizzolato saiu do Brasil.

Em 19 de novembro de 2013, o jornal *O Estado de S.Paulo* trouxe a informação de que ele havia chegado à fronteira do Brasil com o Paraguai depois de uma viagem de 1.600 quilômetros, 20 horas de estrada e duas paradas para abastecer o carro, conduzido por um amigo. Atravessara a pé a fronteira imaginária e, num outro veículo, fora para Buenos Aires. Na Argentina, já com outra via do passaporte italiano, pegara um voo para a Itália. Apesar de não precisar a data da fuga, o jornal cravava que a decisão foi tomada depois do dia 7 de setembro.

No dia seguinte, a *Folha de S.Paulo* publica outra versão da fuga na qual Pizzolato entrou na Europa pela França e viajou sem usar passaporte. Para seguir de Buenos Aires até a Europa, usou uma carta de autorização, documento provisório emitido por consulados para atender àqueles que perdem seus passaportes e precisam voltar com urgência para seu país de origem. No sábado anterior, quando o advogado de Pizzolato divulgava a carta, a *Folha* já havia publicado que ele havia saído por Ponta Porã (MS) para a cidade paraguaia Pedro Juan Caballero e, de lá, para Assunção.

Por conta própria, Terremoto decidiu espalhar informações desconexas. Ele admite que, para cada um que lhe fazia perguntas, dava detalhes distintos. Mas garante nunca ter mentido sobre o básico: a região pela qual Pizzolato deixou o país. "Falava Sul, Uruguai, Paraguai, dava o caô. Estratégia diversionista para dar tempo de ele se estruturar lá", disse esboçando um sorriso maroto.

Decidiu falar para, segundo ele, livrar Vitalino da pressão diária dos jornalistas que passaram dias fazendo plantão na porta do edifício número 43 na rua Domingos Ferreira. Vitalino estava em pânico. Terremoto, então, o orientou a não atender ligações de desconhecidos, nem falar com repórteres.

– Toma uma porrada de cartão meu. Eu vou atender o telefone – disse para tranquilizar Vitalino.

Terremoto deixou cartões com seus contatos no prédio. Disse que decidiu se antecipar e contar o que achava que poderia falar sobre a fuga para acalmar os ânimos dos jornalistas. A estratégia também serviu para confundir a polícia e tumultuar a investigação.

Ele jamais contou a versão correta da fuga. Nunca revelou que Pizzolato saiu pelo interior de Santa Catarina direto para a Argentina, onde embarcou de avião para a Espanha e, só depois, seguiu para a Itália. Optou por incluir o Paraguai na rota, o mais óbvio e famoso destino de fugitivos. Também citou França e Itália como primeiros destinos na Europa.

Havia ainda outro plano para despistar os policiais, mas que nunca foi executado. Se a fuga de Pizzolato tivesse sido notada em setembro, uma falsa versão de como ele saiu do país seria divulgada. Terremoto incluiria em seu relato o destino oposto: o Norte do Brasil. A ideia era deixar o Sul livre de qualquer suspeita.

Ele estava preparado para contar a quem perguntasse que Pizzolato e ele saíram para mais um evento de desconstrução do julgamento no Supremo. As viagens da dupla para esse tipo de evento já haviam se transformado em rotina. No meio do caminho, diria Terremoto, Pizzolato decidiu encontrar com a irmã, que é freira, em Roraima, onde ela fazia um retiro. Para deixar o amigo mais à vontade, ele preferiu voltar ao Rio e acabou perdendo o contato com Pizzolato.

Não foi preciso alardear essa versão. A fuga de Pizzolato se deu sem levantar nenhum tipo de suspeita. Não teve polícia em setembro, nem em outubro, apesar da certeza de que os mandados de prisão poderiam ser expedidos a qualquer momento a partir daquela data. A Polícia Federal só entrou no caso mesmo em 15 de novembro de 2013.

* * *

Não faltavam questionamentos sobre o paradeiro de Pizzolato e como ele conseguira sair do país sem disparar nenhum alerta. A Polícia Federal tentava se esquivar do jeito que podia. Não queria ser responsabilizada por ter deixado um mensaleiro escapar. Meses depois da fuga, delegados e agentes ainda criticavam a demora entre a condenação e a expedição do mandado de prisão e reclamavam por não terem sido informados com a antecedência necessária para monitorar os alvos previamente.

Aos que perguntavam informalmente sobre Pizzolato, a Polícia Federal fazia questão de explicar que, se a fuga havia de fato ocorrido em setembro, nenhum policial poderia detê-lo. Sem o pedido de prisão expedido, ele não poderia ser considerado um foragido. Mesmo com os passaportes recolhidos, seria possível sair pelas fronteiras secas com países do Mercosul usando a carteira de identidade. E, dificilmente, haveria registros, porque o controle de saída feito por computador está limitado a poucos postos do Brasil, a maioria deles em aeroportos.

Enquanto a polícia se defendia, um grupo de delegados e agentes trabalhava em silêncio. Contudo, as primeiras consultas, feitas ainda em novembro, foram completamente inócuas. Os sistemas nacionais e internacionais de controle migratório não indicavam a saída nem a entrada de Henrique Pizzolato em nenhum lugar do mundo nos últimos meses.

Uma busca com o sobrenome Pizzolato foi feita apenas nos sistemas brasileiros. Nada. Restava esperar que algum país informasse a entrada dele. Mas as respostas que chegavam eram todas negativas.

Nem mesmo a Itália, destino mais provável de Pizzolato, havia registrado a entrada dele. Isso, contudo, não significava que não estivesse lá. Os policiais sabiam que ele poderia ter entrado por qualquer outro país da União Europeia signatário de um acordo chamado Schengen e, em seguida, circulado livremente até chegar à Itália. Tal acordo permite que viajantes façam deslocamentos nos 26 países que o assinaram, dispensando qualquer formalidade especial como controle migratório de entrada e saída.

Foram quatro dias sem nenhum rastro aparente de Henrique Pizzolato. A Polícia Federal passou a procurar a mulher dele. Acreditava-se que Andréa poderia ter ido ao encontro do marido. Em 20 de novembro, a polícia descobre que ela deixou o país com destino à Espanha no início daquele mês. Encontram um registro da saída de Andréa Eunice Haas do Brasil em 10 de novembro.

Além da Itália, a Espanha passou, assim, a fazer definitivamente parte da investigação. Autoridades espanholas foram acionadas para ajudar nas buscas. A Polícia Federal passou a caçar, exatamente como previu Terremoto, duas pessoas simultaneamente: Andréa e Pizzolato.

As chances de os dois estarem juntos eram grandes, apostavam os investigadores. Ou, ao menos, a mulher poderia estar garantindo recursos e dando suporte para o marido. A polícia sabia que uma das formas de encontrá-los era identificar a movimentação financeira feita pelo casal nos últimos anos. Afinal, para comer e dormir pagando em euros precisavam ter levado dinheiro para o exterior.

No mesmo dia em que localizaram a saída de Andréa do Brasil, os investigadores foram surpreendidos com um registro no sistema de controle de imigração do aeroporto internacional de Guarulhos. O nome de Henrique Pizzolato apareceu como se tivesse deixado o país às 14h38 de 20 de novembro de 2013.

Pizzolato teria ficado escondido e, cinco dias depois da expedição dos mandatos, embarcado por um dos principais aeroportos do país como se não fosse foragido. Essa hipótese era arriscada e improvável demais. Por isso, policiais logo desconfiaram de que poderia se tratar de fraude.

Eram dois os principais motivos que fizeram a polícia duvidar daquela história. A grafia do nome de Pizzolato estava errada. Tinha um "o" a mais no final: "Pizzolatoo". E o número do voo sequer existia. Quem operou o sistema da Polícia Federal lançou um voo identificado apenas com letras – KJJJG – que não correspondem a absolutamente nenhuma companhia aérea. Tratava-se, de fato, de uma farsa. No dia seguinte, a polícia anunciou a abertura de uma investigação para apurar a fraude. O funcionário terceirizado que lançou os dados foi identificado. Ele, contudo, recusou-se a falar a mando de quem o fez. Desconversou dizendo que estava apenas fazendo uma brincadeira. Ele foi demitido e, até o encerramento deste livro, respondia a um processo pelo feito.

Responsáveis pela investigação do paradeiro de Pizzolato suspeitaram de que esse poderia ter sido mais um capítulo da briga entre agentes e delegados, que atingiu níveis altíssimos de tensão entre 2012 e 2014. Delegados apostaram que agentes agiram, usando um terceirizado, para revelar como é falho e frágil o sistema migratório operado por funcionários que não são policiais.

Essa não seria, contudo, a primeira pista falsa da investigação do paradeiro de Pizzolato. A Polícia Federal encontrou várias cascas de banana enquanto tentava refazer os passos do foragido. Não eram exatamente armadilhas deixadas por Pizzolato. Mas acabaram atrasando as apurações e consumindo energia desnecessária.

Com dificuldades para precisar o verdadeiro paradeiro do petista, a Polícia Federal decidiu pedir a quebra de sigilos de Pizzolato. Coube ao delegado Elmer Coelho Vicente, do grupo especial de rastreamento e capturas da PF, formalizar o pedido ao Supremo Tribunal Federal.

A ideia não era ouvir as conversas do ex-diretor do Banco do Brasil, mas identificar as chamadas feitas e recebidas com mais frequência nos últimos meses. Além dos dados telefônicos, o Supremo também autorizou acesso da polícia às informações bancárias e fiscais de Pizzolato. A movimentação financeira era considerada uma pista fundamental para saber como e onde ele estava vivendo.

A Polícia Federal optou pela clássica fórmula de investigação sintetizada pela expressão "siga o dinheiro" para localizar o foragido. O brilhantismo do bordão, repetido à exaustão por policiais, já foi creditado a um dos roteiristas do filme *Todos os homens do presidente* (1976). Não foi o roteirista William Goldman quem criou a expressão, mas certamente foi ele quem a popularizou ao atribuí-la ao "Garganta Profunda", a fonte que revelou o notório escândalo batizado de Watergate.

Os primeiros a revelar o esquema de espionagem e lavagem de dinheiro que forçou a renúncia do presidente norte-americano Richard Nixon foram os jornalistas Bob Woodward e Carl Bernstein. Primeiro, eles deram a notícia de um assalto na sede do comitê democrata que funcionava num complexo de prédios chamado Watergate, na capital dos EUA. Em seguida, numa sequência de reportagens publicadas no jornal *Washington Post*, os dois jornalistas conseguiram mostrar a ligação entre a Casa Branca e o episódio, que não se tratava de uma mera tentativa de furto, mas de instalar equipamentos de espionagem no coração do partido dos inimigos políticos de Nixon.

Donos do "furo jornalístico", os jornalistas, contudo, nunca usaram a expressão "siga o dinheiro" no livro homônimo que escreveram. Também não há registro dela na série publicada por eles no *Washington Post*.

Fictício ou não, o ensinamento do "Garganta Profunda" foi seguido à risca no caso Pizzolato. Ao percorrer o caminho do dinheiro, a polícia deparou-se, mais uma vez, com o que parecia improvável.

Eram fortíssimos os indícios de que Pizzolato poderia estar no Brasil, sacando dinheiro numa agência do Banco do Brasil em Copacabana.

Encontros e desencontros

No mesmo dia em que começou o monitoramento das transações bancárias de Pizzolato, uma equipe da Polícia Federal visitou o pai dele em Santa Catarina. Policiais foram até o sítio da família em Engenho Velho, onde Pedro Pizzolato buscou refúgio logo após a notícia da fuga do filho.

Na cronologia da investigação detalhada por um dos delegados que acompanhou o caso, o "pai do alvo" foi contatado em 25 de novembro de 2013. Os policiais que lá estiveram fizeram questão de destacar no relatório que aquele senhor pouco saía de casa. Narraram ter chovido naqueles dias e, apesar disso, não encontraram qualquer tipo de marca de pneus na entrada da propriedade, que não é asfaltada.

Pedro Pizzolato disse aos policiais que não mantinha contato com o filho há meses. Quem lhe dera a notícia de que Henrique havia ido para a Itália foi uma de suas filhas.

Segundo ele, a filha lhe disse que o irmão, por ter dupla cidadania, teria garantido o direito a um novo julgamento, desta vez a ser feito pela Justiça italiana.

A entrevista informal com o pai de Pizzolato foi suficiente para descartar a hipótese de que ele abrigava ou dava qualquer tipo de apoio ao foragido, dentro ou fora do país. Contudo, os policiais que ali estiveram não aproveitaram a visita para aprofundar o levantamento sobre toda a família Pizzolato.

Passaram despercebidos ou não foram devidamente registrados no relatório muitos detalhes que se mostrariam essenciais para esclarecer a fuga meses depois. Entre esses detalhes, estão os revelados pelo próprio Pedro Pizzolato na entrevista à rádio *BandNews*, em 17 de novembro de 2013.

Um dia depois da divulgação da carta e do anúncio da fuga de Pizzolato, Pedro disse à rádio que desconhecia o paradeiro do filho e sequer sabia da decisão dele de sair do Brasil. Mas contou que tinha um neto na Itália – informação que o repórter também não explorou. Disse ainda que Henrique era seu único filho homem vivo.

– O senhor tem mais filhos? – indagou o repórter, logo após ouvir Pedro dizer que tinha um sobrinho vivendo na Itália.

– Não. Só tenho filhas.

– Henrique é o único filho do senhor? – insistiu o jornalista.

– De homem, sim. Os outros são falecidos. Eu tenho várias meninas – respondeu.

O repórter, então, deixou a família de lado e passou a fazer outras perguntas. Quis saber o que Pedro havia achado da prisão decretada e da fuga do filho. Perguntou ainda se Pizzolato começou a enriquecer depois que assumiu a diretoria do Banco do Brasil. E finalizou questionando qual era a expectativa do pai de Pizzolato em relação ao assunto.

Pedro afirmou que filho sempre foi "pobretão", mas tinha o suficiente para viver. Ele contou alguns detalhes da carreira de Pizzolato, como as vezes em que foi candidato a prefeito, vice-prefeito e a governador, além dos cargos que ocupou como diretor da Previ e conselheiro da Embraer. Disse ainda que, durante o julgamento, Pizzolato passeou pela Espanha. Falou também que as filhas quiseram lhe contar sobre a fuga, mas ele não quis conversa.

Foram muitas as pistas deixadas casualmente por Pedro Pizzolato nessa entrevista – uma das raras que ele concedeu a jornalistas. Naquele mesmo dia falou com a *Folha de S.Paulo* e também registrou sua tristeza com a fuga, que garantiu desconhecer por completo.

Das informações divulgadas pelo pai surgiram muitas perguntas que continuavam sem resposta naquelas primeiras semanas de busca. Nem mesmo a polícia, num primeiro momento, refez toda a árvore genealógica da família Pizzolato, identificou quem era e onde vivia o sobrinho dele na Itália, nem mesmo quem eram as irmãs que poderiam saber o paradeiro do foragido.

Algumas dessas lacunas foram, aos poucos, sendo preenchidas por reportagens e pelo próprio trabalho dos policiais. Cada repórter que passava por Engenho Velho ou pelo centro de Concórdia, por exemplo, acrescentava algum detalhe importante à biografia de Pizzolato até então desconhecido da polícia. Outros jornalistas somaram informações relevantes como a separação simulada para passar os bens dele para o nome da mulher e evitar, assim, o bloqueio ou confisco dos imóveis.

Quase tudo que saía na imprensa passou a ser registrado pelos policiais: Pizzolato foi criado pela madrasta depois da morte prematura da mãe, guardava a chave do cofre no primeiro emprego, foi seminarista em São Paulo, nasceu em Santa Catarina, fez faculdade no Rio Grande do Sul e deu início à carreira sindical no Paraná, tem uma irmã freira, perdeu dois irmãos em acidentes de carro, tornou-se o único filho homem vivo de Pedro, sentia-se abandonado pelo PT, tinha contatos no mundo empresarial, conhecia o banqueiro Daniel Dantas. Parentes mais indignados e amigos com boa memória do passado dispostos a dar entrevistas a jornalistas ganharam atenção dos investigadores, que devoravam os textos produzidos sobre o foragido. Apenas os detalhes da fuga, divulgados por Terremoto, não eram levados em alta conta. Sobre eles pesava uma enorme desconfiança.

* * *

Enquanto os policiais entrevistavam o pai em Concórdia naquela última segunda-feira de novembro de 2013, outra equipe da Polícia Federal dava início ao monitoramento das transações bancárias de Henrique Pizzolato. A polícia foi surpreendida com saques na conta dele dias depois do anúncio da fuga. A retirada do dinheiro fora feita numa agência do Banco do Brasil, a poucos metros da casa de Pizzolato em Copacabana. A primeira providência foi solicitar a imagem do sacador.

A aparência do sujeito flagrado encarando a tela do caixa eletrônico era totalmente compatível com a do foragido. Tratava-se de um homem de cabelos bem brancos, na casa dos 60, com óculos de grau, cujas lentes escurecem a depender do nível da luminosidade do ambiente. Não tinha barba nem bigode. A foto tirada no exato momento em que o sacador operava o caixa eletrônico fez com que a polícia acreditasse que Pizzolato estivesse escondido no Rio de Janeiro. "A história da Itália era apenas contrainformação", pensaram os policiais. A tal carta tinha, para os investigadores, cara de pista falsa. Acreditavam que era uma estratégia para forçar a polícia a olhar para o território italiano, enquanto ele se escondia em outro canto qualquer.

Havia, no entanto, bastante tempo que uma foto nova de Pizzolato não era divulgada à exaustão. Ninguém sabia, ao certo, qual era a aparência mais recente dele. Aquele senhor de cavanhaque e cabelos grisalhos dos tempos da CPI, em 2005, certamente já não era mais o mesmo depois de oito anos. Uma foto de dezembro de 2012, tirada num evento e facilmente encontrada numa busca simples na internet, indicava que os cabelos de Pizzolato haviam embranquecido totalmente e que o rosto estava mais arredondado. Não exibia mais cavanhaque. Sobrara apenas o bigode, ainda com alguns fios negros.

Ainda assim, embora muito parecida, a foto do sacador não era conclusiva. A Polícia Federal, então, foi para a rua. Deu-se início ao que os policiais chamam de monitoramento de campo. Sem se identificar, agentes passaram a monitorar o apartamento de Pizzolato em Copacabana. Durante dois dias conversaram com vizinhos, porteiros e comerciantes da região.

Na rua onde Pizzolato morava no Rio, não falta lugar para ficar confortavelmente à espreita. Bem em frente ao prédio tem boteco, salão de beleza e até loja que vende produtos da região Norte do Brasil. É fácil passar despercebido e também conseguir um relato sobre a rotina do condenado do mensalão. Na esquina, o dono da banca de ovos e o senhor que conserta cadeiras também são espectadores privilegiados da rotina dos moradores do prédio, assim como o dono do bar e os porteiros.

Pizzolato nunca foi uma pessoa de muitos amigos em Copacabana, relatam os que o conheceram. À medida que o julgamento no Supremo avançava, passou a sair cada vez menos de casa e a tomar muitos medicamentos controlados. "Ele vivia fora do ar", disse Cássio França, vizinho do andar de baixo e um dos poucos no prédio que era mais próximo de Pizzolato.

Mas o ex-diretor do Banco do Brasil fazia questão de ir regularmente à igreja e quase sempre voltava para a casa com as mãos postas, como se ainda continuasse fazendo preces pelo caminho. Tinha um apreço enorme por camisas xadrez e bermudas ou calças cor caqui, ao estilo cargo, repleta de bolsos. Uma vez, surpreendeu uma vizinha ao ir à missa de sétimo dia de um antigo morador do prédio de bermuda. Também apareceu assim, de calças curtas, num encontro da Zona Norte do PT.

Acostumados a perguntas sobre o mais ilustre morador do prédio, os porteiros logo avisaram aos curiosos que Pizzolato sumiu ainda em setembro de 2013. A mulher dele saiu uns dois meses depois e o casal nunca mais foi visto no prédio. No apartamento, ficou um amigo casado com uma mulher bem mais jovem e uma garotinha de dois anos. Disseram ainda que ele sempre ficou pouco tempo por ali. Viajava com muita frequência.

A Polícia Federal, contudo, não se limitou a coletar relatos de quem orbitava direta ou indiretamente a vida de Pizzolato. Havia começado uma campana para flagrar o sacador de Copacabana em 27 de novembro de 2013. No dia seguinte, a polícia descobriu que Pizzolato tinha em seu nome telefones pré-pagos com prefixo de São Paulo.

Os indícios de que Pizzolato ainda estava no Brasil eram fortíssimos. A quebra de sigilo indicou que os números pré-pagos estavam válidos até a semana anterior, mais precisamente até o dia 20 de novembro. A polícia passou a acreditar que os chips foram comprados em São Paulo para driblar possíveis investigações, que naturalmente estariam concentradas no Rio, onde Pizzolato vivia.

Se Pizzolato estava realmente no Rio andando livremente e sacando dinheiro, não seria difícil detê-lo, imaginaram os investigadores. Uma hora sairia do prédio. Vacilaria. Eles esperavam justamente por um momento de distração. Durante o monitoramento, os policiais localizaram e seguiram o homem com aparência idêntica à do sacador.

O alvo, flagrado usando o cartão e a senha da conta do Banco do Brasil, foi identificado no segundo dia da apuração *in loco*. Era magro, branco, quase não tinha cabelo negro na cabeça. Fora visto entrando e saindo do prédio, onde o foragido morava. Não era, contudo, Pizzolato, mas Vitalino quem estava sacando o dinheiro em Copacabana.

A polícia identificou o amigo de faculdade de Pizzolato como sacador em 28 de novembro de 2013. Não foi feita, contudo, nenhuma abordagem oficial. No início de maio de 2014, Vitalino desconhecia ter sido monitorado, muito menos flagrado, movimentando dinheiro da conta de Pizzolato. Explicou que é ele quem cuida do apartamento e administra a conta bancária do foragido.

Quando lhe perguntam por que morava no apartamento, conta que no auge do julgamento do mensalão interrompeu os planos de voltar para o Paraná para ir ajudar o amigo que andava deprimido. Depois, passou a olhar o apartamento durante as longas temporadas de Pizzolato e Andréa fora do país. Garante que Pizzolato não lhe dá nenhum tipo de ajuda financeira e que nem ele financia o amigo. "Temos um acordo. Dividimos as despesas", esclarece Vitalino, referindo-se aos gastos com manutenção da cobertura.

Depois de identificado como responsável pelos saques, Vitalino entrou em definitivo no radar da Polícia Federal. Ele apareceu na cronologia da investigação também como o viajante que acompanhou o casal Andréa e Pizzolato numa ida à Argentina. O trio, que andava junto desde os tempos da faculdade, embarcou para Buenos Aires em 14 de novembro de 2009, no voo 7652 da Gol.

No mesmo dia em que identificou quem movimentava a conta de Pizzolato, a polícia recebeu a informação de que o foragido havia pedido residência na Espanha em março de 2010. Com ajuda de autoridades espanholas, a Interpol no Brasil recebeu a ficha de solicitação.

O formulário tinha foto, digital do dedo polegar direito e assinatura de Pizzolato. Ele já ganhara o NIE (Número de Identificação de Estrangeiro), uma espécie de documento que habilita a permanência da pessoa no país. Na ficha, o endereço indicado era um condomínio na Rua Ronda Del Golf Este, no alto de uma colina com vista para as águas do Mediterrâneo no Sul da Espanha.

As investigações se dividiram, naquele momento, entre Brasil e Europa. A polícia passou a buscar as ligações de Pizzolato com a Espanha. Imóveis, contas bancárias, negócios, amigos e qualquer tipo de laço com aquele país. A princípio, a escolha por uma cidade litorânea na região de Málaga parecia aleatória.

A Polícia Federal entrou na terceira semana de buscas com muitas pistas, mas nenhuma ideia do real paradeiro de Pizzolato. As investigações pareciam andar a passos lentos e a ausência de informações fez com que o diretor-geral da Polícia Federal, delegado Leandro Daiello, e o ministro da Justiça, José Eduardo Cardozo, fossem chamados ao Congresso para dar explicações.

No dia 4 de dezembro de 2013 os dois foram à Câmara dos Deputados falar sobre duas investigações: a que procurava Pizzolato e a que apurava um cartel suspeito de ter pago propina a integrantes do governo de São Paulo para vencer contratos de construção de linhas de metrô. A audiência, que reuniu congressistas de três comissões diferentes, durou cinco horas e seis minutos.

Quando perguntado diretamente sobre Pizzolato, Daiello primeiro afirmou que a busca começou às 17h do dia 15 de novembro de 2013, quando foi registrado no sistema da Polícia Federal o mandado de prisão. Ponderou que, sem a ordem da Justiça para prendê-lo, a polícia estava impedida de tomar qualquer tipo de medida restritiva de liberdade contra Pizzolato. E admitiu publicamente que a polícia desconhecia o paradeiro do fugitivo:

– Também seria interessante esclarecer que ainda não temos a confirmação de onde ele está, tampouco se saiu do País. Entretanto, trabalhamos com várias hipóteses. [...] O que nós gostaríamos de deixar claro até o momento é: estamos trabalhando dentro e fora do país e não confirmamos ainda a localização dele em nenhum desses pontos.

Antes de Daiello, o ministro José Eduardo Cardozo já havia respondido preliminarmente ao questionamento sobre Pizzolato classificando como “abuso de poder” a ação da polícia sem a devida ordem judicial. Pelas declarações de Cardozo, contudo, parecia não haver dúvidas de onde Pizzolato estava. Ele afirmou que o pedido de extradição só poderia ser formalizado após a localização do foragido e apresentou um resumo do que poderia acontecer com Pizzolato na Itália. Disse que haveria uma discussão jurídica sobre a extradição pelo fato de Pizzolato ter dupla cidadania. Ressaltou que a decisão era do governo italiano. Caso a Itália optasse por não extraditá-lo, o governo brasileiro encaminharia as cópias do processo para que ele fosse julgado naquele país.

Nem deputados nem jornalistas exploraram a aparente contradição entre a fala do ministro, que dava como certa a presença de Pizzolato na Itália, e a do chefe da Polícia Federal, que afirmava desconhecer o paradeiro do foragido. O autor da pergunta sobre Pizzolato foi o deputado Otávio Leite (PSDB-SP), que até conseguiu emendar uma réplica. No entanto, ele preferiu associar a fuga com a baixa execução orçamentária de programas de monitoramento de fronteiras, politizando o debate.

O deputado ouviu de Cardozo que os 16 mil quilômetros de fronteira terrestre e os 8 mil quilômetros de fronteira marítima representam um desafio enorme para o Brasil. Salientou ainda que não era possível, naquele momento, afirmar como Pizzolato fugiu:

– Embora alguns jornais tenham descrito a rota de fuga etc., a Polícia Federal ainda não sabe como ele fugiu: por via aérea, por via marítima, por via terrestre ou por helicóptero. Há pistas, seguidas e investigadas, inclusive fora do Brasil, mas só podemos falar quando tivermos certeza dos fatos. Garanto-lhe que, todavia, antes, enquanto ele estava em território nacional, qualquer medida restritiva da sua circulação só poderia ser tomada por decisão judicial. A Polícia Federal não poderia ter feito qualquer coisa a respeito...

Ao fim da audiência, quando questionado por jornalistas sobre a demora em descobrir, ao menos, se Pizzolato estava dentro ou fora do país, espremido entre repórteres, câmeras, assessores e curiosos no corredor do anexo 2 da Câmara dos Deputados, o ministro ficou visivelmente irritado com a pergunta e decidiu encerrar a entrevista.

Na saída, pouco antes de entrar no carro, Daiello confidenciou baixinho que havia pedido uma foto de Pizzolato à equipe de policiais responsáveis pela investigação. Disse que ainda esperava pelo retrato. O que os jornalistas não sabiam era que já estava circulando pelos computadores dos delegados diretamente envolvidos no caso uma foto que poderia ser a do rosto do foragido.

O mês de dezembro revelou-se pouco produtivo para a apuração do caso Pizzolato. As poucas informações que os delegados responsáveis pela investigação receberam foram as enviadas por países acionados via Interpol. Todos, sem exceção, disseram não haver qualquer registro de entrada ou saída de Henrique Pizzolato.

As declarações de Cardozo e Daiello só não foram o ponto alto do mês de dezembro porque um colaborador da polícia apareceu com informações, à primeira vista, preciosas. O informante dizia ter fotos, um endereço e até detalhes sobre uma milionária conta bancária de Pizzolato em Siena, uma das mais belas cidades da região da Toscana.

Segundo as informações desse colaborador da Polícia Federal, cuja identidade é mantida sob o mais absoluto sigilo, uma conta com 1.870.000 euros estava em nome do próprio Pizzolato no Banca Monti dei Paschi di Siena, o banco mais antigo do mundo e o terceiro maior da Itália em ativos. Parte do dinheiro havia sido movimentada, mas a conta não estava totalmente zerada. Haveria um residual. O informante afirmava ainda que Pizzolato estaria vivendo num apartamento de uma via que carrega um irônico trocadilho no nome: Ranuccio Bianchi Bandinelli. Ela fica localizada numa zona mais rural que urbana de Siena.

Duas fotos também foram repassadas à polícia. Uma delas é da fachada do bar Il Palio na charmosa praça central de Siena, a Piazza Il Campo, com seus prédios em tons pastéis e cafés protegidos por toldos coloridos. A outra é um retrato de um rosto masculino, aparentemente de um idoso de pele muito branca. A foto mostra apenas boca, nariz, olhos e sobrancelhas, cortando parte do queixo, orelhas e testa. Era impossível afirmar onde ela fora tirada. O informante, que estava no Brasil, ainda havia dito que agentes de inteligência norte-americanos eram os responsáveis pelo registro das imagens.

Em 6 de dezembro de 2013, um longo relatório policial, com nove itens, foi encaminhado aos delegados que cuidavam da apuração em Brasília pedindo cautela em relação às informações fornecidas pelo colaborador. O documento informava ter sido feito um novo contato com o italiano Francesco Fallica, que disse não haver nenhuma novidade sobre o caso. Nesse encontro, o chefe da Interpol na Itália foi informado de que Pizzolato teria sido visto e fotografado no bar Il Palio, em Siena. As fotos fornecidas pelo informante, no entanto, não foram repassadas a Fallica.

"Até que a polícia consiga verificar efetivamente endereço e conta bancária, se existem e de quem são, não há como afirmar que procede a informação dada. Quanto às fotos entregues pelo colaborador, a avaliação dessa adidância é que não acrescentam praticamente nada", diz trecho desse relatório, que desqualificou as duas imagens. O documento diz que ambas as fotos poderiam "ter sido tiradas ou obtidas em qualquer lugar ou época, inclusive através da internet".

O autor do relatório é o delegado Disney Rosseti, adido da Polícia Federal em Roma. Ele se recusou a repassar as imagens sob a alegação de que elas nada diziam. De fato, são imagens de baixíssima qualidade. Mostram apenas o nome do bar e parte da face de um homem.

Rosseti já estava precisando driblar mil barreiras para conquistar a confiança dos italianos e assegurar o empenho deles na busca por Pizzolato. Pairava o receio de que um pedido mais incisivo fosse confundido com uma ordem para que fossem checadas *in loco* determinadas informações. A experiência de 17 anos de polícia do delegado o fazia acreditar que o envio das fotos faria os italianos rirem da cara dele e, certamente, reforçaria uma imagem negativa, que beirava o amadorismo, da polícia brasileira.

Apesar de ter comunicado aos colegas brasileiros, foi de Rosseti a decisão de não enviar as fotos. Ele repassou apenas as informações do colaborador que, posteriormente, não foram confirmadas por policiais italianos. Os italianos investigaram a conta e, semanas depois, Rosseti viu extratos indicando não haver movimentação em nome de Pizzolato no mais famoso banco de Siena. O foragido jamais morou no endereço citado. Um senhor com características físicas similares às de Pizzolato, contudo, foi localizado num endereço ao lado. No entanto, tratava-se de um cidadão italiano sem qualquer relação com o Brasil, muito menos com o ex-diretor do Banco do Brasil.

A imprensa brasileira também publicou uma informação, divulgada por policiais federais que não estavam diretamente envolvidos na investigação, de que Pizzolato mantinha uma conta na Suíça, com aproximadamente 2 milhões de reais. Essa conta, contudo, nunca foi identificada pelos investigadores responsáveis por rastrear as transações financeiras do foragido no Brasil e no exterior.

Carente de informações sobre o paradeiro de Pizzolato, a Polícia Federal não tinha como ignorar as pistas fornecidas pelo colaborador, nem dicas que chegavam. Mas acabou caindo no papo de informantes que se revelaram muito mal informados.

O delegado Disney Rosseti sempre guardou muitas reservas em relação às informações repassadas por colaboradores da polícia ou pistas gratuitas ofertadas por anônimos. Não chegou a ignorá-las, mas preferiu tratá-las com mais cuidado. No caso de Pizzolato, em especial, sentia ser necessário o máximo de prudência possível, principalmente porque não havia nenhum registro ou dado concreto de que o alvo estivesse na Itália. Por longos três meses, a polícia trabalhou somente com a probabilidade, embora alta, de que o alvo vivia em território italiano.

Além da falta de provas irrefutáveis, Rosseti tinha mais motivos para exagerar na cautela. Ele acabara de chegar a Roma. Desembarcara na capital italiana em outubro de 2013, poucas semanas antes do início da busca por Pizzolato. Nomeado adido da Polícia Federal na Itália, caberia a ele assessorar o embaixador nos assuntos relacionados à segurança pública e estreitar os laços com as forças policiais italianas.

Precisaria retomar contatos e se empenhar para se aproximar das autoridades locais, uma vez que o cargo havia ficado vago por aproximadamente seis meses. Policiais são sempre muito desconfiados e não gostam de compartilhar informações com estranhos, mesmo os com distintivo ou patente. Em julho de 2013, quando o coronel Fallica assumiu o comando da Interpol na Itália, por exemplo, não havia nenhum policial federal brasileiro para fazer uma visita de cortesia, trocar informações relevantes ou sugerir operações conjuntas.

Rosseti ainda estava se instalando com a família em Roma, quando o caso Pizzolato transformou-se na sua primeira missão em território estrangeiro. Ao mesmo tempo em que buscava um lugar para morar e procurava uma escola para o filho mais velho, aprendia a circular pelas vielas semilabirínticas de Roma e tentava convencer os italianos a fazer algo que nem o Brasil faz: procurar, prender e extraditar um nacional.

Os primeiros contatos de Rosseti com as autoridades italianas não foram nada fáceis. Bastava falar palavras como "busca", "captura" ou "prisão para fins de extradição" que os italianos resgatavam o que, para eles, é o mais emblemático caso de não cooperação internacional: a recusa do Brasil em mandar o também condenado e foragido Cesare Battisti de volta à Itália.

Para começarem a procurar Pizzolato, os italianos sugeriam sempre, ainda que em tom jocoso, que o Brasil entregasse Battisti primeiro. O caso do italiano ex-integrante do PAC (Proletários Armados pelo Comunismo) galvanizou a opinião pública e estremeceu as relações diplomáticas entre os dois países por muito tempo.

Battisti foi condenado à prisão perpétua por quatro assassinatos ocorridos nos anos 1970 na Itália. Entrou com passaporte falso no Brasil em 2004 e foi detido três anos depois no Rio de Janeiro, numa operação conjunta da Interpol e das polícias italiana e francesa. Como não tinha dupla cidadania, ou seja, não era um cidadão brasileiro, não havia qualquer tipo de restrição para extraditá-lo. Assim, em 2008, Battisti teve rejeitado por três votos a dois seu pedido de refúgio pelo Comitê Nacional para os Refugiados, um órgão colegiado que, embora vinculado ao Ministério da Justiça, conta com representantes do governo, da sociedade civil e das Nações Unidas.

Em janeiro de 2009, o Ministério da Justiça, comandado pelo petista Tarso Genro, acatou o recurso de Battisti e decidiu conceder a ele o status de refugiado. A Itália recorreu ao Supremo Tribunal Federal que, depois de sucessivos adiamentos e de um julgamento apertado decidido pelo presidente da corte, autorizou a extradição do italiano. Apesar do resultado do julgamento, o Supremo concordou que caberia ao Executivo, por meio do presidente da República, a decisão de executar ou não o ato. Em 31 de dezembro de 2010, o então presidente Lula decidiu não extraditar Battisti, mesmo sendo ele um cidadão italiano acusado de terrorismo e condenado por assassinatos.

Battisti sempre negou o envolvimento nos assassinatos e diz ser vítima de perseguição política. Na Itália, contudo, o consenso de que ele deve cumprir a pena em território italiano oscila de forma igual até mesmo entre as duas extremidades do espectro político. Por isso, a decisão do governo brasileiro ainda está atravessada na garganta de muito italiano.

Filho e neto de comunistas, Battisti sempre foi uma figura controversa. A sintonia ideológica com muitos militantes de esquerda brasileiros, entre eles petistas, lhe garantiu a simpatia, por exemplo, de integrantes do governo federal e de congressistas brasileiros.

Essa não era a primeira vez que ex-ativista ou ex-terrorista (a depender dos olhos de quem o vê) aparecia no caminho do delegado Disney Rosseti, que conheceu Battisti na época em que ele passou a ser apoiado de forma mais explícita por muita gente do Congresso e do governo federal. O delegado chefiava a Superintendência da Polícia Federal em Brasília no período em que Battisti esteve preso lá.

Battisti tumultuou bastante a carceragem da PF na capital federal. Fazia greve de fome, exigia atendimentos médicos constantes e, por muitas vezes, recusou receber visitas, até mesmo de advogados. Foi Rosseti quem pediu a transferência dele para o complexo penitenciário da Papuda, em Brasília, sob a alegação de que, além dos muitos transtornos causados pelo italiano, a área de custódia onde ele estava seria desativada.

Nem mesmo a credencial de quem no passado já havia se irritado com Battisti, vista com bons olhos pelas autoridades italianas, ajudou Rosseti a acelerar as buscas pelo ex-diretor na Itália. A Polícia Federal começou 2014 com muitas hipóteses e poucas informações capazes de indicar onde estava Pizzolato. O paradeiro do petista condenado pelo mensalão ainda era completamente desconhecido. A presença dele na Itália também continuava sendo considerada apenas uma possibilidade.

O que mais intrigava a polícia era o fato de nenhum país do mundo ter registrado entrada ou saída de Henrique Pizzolato desde 2012. Era como se ele tivesse desaparecido ou entrado de forma ultraclandestina em território estrangeiro. Ou, na pior das hipóteses, ainda estivesse escondido em algum canto do Brasil.

A polícia estava diante de um incômodo mistério e de uma cobrança escancarada da mídia e de parte do mundo político, em especial de integrantes da oposição ao governo Dilma Rousseff. Muito petista chegou a pensar que, diante da notória fragilidade emocional de Pizzolato, era melhor mesmo que ele ficasse longe de uma cela.

Na ausência de elementos sólidos para refazer todos os passos da fuga, a Polícia Federal começou a traçar muitas hipóteses. Entre elas, conta o delegado Luiz Cravo Dórea, a possibilidade de Pizzolato ter escapado do país num jato ou até mesmo num barco. Coordenador-geral de Cooperação Internacional da Polícia Federal, Dórea afirma que os policiais diretamente envolvidos na investigação cogitaram que empresários amigos poderiam ter colaborado com fuga.

A passagem de Pizzolato pela Previ, pelos conselhos da Brasil Telecom e da Embraer, além de ter comando uma diretoria do Banco do Brasil, certamente garantiu a ele bons contatos no mundo dos negócios. Não seria impossível imaginar, então, que os empresários mais próximos, mais abonados e mais destemidos ajudaram com a fuga ou até mesmo a financiar a estadia de Pizzolato no exterior.

Um voo privado que transportava diretores da estatal venezuelana de petróleo, PDVSA, chegou a ser investigado. Pizzolato, que já havia viajado à Venezuela em outra ocasião, tinha, na visão dos policiais, proximidade ideológica com o governo chavista. A polícia cogitou que ele poderia ter pedido refúgio no país vizinho. Contudo, como o nome dele não aparecia na lista de passageiros, os policiais nunca conseguiram confirmar se ele conseguiu embarcar às escondidas.

A certeza da polícia de que Henrique Pizzolato estava na Itália veio somente em janeiro de 2014, mais de dois meses depois do início das buscas. Até então havia apenas sido identificado na Itália um acesso à conta bancária de Pizzolato via internet. No dia 2 de novembro às 10h10, foi feita uma transação no site do Banco do Brasil. O endereço do acesso indicava Roma. Ao seguir aquela sequência exclusiva de números que qualquer dispositivo ganha ao se conectar à internet, o chamado IP em "internetês", chegou-se ao endereço de uma operadora de telefonia em Roma, que oferecia serviços de internet. Não foi possível precisar, no entanto, exatamente quem ou qual máquina acessou a conta.

Mas, no dia 21 de janeiro de 2014, o Brasil foi oficialmente informado de que Henrique Pizzolato havia registrado junto à polícia italiana uma ocorrência de furto. Dois dias depois, o documento no qual Pizzolato narrava o episódio foi encaminhado por meio da Interpol. A assinatura na ocorrência policial foi conferida e era mesmo a do foragido.

Era a primeira prova indicando, de forma irrefutável, tratar-se de Henrique Pizzolato e não de um amigo de faculdade, um senhor parecido ou um inconsequente registrando informações falsas num sistema policial. Mais. A data em que a ocorrência foi registrada revelava que ele estava fora do país antes de ter o mandado de prisão expedido. Pizzolato passou por Treviso no dia 12 de outubro de 2013, a data do registro numa unidade da Carabinieri na cidade italiana.

Além dessa certeza, havia naquele pedaço de papel muitas outras pistas. Eram dados que ainda precisavam ser confirmados na Espanha, que mais uma vez aparecia na investigação. Na ocorrência, o foragido narrava que em 14 de setembro de 2013 estava na estação ferroviária de Barcelona quando dois homens passaram e levaram a pasta dele, com documentos pessoais, entre eles a carteira de identidade emitida pelo consulado italiano em Madri.

Pouco importava para a polícia se o furto de fato acontecera, tal qual descrevia Pizzolato na ocorrência. Segundo os investigadores, ele poderia, por exemplo, ter inventado o roubo para conseguir justificar o pedido de uma nova carteira de identidade, uma vez que fora obrigado a entregar seu passaporte italiano. Com o registro policial, teria a chancela das autoridades italianas para conseguir rapidamente um novo documento. Se Pizzolato passou pela Espanha ou o que fez naquele país eram, naquele momento, apenas detalhes a serem checados posteriormente.

Embora fossem muitas as conjecturas sobre o furto, o dado mais importante revelado por aquele registro policial, acreditaram os investigadores, era o de que Henrique estava usando sua própria identidade em território italiano desde outubro de 2013. Essa informação incomodou a polícia brasileira há muito irritada com a postura aparentemente pouco colaborativa dos colegas italianos.

Quem participou da investigação admite que havia algo estranho emperrando uma troca de informações mais efetiva e eficiente. O descontentamento dos policiais foi parar nas páginas do jornal *O Globo*. Publicada em 27 de janeiro de 2014, uma reportagem afirmava categoricamente que policiais federais destacados para localizar e prender Pizzolato estavam convencidos de que os italianos resistiam deliberadamente em atender pedidos relacionados à investigação. A atitude, que irritava a Polícia Federal, era creditada principalmente à insatisfação dos policiais italianos com o desfecho do caso Battisti.

– O Pizzolato só não foi localizado porque os (policiais) italianos estão reticentes e não conseguem esconder a insatisfação com o desfecho do caso Battisti. Acham que o Brasil não foi correto com eles. Não conseguem entender que a Polícia Federal não tem nada a ver com isso. A não extradição dele foi uma decisão política do governo e não da polícia – disse ao periódico um policial que teve o nome mantido sob sigilo.

A declaração, contudo, teve consequências imediatas. Depois da publicação da reportagem, foi marcada para a semana seguinte uma reunião dos policiais brasileiros escalados para apurar o caso com Roberto Donati, o representante da polícia italiana no Brasil. Para os brasileiros, havia chegado a hora de pressionar a Itália e cobrar diretamente uma postura mais proativa. Para o italiano, o momento era de demonstrar que tal avaliação era completamente injusta e havia criado embaraços entre representantes do governo e a polícia da Itália.

A insatisfação com a incômoda falta de diálogo já tinha local, data e hora para ser verbalizada: 9h do dia 4 de fevereiro no Centro de Cooperação Internacional da Polícia Federal em Brasília. O encontro seria na sala do delegado Luiz Cravo Dórea, com a presença de outros dois delegados brasileiros diretamente envolvidos no caso e do representante da polícia italiana no Brasil. "A reunião era para lavar roupa suja", disse o delegado Dórea.

Mal sabiam os brasileiros que a polícia italiana estava se dedicando ao caso Pizzolato com um empenho maior do que o esperado. Trabalhava, no entanto, no mais absoluto silêncio. Havia avançado significativamente nas investigações sem nada dizer aos colegas brasileiros.

Em janeiro de 2014 a Interpol italiana emitiu um alerta, em especial para as forças policiais de La Spezia e de Modena, para estarem atentas à possível presença de Henrique Pizzolato, um ítalo-brasileiro condenado e foragido do Brasil.

Em Modena, vivia um sobrinho de Pizzolato. No caso de La Spezia, havia a suspeita de que num dos vilarejos próximos estaria um sujeito chamado Celso Pizzolato. O primeiro alerta já informava que ele tinha uma mulher e um Fiat Punto vermelho com placa da Espanha. Era preciso confirmar a presença de Celso, que poderia estar em contato com o foragido.

A Interpol entrou em contato com o núcleo investigativo da Carabinieri em La Spezia. Apesar de a estrutura militar da

Carabinieri, os integrantes desse grupo não usam fardas e nem têm pinta de policiais. O próprio comandante do núcleo, o major Armando Ago, poderia ser facilmente confundido com um simpático profissional liberal, dado seu sorriso fácil, careca totalmente assumida aos 44 anos e trajes civis com camisa social de manga curta para dentro da calça.

Ago foi promovido de capitão a major em junho, cinco meses depois de executar a missão encomendada pela Interpol. Foi ele quem, primeiro, acionou os colegas de Porto Venere e, em seguida, destacou uma equipe para ir a campo acompanhar o alvo de perto. Os policiais italianos confirmaram a presença de Celso no local. Também procedia que ele não estava só e usava o carro tal qual a descrição inicialmente repassada pela Interpol. Era um cidadão ítalo-brasileiro, registrado na região de Treviso. Os policiais descobriram ainda que Celso havia solicitado formalmente residência no vilarejo à beira-mar, na tentativa de formalizar sua estadia. Para isso, apresentou documentos originais e informou como endereço uma casa na Via dell'Olivo, em Porto Venere.

A polícia nunca abordou Celso nem a mulher dele. A ordem da Interpol era expressa: "máxima cautela". "Não era para tomarmos nenhuma iniciativa que permitisse a ele descobrir que sabíamos da sua presença", explica o comandante Armando Ago.

Os italianos sabiam, pela filiação, que Celso era irmão de Henrique e acreditavam que ele poderia ajudar ou até mesmo abrigar o foragido. Assim, Ago seguiu as ordens da Interpol para tentar mapear como Celso se movia na Itália. Apostavam que ele poderia ir ao encontro do irmão a qualquer momento. Ago decidiu aprofundar as investigações, mandando sua equipe dar início a uma discreta atividade de monitoramento de Celso, inicialmente com observação a distância.

Foram muitas as descobertas em quase três semanas de investigação. Os policiais da equipe de Ago haviam reconstruído os principais passos do casal que chegara a Porto Venere em novembro de 2013. Inicialmente, Celso e a mulher disseram que ficariam somente uma semana na pousada I Gabbiani. Pagaram em dinheiro exatamente como o combinado com Giovanni, o proprietário. Depois, avisaram que gostariam de estender a estadia em pelo menos três meses. Estavam encantados com aquele lugar lindo e tranquilo. Queriam se instalar na região em definitivo. Assim relatou o proprietário da pousada aos policiais que queriam saber um pouco mais sobre aquele estrangeiro.

Giovanni contou que preferiu alugar a casa no fim da rua a deixar o casal passar o inverno ocupando um dos quartos da pousada. Achava que teriam mais liberdade e seria um jeito de ocupar o imóvel que estava vazio entre dezembro e março. Acertou com eles um aluguel de aproximadamente 300 euros mensais. Celso e Andréa levaram roupas, comida, computador e outros itens pessoais para o número 575 da Via dell'Olivo. Ficariam lá enquanto procuravam um imóvel para comprar na região.

Ao acompanharem a rotina de Celso, os policiais quase morreram de tédio. Quem o observou, o classificou como uma pessoa muito reservada. Ele não fazia absolutamente nada de anormal, tampouco se comportava como se estivesse protegendo um foragido. Durante o tempo em que estava sendo monitorado, foi fazer compras em La Spezia, tomou aperitivos com a mulher em Porto Venere, manteve contato preliminar com imobiliária em Le Grazie e fez passeios na região. Mas passava a maior parte do tempo dentro de casa.

Praticamente não falava com os vizinhos, já que estava morando numa casa relativamente isolada no alto da rua, em meio às oliveiras. Uma das poucas brasileiras que vive em Porto Venere foi procurada. Os policiais acreditavam que um brasileiro saberia quando outro chegasse, em especial, num balneário durante o inverno. Mas ela desconhecia a presença de Celso e da mulher na cidade.

Celso, segundo a polícia italiana, se relacionava apenas com Giovanni e Maria, os donos da pousada. Não era de receber muitas pessoas em sua casa. Às vezes, viajava. Foi à região do Vêneto, onde ficam cidades como Pádua, Veneza e Verona. Em janeiro, Celso recebeu a visita do sobrinho Nando, o engenheiro da Ferrari. Mas, a Giovanni, o apresentou como um amigo e não como um parente.

Pizzolato enganou muita gente. O personagem que ele criou convenceu, num primeiro momento, até mesmo a polícia italiana. A polícia acreditou ser Celso um brasileiro com origem italiana que, após uma vida de trabalho, decidira voltar ao país de seus antepassados para aproveitar a aposentadoria na Riviera Italiana. Depois de três semanas de monitoramento, a Interpol foi avisada de que, realmente, Celso Pizzolato vivia em Porto Venere com uma mulher. No entanto, não havia indicativos de que ele estava ajudando o irmão foragido. O major Ago desmobilizou a operação. A monótona vida de Celso afastava qualquer tipo de suspeita sobre ele.

O Brasil desconhecia por completo a "operação Celso", deflagrada por cerca de três semanas na Itália. A Polícia Federal não fora informada de que um monitoramento de um brasileiro estava em curso na região de Porto Venere. Durante quase todo o mês de janeiro, os italianos repassaram oficialmente uma única informação sobre o caso Pizzolato e, extraoficialmente, descartaram outras poucas hipóteses. A Interpol na Itália havia encaminhado apenas o boletim de ocorrência do furto narrado por Henrique Pizzolato e, ainda assim, o fez três meses depois do registro feito dentro de uma unidade dos Carabinieri.

Na última semana de janeiro, o delegado Disney Rosseti foi chamado à sala do chefe da Interpol italiana, Francesco Fallica.

Estranhou o comportamento do policial, até então sempre muito cortês, porém pouco colaborativo. Fallica acabara de participar de uma reunião em Roma com policiais, entre eles italianos e brasileiros, que preparavam uma operação conjunta de combate ao tráfico internacional de drogas. Era o encontro final antes de deflagrarem a ação policial que envolvia sete países.

O chefe da Interpol na Itália ficou impressionado com o nível da parceria que permitiu identificar um esquema de remessa de cocaína a partir do porto de Santos direto para a organização criminosa conhecida como 'Ndrangheta, a máfia calabresa. A droga vinha da Bolívia e do Peru por terra e ficava armazenada em Campinas, interior de São Paulo. Depois de escolhidos o navio e os contêineres, com ajuda de funcionários do porto, a cocaína era transportada em mochilas e malas para Santos e, em seguida, despachada para a Europa. Os principais compradores da mercadoria eram os mafiosos italianos.

O sucesso do trabalho conjunto arrancou elogios do procurador antimáfia que citou nominalmente os brasileiros como parceiros "bons de trabalhar", a despeito de haver representantes de outros países no encontro. Batizada de Monte Pollino (ou *Buongustaio* para os italianos), a operação policial foi deflagrada dias depois daquela reunião em Roma. Além de terem cumprido 20 mandados de busca e de prisão em oito países, os policiais prenderam 12 pessoas, sendo dez brasileiros.

A boa imagem dos policiais brasileiros também surpreendeu o chefe da Interpol na Itália. Logo após a tal reunião, que aconteceu num complexo onde funcionam a Interpol e núcleos antimáfia e antidrogas na capital italiana, Fallica se aproximou do delegado Disney Rosseti e, visivelmente animado, disse:

– Não sabia que a cooperação com vocês estava nesse nível na questão antidrogas. Vamos para o meu escritório bater papo.

Começaram ali uma conversa produtiva. Deixaram o canal formal de lado e começaram a trocar figurinhas. O delegado brasileiro percebeu que, naquele momento, as aparentes desconfianças e resistências já não eram tão severas. Era como se tivessem sido dissipadas no ar.

Durante o bate-papo, Fallica revelou que haviam localizado o irmão de Henrique Pizzolato em Porto Venere, uma pequena cidade próxima às *Cinque Terre*. Rosseti anotou o endereço onde Celso estava vivendo. Agradeceu a conversa e selou, com um forte aperto de mão, uma parceria que a partir daquele dia ultrapassou o campo profissional e transformou-se em amizade. As famílias de Fallica e Rosseti passaram a se encontrar, as crianças brincavam juntas e até uma sala no prédio onde funciona a Interpol italiana foi oferecida ao brasileiro, para que despachasse duas vezes por semana.

Rosseti, contudo, não sabia que Celso estava morto. Mandava todas as informações que recebia para a PF no Brasil. Como passou a última semana de janeiro ciceroneando os colegas da repressão a entorpecentes que investigavam as conexões de traficantes brasileiros com a máfia calabresa, o delegado deixou para encaminhar o ofício com a informação na segunda-feira, dia 3 de fevereiro de 2014.

Errou o ano no memorando número 08 enviado num anexo por e-mail aos delegados de Brasília. Colocou 2013. Mas, no corpo do documento, repassou a preciosa informação que obtivera junto à Interpol: "Celso Pizzolato, irmão de Henrique, estaria vivendo em Porto Venere, região da Ligúria, província de La Spezia, desde a data de 24/11, quando comunicou à autoridade sua mudança de endereço, obrigação daqueles que têm cidadania italiana. O endereço seria Via dell'Olivo, 75". A casa onde "Celso" estava, na verdade, fica no número 575. Mas esse detalhe sequer chegou a ser reparado. O ofício também informava que Henrique

Pizzolato conseguiu a segunda via do documento em 24/11, depois do registro do furto feito numa unidade policial em Treviso.

As informações repassadas por Rosseti, contudo, não foram processadas imediatamente. Ficaram numa das muitas pastas de mensagens recebidas do e-mail de delegados no Centro de Cooperação Internacional da PF, em Brasília. Só foram lidas no dia seguinte, durante a tão esperada reunião com Roberto Donati.

Na terça-feira, 4 de fevereiro, a reunião com o italiano começou por volta das 9h num clima pesado. Depois de ter sido cobrado pelo embaixador italiano no Brasil, Donati ouviu dos policiais brasileiros que, apesar de não saberem quem vazou a informação, a reportagem do jornal *O Globo* era verdadeira. Havia, sim, uma insatisfação enorme com a forma com que estavam tratando o caso. Na avaliação deles, faltava empenho, interesse e uma postura mais proativa.

Os brasileiros sabiam que dificilmente Pizzolato estaria na lista negra especial do Ministério do Interior da Itália, aquela com os nomes dos 100 foragidos mais perigosos, em sua maioria mafiosos de 'Ndrangheta, Cosa Nostra e Camorra. Mas disseram esperar um pouco mais de compreensão e parceria dos colegas italianos.

Participavam da reunião os delegados Luiz Dórea, Luiz Eduardo Navajas e Elmer Coelho Vicente. Sentados numa mesa redonda, num cantinho da sala de Dórea, discutiram o caso Pizzolato debaixo de um sugestivo quadro: uma ilustração de um policial federal de costas com uma lata de tinta na mão e um pincel na outra mudando os dizeres "Brasil, paraíso dos foragidos internacionais" para "Brasil, FIM DE LINHA [assim mesmo, em letras garrafais] dos foragidos internacionais". A ilustração se repete cinco vezes. Ao centro, grandona, está em português. Nos quatro cantos, em tamanho reduzido, a mensagem aparece em inglês, alemão, francês e espanhol.

Acuado, Roberto Donati, então, abriu seu iPad. Enquanto arrastava o dedo indicador sobre a tela, começou a narrar uma série de medidas que os policiais italianos haviam tomado desde novembro de 2013, quando Pizzolato passou a ser considerado um foragido internacional. Queria provar que as críticas dos brasileiros eram completamente injustas. Explicou, inclusive, que haviam identificado a presença de Celso Pizzolato em Porto Venere. Até o seguiram na esperança de que ele poderia estar dando qualquer tipo de apoio ao foragido, o que acabou não se confirmando. A informação foi repassada de forma quase despretensiosa.

Os delegados ficaram visivelmente surpresos com o trabalho feito até então pelos italianos. Ao ouvirem o nome de Celso Pizzolato, entreolharam-se imediatamente. Num estalo, lembraam-se de que uma das muitas reportagens sobre Pizzolato dizia que ele era o único filho homem vivo. Os irmãos Celso e Gilnei haviam morrido em acidentes de carro há muito tempo. Conferiram que, ao elaborar a árvore genealógica dos Pizzolato, haviam recolhido informações e criado arquivos específicos apenas para as irmãs dele.

Na hora, não tiveram dúvidas. Sabiam que era enorme a possibilidade de Henrique estar usando a identidade do irmão morto. Mas faltavam muitas provas para sustentar essa versão. Num enredo típico de filme ou de seriado de televisão, começaram a disparar uma série de telefonemas e e-mails na tentativa de reunir rapidamente as evidências mais elementares.

Naquela manhã de terça-feira, a reunião marcada para discutir a relação acabou se transformando numa mega operação policial que se arrastou por quase 14 horas. A polícia havia, finalmente, encontrado uma linha de investigação que parecia ser promissora. O alvo passou a ser Celso, o filho caçula de Pedro e Odilla Pizzolato. Os policiais decidiram seguir os passos de um morto para identificar o paradeiro de um foragido.

Che brutta figura!

A polícia começou uma correria insana para tentar localizar e, com sorte, prender Henrique Pizzolato ainda naquela semana. O primeiro passo foi tentar confirmar a morte de Celso e se ele, mesmo morto, havia passado por algum país vizinho. O italiano Roberto Donati também fez ligações e agilizou alguns procedimentos mais formais, dando mais velocidade à operação conjunta que começara naquele momento.

Adidos e oficiais de ligação da Polícia Federal lotados em postos na América do Sul foram acionados para checar se havia registros de entrada ou saída em nome de Celso Pizzolato. Eles deveriam entrar em contato com autoridades locais, de preferência pessoalmente, para agilizar o processo. Valia até mesmo, num primeiro momento, informação extraoficial.

Na sequência, os policiais que participavam da reunião lembraram-se de uma tia de Pizzolato que vivia em Concórdia e havia dado declarações mais contundentes sobre a história do sobrinho. Aparecera nos jornais e sites falando sem pudor sobre detalhes da infância e adolescência de Pizzolato, e claramente era um dos parentes que reprovava a fuga. Uma equipe de agentes lotados em Santa Catarina foi escalada para visitá-la imediatamente.

Sentada no sofá da sala, Mercedes Nespolo conta que dois homens chegaram ao povoado de Engenho Velho de táxi, quase na hora do almoço. Ela não entendeu bem se eram jornalistas, que passaram a bater com frequência na porta da casa dela, ou se eram policiais. Só sabe dizer que a dupla fez muitas perguntas sobre Celso, o que ainda não havia acontecido. O foco sempre fora, obviamente, Henrique.

Desde a notícia da fuga, Mercedes acostumou-se a receber visita de curiosos interessados em detalhes da infância, adolescência e vida adulta do ex-diretor do Banco do Brasil. As pessoas queriam saber como ele era quando jovem e se mudou o comportamento depois de galgar lugares mais importantes dentro do próprio banco ou na vida política. A tia já nem se preocupava em abrir a porta para os desconhecidos que chegavam. Ficava sentada no sofá esperando a pessoa entrar. Só tirava os olhos do bordado ou da televisão depois que o visitante atravessava a cozinha e chegava à sala. Costumava atender as visitas sentada num cantinho da sala, onde passava parte das manhãs e das tardes de seus dias mais tranquilos.

No dia em que recebeu a dupla de policiais em casa, falou como nunca do sobrinho que se foi precocemente. Só estranhou porque lhe perguntaram de diferentes maneiras a mesma coisa: se tinha certeza de que Celso havia mesmo morrido. Mercedes afirmou categórica que ele estava enterrado no cemitério no centro de Concórdia, junto à própria mãe, que morreu anos antes. Garantiu que Celso estava lá havia mais de três décadas, desde que perdera a vida num acidente de carro no Paraná em 1978.

A tia de Pizzolato disse que só entendeu o interesse sobre o filho caçula da falecida Odilla no dia seguinte. Quando ouviu o nome de Celso e de Henrique no rádio. Depois que conversaram com Mercedes, os policiais saíram apressados. Correram até o cemitério. Encontraram a lápide de Celso e mandaram fotos do túmulo, que rapidamente chegaram até os delegados em Brasília. Enviaram também a certidão de nascimento de Celso registrada num cartório em Concórdia. Faltava apenas localizar o registro oficial do óbito.

A confirmação da morte não foi a única que veio rápido. A primeira resposta dos adidos acionados na América do Sul que chegou foi a da Argentina. Bingo! O policial que foi pessoalmente ao aeroporto de Ezeiza confirmou a movimentação de Celso Pizzolato em território argentino. O contato olho no olho mostrou-se eficiente. Em questões de minutos, ele conseguiu, além das datas e dos horários de entrada e saída, foto, digitais e até cópia do passaporte italiano em nome de Celso Pizzolato usado em setembro de 2013.

A Polícia Federal também localizou em seu próprio banco de dados um passaporte em nome de Celso. Embora já expirado, fora confeccionado pela própria corporação em 2008. Recuperou ainda a ficha dele arquivada pela Secretaria de Segurança Pública de Santa Catarina, que havia emitido a carteira de identidade de Celso em 2007. A polícia já tinha em mãos digitais e assinatura de Henrique Pizzolato registradas em São Paulo, estado responsável pela emissão da primeira carteira de identidade dele na década de 1970.

Tudo foi mandado para a perícia com um pedido expresso de prioridade máxima. Queriam saber, ainda naquela terça-feira, se Henrique havia usado a identidade do irmão morto para fugir do Brasil. Somente um exame das digitais poderia atestar essa suspeita.

Antes mesmo de o laudo pericial ficar pronto, a Itália foi acionada. O delegado Disney Rosseti fez questão de ligar para o chefe da Interpol na Itália e trocar impressões sobre a grande descoberta daquela terça. Ao ouvir que a principal suspeita era de que o foragido estava usando documentos do próprio irmão morto, Francesco Fallica não se conteve. Visivelmente surpreso com a informação, indignou-se:

– *Che brutta figura*! – exclamou o chefe da Interpol, sem economizar na dramaticidade típica dos italianos.

A expressão em italiano não guarda similaridade automática com nenhuma frase em português. Livremente, pode ser traduzida como “mas que vergonha!” ou até mesmo como “que papelão!” ou “que feio!”. Todas as reações que misturam certo desapontamento com reprovação explícita de determinada conduta. E é exatamente assim que muito italiano reage ao ouvir a história de Pizzolato.

A ousadia do fugitivo brasileiro impressionou Fallica. Mesmo sem ter em mãos o laudo pericial confirmando que Celso era Henrique, ele não hesitou. Pediu aos policiais da Carabinieri para verificarem se havia algum sinal do foragido em Porto Venere, onde “Celso” havia sido localizado anteriormente, ou em Maranello, onde o sobrinho de Pizzolato morava. Eram os dois locais mais óbvios para procurá-lo naquele primeiro momento.

A polícia de La Spezia voltou à casa onde havia sido feita campana no mês anterior. Era o endereço que Celso Pizzolato fornecera como sendo sua morada em Porto Venere. Nem ele nem a mulher estavam lá. Aparentemente tinham viajado, para a frustação dos Carabinieri que estavam prontos para entrar e deter o homem que haviam seguido por semanas. Os policiais de Modena tiveram mais sorte.

Primeiro, confirmaram o endereço do sobrinho de Pizzolato que vive sozinho em Pozza de Maranello, a 20 quilômetros de Modena. Até então, a Polícia Federal tinha como endereço dele o Maranello Village, um hotel da Ferrari onde a maioria dos visitantes fica hospedado. A informação estava desatualizada. Nando havia alugado uma casa geminada com duas entradas independentes para abrigar famílias distintas.

O imóvel fica na Via Vandelli, a menos de três quilômetros da fábrica da Ferrari. Apesar de não terem identificado nenhuma movimentação atípica no lado esquerdo da casa, onde o sobrinho mora, os policiais localizaram o Punto vermelho com placa da Espanha estacionado na garagem. Já haviam sido informados de que era o usado por Andréa Haas, a mulher de Pizzolato. Ela comprou o veículo e o registrou no próprio nome, conforme informaram autoridades espanholas. O Punto estacionado era um sinal de que ao menos a mulher de Pizzolato poderia estar no local.

Francesco Fallica acompanhava toda a operação a distância, em Roma. Aos policiais da Carabinieri foram repassadas cópias de todos os documentos que Henrique havia tirado no Brasil em nome de Celso. Também foram encaminhadas a foto e a digital coletada no aeroporto de Ezeiza, em setembro do ano anterior. Fallica estava em contato direto com o italiano Roberto Donati, em Brasília, e com o brasileiro Disney Rosseti, em Roma. Foi Fallica quem ligou para o brasileiro e avisou que haviam localizado o carro na porta na casa do sobrinho de Pizzolato. Deixou transparecer que a prisão era apenas uma questão de tempo:

– Fica tranquilo, já estamos lá – afirmou Fallica, avisando que já estavam monitorando a casa onde Pizzolato poderia estar em Pozza de Maranello e que ele seria detido para fins de extradição.

A confirmação de que Henrique incorporou a identidade de um defunto para fugir só veio tarde da noite de terça, com o laudo pericial conclusivo. Tanto as digitais de Celso coletadas no aeroporto da Argentina em setembro de 2013 quanto as arquivadas pela Secretaria de Segurança Pública de Santa Catarina em 2007 eram, na verdade, digitais de Henrique Pizzolato. A polícia confirmou ainda que Celso, mesmo morto em 1978, não apenas tinha título de eleitor e CPF válidos, como também estava em situação regular junto à Justiça Eleitoral e à Receita Federal.

Por segurança, os brasileiros lançaram no sistema da Interpol uma difusão vermelha também em nome de Celso Pizzolato como foragido do Brasil. Assim, ele poderia ser preso para fins de extradição. Já era madrugada na Itália quando veio a confirmação de que Henrique usara a identidade do falecido irmão para deixar o país. De qualquer forma, a polícia italiana já havia preparado um discreto aparato policial na porta da casa do sobrinho que mais tarde se revelou bastante eficiente.

Dezesseis pessoas participaram diariamente da operação de captura de Pizzolato na Itália. Eram dez policiais, alguns deles vestidos de gari, no local onde poderia ser efetuada a prisão. Os falsos garis fingiram varrer a rua para facilitar a vigilância. Na porta da casa do sobrinho, um grupo virou a noite à espera do procurado internacional. Bem cedinho, na manhã seguinte, tiveram os primeiros sinais de que o principal morador não estava sozinho na casa geminada do número 167 da Via Vandelli.

Pouco depois das 6h da manhã, o engenheiro saiu de bicicleta. Foi monitorado a distância por um dos policiais até a porta da fábrica da Ferrari. Chamou a atenção da polícia que Nando fechou, mas não trancou a porta antes de seguir para o trabalho. Pozza de Maranello está longe de ser um lugar com altas taxas de criminalidade. Ainda assim, ninguém ali deixa as portas destrancadas.

A casa de dois andares, que exibe muito concreto pintado de vermelho e janelas com frestas muito estreitas tampando os vidros, não dá chance alguma de espiar o que acontece do lado de dentro. Pouco tempo depois que Nando saiu, uma mulher foi vista circulando no pátio externo por alguns instantes. Os policiais militares que estavam de prontidão em diferentes pontos da rua entraram em estado de alerta.

Como era inverno e estava frio, decidiram cortar a energia elétrica da casa para forçar uma movimentação. Era preciso saber quem mais estava lá dentro. A estratégia funcionou mais rápido do que esperavam. Primeiro, a mesma mulher que havia sido vista momentos antes saiu para tentar descobrir por que a luz havia se apagado. Em seguida, foi a vez de um homem ir até o pátio externo para conferir o medidor de energia. Ele foi imediatamente fotografado.

As imagens capturadas naquele momento foram comparadas com as que o Brasil havia mandado para a Itália. "A fisionomia correspondia com a do procurado. Era ele", conta o tenente coronel Carlo Carrozzo, comandante da unidade de investigação dos Carabinieri em Modena e um dos coordenadores da operação. A imagem realmente não mentia. Era a mesma pessoa que quase cinco meses antes havia passado pelo aeroporto de Buenos Aires, conforme a foto que os italianos já haviam recebido.

Para ajudar os colegas policiais que procuravam Pizzolato mundo afora, a PF fez várias simulações de imagens possíveis do foragido. Com ajuda de um programa de computador, o fizeram ficar careca, barbudo, com cabelo pintado e outras combinações mais óbvias de um novo visual. Mas Pizzolato não usava nenhum tipo de disfarce, o que facilitou o reconhecimento visual dos policiais italianos.

Eles, contudo, optaram por não abordá-lo do lado de fora da casa. Temiam assustá-lo. Não queriam que ele saísse correndo, tampouco fugisse mais uma vez. A ordem para entrar seria dada somente depois que o casal voltasse para dentro da casa. Os policiais da Carabinieri se posicionaram estrategicamente nas laterais e na frente do imóvel. Tocaram o interfone e a mulher atendeu. Apresentaram-se. Assim que Andréa abriu a porta, os policiais militares anunciaram o que pretendiam e cerca de seis deles entraram de uma vez no sobrado vermelho.

Ao se aproximarem do homem que ali estava, vestindo jeans e camiseta, Pizzolato não correu nem se escondeu. Mas bem que tentou enganar os policiais:

– Eu sou o Celso. Eu sou o Celso – repetiu, como quem tenta convencer a si próprio de uma mentira.

Ele ainda insistiu em ser Celso. Mostrou documentos em nome do irmão morto com as fotos dele próprio. Na hora, conta Carrozzo, Pizzolato disse não entender bem italiano. A mulher, que segundo a polícia falava melhor o idioma, o ajudou a se comunicar.

Pizzolato, contudo, não conseguiu sustentar seu personagem diante da pressão policial. Cedeu rápido. "Após as primeiras tentativas de enganar os investigadores, fornecendo o nome falso de Celso Pizzolato, Henrique entendeu que os militares sabiam e admitiu sua verdadeira identidade", recorda Carrozzo. A polícia, então, anunciou que Pizzolato estava preso.

Ainda dentro da casa, os policiais começaram a segunda fase da operação. Exigiram uma identificação de Andréa, que mostrou a carteira de residente na Espanha, e saíram em busca de documentos, dinheiro ou qualquer outra evidência que pudesse indicar o que fazia e há quanto tempo o casal estava naquela casa. Encontraram muita coisa que permitiu refazer parte do caminho percorrido por Pizzolato na Europa. Os policiais também foram buscar Nando no trabalho. Como entraram na casa dele, era preciso que fosse devidamente notificado.

Pizzolato e Andréa estavam em Maranello desde a semana anterior à operação policial que culminou com a prisão do ex-diretor do Banco do Brasil. Quando eles chegaram, o sobrinho não estava na cidade. Havia viajado para a Espanha.

Entre 28 e 31 de janeiro, o engenheiro participou dos quatro dias de testes da Fórmula 1 em Jerez, onde o piloto brasileiro Felipe Massa superou o espanhol Fernando Alonso no último dia de treino. Nando viu o brasileiro colocar, pela primeira vez, a Williams na frente da Ferrari. Conhecedor dos dois motores, não imaginava que a aparente superioridade da Mercedes sobre a Ferrari naquele fim de janeiro de 2014 seria apenas o primeiro dos muitos trancos em sua vida que estavam por vir nos próximos dias.

Nando abrigou em casa um foragido internacional. Passou, assim como outros parentes, a ser investigado no Brasil por ter colaborado com o fugitivo. Na Itália, a ajuda que deu ao tio não é crime, mas lhe rendeu muita dor de cabeça. O engenheiro precisou dar explicações à Ferrari e passou dias sendo procurado por dezenas de jornalistas cheios de perguntas que ele tinha muito receio de responder. Teve ainda a casa vasculhada pela polícia. Aparentemente, não teve problemas nem no trabalho nem junto à polícia italiana.

Ao revistarem a casa do sobrinho de Pizzolato, os policiais encontraram quase 15 mil euros e 2 mil dólares (os mesmos que tinha levado do Brasil). Também recolheram muitos documentos em nome de Henrique e de Celso. Chamou a atenção a grande quantidade de comida estocada. No supermercado ao lado, o dono conta que Pizzolato comprava lasanha congelada e muita cerveja. Pagava sempre em dinheiro.

Seis policiais italianos aparecem no relatório como responsáveis diretos pela prisão. O documento de três páginas narra detalhes da operação e lista os pertences de Pizzolato apreendidos. Em nome de Celso, foram recolhidos o passaporte italiano usado na fuga; a carteira de identidade (AS2919229) emitida em 14 de dezembro; a do serviço público de saúde italiano com data de 11 de outubro e o pedido de código fiscal solicitado em 8 de outubro. Exceto o passaporte, que é de 2010, todos os demais documentos foram confeccionados na Itália em 2013, assim que Pizzolato chegou. Também havia papéis em nome de Henrique: uma identidade de residente de Málaga, na Espanha, e outra, a italiana de número AU9198856, emitida pela comuna de Treviso em 14 de outubro de 2013.

Depois de darem a ordem de prisão e de revistarem a casa, os policiais levaram Pizzolato para o comando da Carabinieri em

Modena. Chegaram por volta das 10h45 no sisudo complexo de prédios de tijolos marrom cheio de antenas, que não fica distante do centro, mas está numa área mais isolada da cidade. Localizado bem em frente às linhas de trem, nos fundos da estação central, é capaz de intimidar até mesmo quem não infringiu a lei e está ali apenas de visita. Aguardar naquelas salas frias e impessoais não é uma experiência agradável.

Primeiro foi feita uma identificação datiloscópica, que confirmou imediatamente que ele não era Celso, mas Henrique. Em seguida, Pizzolato foi interrogado, mas pouco falou. Stefano Savo, comandante da Carabinieri em Modena, afirma que foi preciso acionar um intérprete que falava português para auxiliar o preso no depoimento. Ainda assim, o relatório policial assinalou que Pizzolato falava e entendia italiano.

Ao ser interpelado pela polícia Carabinieri, Pizzolato foi categórico: não queria voltar ao Brasil. Ele se disse perseguido pelo Estado brasileiro, que o condenou injustamente. E pleiteou seu direito a uma audiência junto a uma autoridade da Justiça. Caberia à corte italiana manter ou não a prisão, solicitada pelo Brasil para fins de extradição.

Às 11h55, os policiais da Carabinieri informaram a prisão ao procurador substituto Henrique Steffani e, dez minutos depois, comunicaram a procuradoria na Corte de Bolonha. Andréa e Nando, que seguiram para o complexo da polícia em Modena, também foram informados de que Pizzolato ficaria detido para fins de extradição.

Os Carabinieri lhes perguntaram se Pizzolato tinha algum advogado. Diante da resposta negativa, os próprios policiais indicaram Lorenzo Bergami, um senhor de baixa estatura, bastante calvo, que costuma mesclar calça social escura e blazers de linho claro no calor ou um jaquetão com capuz no inverno.

Mesmo pego de surpresa, Bergami não hesitou em assumir o caso ainda naquela quarta-feira. Pizzolato lhe disse ser inocente e deixou claro que estava disposto a tudo para não ser mandado de volta para o Brasil. O advogado comprometeu-se a tentar, imediatamente, tirá-lo da cadeia e mandá-lo para a casa do sobrinho. Pediria a liberdade ou mesmo prisão domiciliar à corte de Bolonha.

– Agora, a urgência diz respeito ao lugar onde estará Pizzolato: no cárcere ou em prisão domiciliar. É claro que estaria melhor em casa – disse o advogado a jornalistas no dia seguinte à prisão.

Esse era o plano do advogado. Explicar aos três juízes que analisariam o caso na manhã de sexta-feira na corte de Bolonha que não havia perigo de fuga e, portanto, Pizzolato poderia ficar fora da cadeia, enquanto aguardava o processo de extradição. Com sorte, previu o defensor, o processo judicial que balizaria a decisão política de mandá-lo ou não de volta ao Brasil demoraria pelo menos seis meses.

Enquanto o advogado corria para bolar uma estratégia para tirar Pizzolato da cadeia na Itália, a Polícia Federal preparava-se para anunciar a prisão numa concorrida coletiva de imprensa em Brasília.

No dia anterior, os policiais brasileiros que coordenaram a operação na capital federal saíram do Setor Policial Sul por volta da meia-noite. Já era madrugada na Itália nesse horário e eles sabiam que a prisão de Pizzolato poderia se dar em poucas horas. Estava tudo devidamente engatilhado. Mesmo se o cerco armado pelos italianos desse errado, eles já estavam mais que satisfeitos. Haviam descoberto exatamente quando e como Henrique Pizzolato deixou o país e tinham a certeza de que ele estava mesmo em território italiano. Mais. A Itália deu demonstrações impressionantes de que estava disposta a colaborar.

Depois de quase 14 horas reunidos com o italiano Roberto Donati, a descoberta do paradeiro de Pizzolato fazia chegar ao fim uma agonia que se arrastava havia meses. Os policiais, contudo, tiveram tempo de dar uma cochilada apenas.

Por volta das 7h em Roma, Francesco Fallica ligou para Disney Rosseti visivelmente empolgado:

– Pegamos ele.

Rosseti decidiu esperar um pouco para repassar a notícia adiante. Ainda era madrugada no Brasil quando Pizzolato foi preso. Mas a notícia correu rapidamente tão logo o sol nasceu. Por volta das 8h30 em Brasília, Donati avisou ao delegado Luiz Eduardo Navajas, também por telefone, que a operação na Itália havia sido bem-sucedida e que Pizzolato já estava preso no comando da Carabinieri em Modena. Na sequência, o brasileiro ligou para o chefe Luiz Cravo Dórea que, por sua vez, comunicou a direção-geral da Polícia Federal. O próximo a ser informado foi o Ministro da Justiça.

Decidiu-se, então, anunciar a prisão aos jornalistas numa entrevista coletiva naquela tarde. Por volta do meio-dia, Najavas começou a preparar uma apresentação detalhada em PowerPoint para mostrar como o caso foi esclarecido. O italiano Roberto Donati foi convidado para participar da coletiva, marcada para a tarde do dia 5 de fevereiro de 2014.

A notícia da prisão, contudo, vazou mais cedo do que a Polícia Federal queria. A primeira dica foi repassada a um colaborador do jornal *Folha de S.Paulo* na Europa. A sucursal de Brasília da *Folha* foi imediatamente acionada para tentar confirmar a informação de que, naquela manhã de quarta-feira, Pizzolato fora preso com documentos falsos em Maranello, no Norte da Itália.

Questionado, um delegado federal lotado no Máscara Negra, edifício sede do comando da PF notório pelos vidros escuros, informou apenas que a notícia seria detalhada numa coletiva à tarde. Era a senha. Pizzolato estava mesmo preso na Itália. A notícia foi para a internet por volta do meio-dia. Replicou-se e foi reproduzida, cada vez com mais detalhes, por outros sites.

Foi mais ou menos nessa hora que o ministro da Justiça, José Eduardo Cardozo, ficou sabendo da prisão. Ele saía do Supremo Tribunal Federal. Estavam dentro do carro ele, a assessora e o motorista. O celular da assessora tocou na mesma hora em que o chefe da Polícia Federal ligava para o chefe dela. Os dois telefonemas eram para avisar que Pizzolato estava detido na Itália. Fugira usando documentos falsos.

Pairou, dentro do carro, uma sensação de alívio. Acabariam as pressões e cobranças sobre o ministro e sua polícia, que havia ficado com os brios feridos por não ter evitado a fuga. Agora, os federais poderiam divulgar como esclareceram o caso. Teriam o direito também a se vangloriar porque a localização e a prisão foram muito mais rápidas que a de outros foragidos famosos. De pronto, já tinham dois casos na ponta da língua: PC Farias, o operador de Fernando Collor, e Georgina de Freitas, a advogada que organizou um megaesquema de desvio de aposentadorias.

À tarde, dezenas de jornalistas foram para a porta da sede da Polícia Federal em Brasília. Depois de mais de uma hora de espera, fizeram fila para subir ao auditório que ficou imediatamente superlotado. Enquanto jornalistas procuravam tomadas para seus computadores e câmeras e fotógrafos se empurravam em busca do melhor ângulo, policiais se acomodavam na primeira fileira de cadeiras para assistirem à apresentação.

À mesa, diante dos microfones e gravadores, os delegados federais Luiz Cravo Dórea e Rogério Galloro, diretor executivo da PF, e o policial italiano Roberto Donati. Nas costas deles, estava a projeção do PowerPoint anunciando o "Caso Henrique Pizzolato". A entrevista durou aproximadamente 45 minutos na sala decorada com as bandeiras do Brasil e da Polícia Federal.

Primeiro os policiais foram apresentados. Tiveram nomes e cargos devidamente anunciados no microfone. Depois que um telefone celular tocou, jornalistas foram orientados a colocar os aparelhos no modo silencioso. Enquanto fotógrafos simultaneamente disparavam suas máquinas fazendo muito barulho a cada movimento do trio nas cadeiras, jornalistas aguardavam impacientes o início da entrevista. Um dos entrevistados olhou o relógio, enquanto uma repórter reclamava do tardar da hora.

Rogério Galloro foi o primeiro a falar. Deu boas-vindas e disse ter grande satisfação em receber os jornalistas para compartilhar a informação:

– A Polícia Federal, em total parceria e cooperação com a polícia italiana, logrou êxito depois de pouco mais de dois meses em localizar e prender o senhor Henrique Pizzolato, o último dos 12 condenados da ação 470 pelo Supremo Tribunal Federal, cujos mandados foram expedidos em novembro do ano passado.

A notícia já não era exatamente uma novidade, mas Galloro prosseguiu dizendo que a operação consistiu na "troca intensa de informações" entre brasileiros e italianos, além das polícias da Espanha e da Argentina. O delegado resumiu a apresentação que seria feita em seguida. Disse que Henrique falsificou uma carteira de identidade em nome de Celso Pizzolato. Com esse documento, Pizzolato providenciou passaporte brasileiro, título de eleitor, CPF, todos falsos, e deslocou-se pela fronteira do Brasil com a Argentina, mais especificamente até a cidade de Dionísio Cerqueira, em Santa Catarina. Depois de mais de 1.300 quilômetros, chegou a Buenos Aires, onde pegou um voo para Barcelona. A passagem foi comprada pela própria mulher dele, no cartão de crédito.

Foi, então, interrompido pelos jornalistas que, mesmo sem saber que Celso havia morrido em 1978, já estavam cheios de dúvidas. Primeiro, uma repórter quis saber quando Pizzolato deixou o Brasil. Em seguida, outra jornalista tentou emplacar mais uma pergunta e foi interrompida. Outro questionou se Pizzolato tem cidadania italiana. E mais um tentou descobrir se Celso era o irmão que estava morto, conforme alguns sites já haviam antecipado.

– Nós acreditamos que sim. Inclusive porque já levantamos o túmulo desse irmão na cidade de Concórdia, Santa Catarina – disse o diretor executivo, arrancando sorrisos discretos, mas impressionados de muitos jornalistas.

Assim, Galloro deu aos repórteres o "lead", jargão usado pelos jornalistas para definir o ponto mais forte, a principal novidade da notícia. Os que ali estavam já sabiam como, quando e onde Pizzolato fugiu. Faltava apenas saber como foi a operação que o prendeu. Antes de dar espaço às perguntas, o delegado insistiu para que a apresentação preparada no início daquela tarde fosse mostrada na íntegra.

Coube ao delegado Luiz Cravo Dórea, que havia comandado no dia anterior a reunião que permitiu esclarecer a fuga e prender Pizzolato, contar como chegaram até o foragido. Para angústia dos jornalistas, seres ansiosos por natureza, Dórea começou narrando o histórico do processo do mensalão no Supremo Tribunal Federal. A primeira das 23 telas da apresentação datava os principais acontecimentos, da abertura de inquérito à apresentação à polícia de 11 dos 12 primeiros alvos dos mandados de prisão.

Dórea explicou por que a cronologia era importante: os embargos (recursos) dos réus foram negados pelo Supremo em 4 de setembro de 2013 e, exatamente uma semana depois, Pizzolato fugiu do país. Ele mostrou o mandado de prisão contra Pizzolato e a tela do sistema da Interpol com os dados do fugitivo e o alerta vermelho, compartilhada por 190 países.

O delegado, diante de dezenas de jornalistas, também fez questão de destacar a longa tradição de cooperação com os policiais italianos, não apenas para prisões com fins de extradição, mas em operações de combate à ação de narcotraficantes e de mafiosos. O italiano Roberto Donati também reforçou a "colaboração histórica sempre com resultados ótimos" entre as duas polícias. Ambos pareciam orientados a não deixar transparecer, em nenhum momento, que a relação entre as duas polícias estava caótica até a manhã do dia anterior.

– A gente age como uma polícia única. Só nos difere, em alguns casos, o idioma – destacou Donati.

Diante de tantos detalhes e informações, nenhum jornalista reparou no esforço dos dois policiais para afastar qualquer suspeita sobre a dificuldade de troca de informação que marcou a investigação. Tambouco apontaram os tropeços, desencontros e pistas equivocadas. Eles também não explicaram que a fuga fora esclarecida somente no dia anterior, depois da reunião inicialmente marcada para discutir a insatisfação com a primeira péssima impressão da postura dos italianos perante a investigação.

Dórea prosseguiu sua apresentação admitindo que faltava à polícia uma informação crucial: como Pizzolato fugiu do país.

– Essa peça veio de uma das trocas de informações com a polícia italiana. Havia a informação de que o irmão de Henrique Pizzolato havia mudado o status de italiano residente no exterior para italiano residente na Itália no ano passado. Quando recebemos essa informação, começamos a investigar o núcleo familiar de Henrique. Vimos que havia uma informação não confirmada de que Celso Pizzolato havia morrido há 36 anos.

O delegado diz que, apesar de não ter encontrado a certidão de óbito, a polícia confirmou que ele morreu aos 24 anos num acidente de carro em Foz do Iguaçu e localizou o túmulo na cidade de Concórdia. Enquanto a coletiva rolava, um e-mail apareceu na caixa de mensagens do delegado Luiz Eduardo Navajas. Era o atestado de óbito de Celso, registrado num cartório no Paraná. Não deu tempo nem de avisar ao chefe.

A apresentação continuou. Dórea sentenciou o que, para ele, foi o maior vacilo de Pizzolato: não contar com fato de que, no aeroporto de Ezeiza, todos os que embarcam e desembarcam têm as digitais coletadas, uma foto tirada e o passaporte escaneado. Contou ainda do Punto vermelho comprado em nome da mulher e estacionado na porta da casa do sobrinho do foragido, um engenheiro da Ferrari que vive em Maranello. Revelou também que, na hora da abordagem policial, Pizzolato insistiu que não era Henrique. Afirmou ser Celso. Disse ainda que foi feita uma vistoria na casa do sobrinho, onde Pizzolato foi preso e encontraram documentos em nome de Celso e Henrique. Os repórteres voltaram a ficar agitados e recomeçaram as perguntas.

– Qual é o nome do sobrinho? – grita uma jornalista

– Fernando Grando – diz o delegado para, em seguida, soletrar pausadamente o sobrenome do sobrinho de Pizzolato.

– Fernando Grando é cidadão brasileiro? – quis saber outra repórter.

– Sim.

– Senhor, senhor! Como fica a situação dele agora? – adiantou-se outra jornalista.

Dórea prometeu explicar, mas disse que não queria quebrar o ritmo da apresentação. Ele prosseguiu dizendo que a Polícia Federal percebeu uma conexão de Pizzolato com a Espanha porque em 2010 ele e a mulher pediram e conseguiram a condição de residente em Málaga. E contou que Pizzolato narrou às autoridades policiais italianas o registro de um furto em Barcelona.

De novo, os jornalistas interromperam a apresentação. Queriam saber se era Celso ou Henrique que solicitara a moradia em Málaga. Mais. Por que Espanha e não a Itália. A polícia não sabia as razões particulares que levaram Pizzolato a incluir a Espanha como roteiro de fuga. Mas sabia que, quando a notícia de que ele havia fugido foi divulgada, Andréa Haas já havia embarcado para aquele país.

Mais uma vez os repórteres ficaram agitados. Queriam mais detalhes da entrada e da saída de Pizzolato na Argentina, por que registrou uma ocorrência policial, quando e quem o ajudou a confeccionar tantos documentos em nome de Celso. Uma voz no fundo da sala perguntou ainda se a mulher de Pizzolato seria indiciada.

– Estamos investigando se a participação de terceiros foi ou não criminosa – respondeu o delegado Galloro, dizendo que por ora ninguém mais seria detido e que, naquele mesmo dia, foi aberta uma investigação para apurar a confecção dos documentos para Celso, considerados ideologicamente falsos.

O italiano Roberto Donati pegou o microfone para explicar o que aconteceria com Pizzolato a partir daquele momento. Repetiu reiteradas vezes que a prisão não se deu pelo uso de documentos falsos, mas para atender ao pedido do Brasil. Pizzolato foi preso para fins de extradição. Com ele, além dos documentos, foi apreendido dinheiro.

– O que acontece daqui para frente? – gritou um repórter.

Donati explicou, então, que caberia exclusivamente à Justiça Italiana decidir sobre o futuro de Pizzolato. A praxe, segundo ele, é informar à corte de apelação da região sobre as circunstâncias da prisão e deixar os magistrados avaliarem se mantêm ou não o preso atrás das grades. Primeiro levam em conta se a condenação em outro país se deu por causa de crimes que existem na legislação italiana. Em seguida, analisam detalhes como o risco de nova fuga. Não havia, contudo, prazo para essa avaliação, esclareceu o policial italiano. Tudo dependia da agenda dos juízes.

A coletiva acabou e jornalistas de rádio e televisão ainda tentaram arrancar mais detalhes ao vivo ou gravando declarações dos entrevistados. Os que escrevem para a internet e para jornais corriam para mandar as primeiras versões dos textos. Enquanto isso, outros repórteres, em sua maioria na Europa, foram acionados para se deslocarem à Itália naquele mesmo dia. Além de acompanhar a estratégia da defesa para tirar Pizzolato da cadeia, era preciso entender o processo de extradição.

Enquanto a coletiva da polícia acontecia, o ministro da Justiça José Eduardo Cardozo confirmou que o governo brasileiro iria pedir a extradição do ex-diretor de marketing do Banco do Brasil. Ele deveria cumprir a pena em território nacional.

– [Pedir a extradição] é nosso dever, e assim o faremos. Comunicaremos a prisão ao Supremo Tribunal Federal e tomaremos todas as providências – afirmou o ministro, ex-algoz de Pizzolato na CPI.

Ele, contudo, acabou não cumprindo exatamente o que acabara de prometer naquele 5 de fevereiro.

Depois de acelerarem os procedimentos para localizar e prender Pizzolato, começou uma nova correria. De um lado, os advogados italianos tentando garantir a ele a liberdade o mais rápido possível. Do outro, autoridades brasileiras, em especial do Ministério Público Federal, correndo para cumprir prazos e conseguir dar início ao processo de extradição. Deu-se início a uma guerra jurídica silenciosa.

Decisão à bolonhesa

No mesmo dia da prisão, Henrique Pizzolato foi levado para a penitenciária de Modena, a pouco mais de 20 quilômetros da casa do sobrinho dele. Entrou na Casa Circondariale di Modena sem data para sair. Sua liberdade dependida da habilidade de seus advogados em convencerem procuradores e juízes de que não havia qualquer risco de fuga, mesmo depois de ele ter passado por quatro países usando o passaporte em nome do irmão morto para escapar da cadeia. A primeira tentativa de soltá-lo seria dali a dois dias, em Bolonha.

Assim, Pizzolato poderia passar apenas duas ou muitas noites naquela penitenciária que, ironicamente, também protagonizou um escândalo nacional de desvio de dinheiro. Nos anos 1980, a Casa Circondariale di Modena ficou conhecida como "prisão de ouro" devido à suspeita de que políticos locais superfaturaram a obra e embolsaram recursos supostamente desviados.

Inaugurada em 1991, a prisão passou por reformas anos depois para separar presos condenados dos que aguardam julgamento. Apesar da estrutura externa aparentemente moderna e bem conservada, a penitenciária convive com problemas como falta de recursos e superlotação para os padrões italianos. A estrutura tolera o máximo de 600 detentos, mas foi concebida para abrigar 397.

Quando Pizzolato chegou, em fevereiro de 2014, a penitenciária contabilizava aproximadamente 550 presos, a maioria imigrante. São estrangeiros, principalmente árabes, africanos e magrebinos, envolvidos com tráfico de drogas. Pizzolato era o único brasileiro detido, e a informação era de que iria a dividir a cela de nove metros quadrados com um italiano.

No espaço, é possível ter televisão, rádio, computador sem internet e uma ducha. Os presos têm direito a um telefonema uma vez por semana para números cadastrados. Podem ainda receber visitas de terça a sábado. São quatro horas de banho de sol por dia, divididas em períodos iguais pela manhã e tarde. As refeições, elaboradas por nutricionistas, têm invariavelmente massa e carne. Além disso, estão à disposição dos presos serviços médicos de emergência, psiquiatras e até um capelão. Na prisão de Modena, há ainda biblioteca, campo de futebol e academia de ginástica.

Como toda penitenciária, tem a segurança reforçada. Além do olhar atento de vigilantes posicionados em pontos estratégicos, o local conta com sistema de vídeo, muros altos e muito arame farpado. Os seguranças da prisão não escondem a curiosidade em relação à vida pregressa do preso que parece ser ilustre. Afinal, não é todo dia que um interno atrai tantos jornalistas brasileiros até a isolada Casa Circondariale di Modena.

A penitenciária fica na estrada de Sant'Anna, uma pacata rodovia vicinal que liga um setor de pequenas indústrias a uma área residencial repleta de chácaras. Nos arredores, repleto de árvores e até plantações, tem um asilo. Diante do tédio da periferia de Modena, guardas sempre aproveitam a presença de jornalistas à procura de informações para descobrir qual era a participação de Pizzolato no esquema.

O escândalo do mensalão tem sido definido por muitos italianos como o *tangentopoli* brasileiro. Numa tradução livre, quase literal, *tangentopoli* significa "cidade da propina" ou "propinópolis".

Não se sabe ao certo quem cunhou a expressão, mas ela passou a ser usada com frequência para definir o esquema de corrupção dinamitado pela célebre Operação Mãos Limpas, conduzida pela Itália nos anos 1990.

Naquela época, políticos, partidos e empresários começaram a ser investigados por procuradores e punidos por juízes, a partir de uma denúncia de que a KGB, o serviço secreto da extinta União Soviética, havia financiado muita gente poderosa na Itália. A operação ganhou fôlego e importância após vir à tona um escândalo envolvendo o Banco Ambrosiano, o Banco do Vaticano e a loja Maçônica P2.

A máfia italiana, com suas fortes ligações no mundo político, acabou atingida pela operação. Mais do que uma dura investida contra o crime organizado, a Mãos Limpas se fez valer como uma excelente estratégia de marketing. Há quem diga que fez mais barulho do que promoveu resultados efetivos no combate à corrupção.

Muita sujeira apareceu, e gente graúda acabou no banco dos réus. Teve ainda impacto direto na política. Dois grandes partidos da época, a Democracia Cristã e o Socialista, e seus "papas" foram praticamente sepultados. Mas, no vácuo da crise exposta até as entranhas pelos magistrados envolvidos pela Operação Mãos Limpas, surgiu Silvio Berlusconi, o biliardário que ocupou por quatro vezes a presidência do Conselho de Ministros. Berlusconi contabilizou, ao todo, nove anos como primeiro-ministro da Itália e protagonizou uma gestão carimbada com controvérsias, escândalos e processos criminais.

Por mais que desconheçam detalhes do mensalão, os italianos sabem bem o que é ter políticos envolvidos em denúncias de corrupção e lavagem de dinheiro. Por isso, o guarda da prisão responsável por controlar a entrada e saída de outros funcionários numa ensolarada tarde de terça-feira do mês de junho de 2014 não escondia a curiosidade sobre a ficha corrida de Pizzolato. Ele queria comparar o caso brasileiro com os escândalos italianos.

Assim como outros seguranças da prisão, o daquela terça-feira ouviu dizer que Pizzolato era famoso no Brasil. Para ele, o nível de fama de um político criminoso pode ser mensurado pelo montante que um esquema movimenta. Sem rodeios, perguntou: "Quanto roubou ao todo?", friccionando o dedo indicador no polegar para reforçar que falava de dinheiro. Aceitava a resposta em dólar ou euro.

O montante total de recursos públicos verdadeiramente desviado para abastecer o mensalão é uma incógnita. Mas a cifra total movimentada, por meio de contratos, empréstimos e saques em espécie, tem seis zeros em qualquer moeda: real, dólar ou euro. Ao saber que o esquema movimentou de forma suspeita milhões, o segurança da prisão surpreendeu-se erguendo quase ao infinito as sobrancelhas e arregalando os olhos. Continuou impressionado mesmo ao saber que Pizzolato não foi o único condenado por participar do esquema.

A revelação do valor total movimentado pelo *tangentopoli* brasileiro valeu como uma eficiente moeda de troca por informações. Na porta da prisão, o simpático e curioso guarda explicou que a mulher de Pizzolato sempre vai visitá-lo. Embora não a tivesse visto, tinha certeza de que não apareceria mais naquela primeira terça-feira de junho de 2014. Na Circondariale di Modena, explica o segurança, parentes e amigos dos presos podem entrar das 7h às 15h, de terça a sábado, em dias alternados.

Além de Andréa Haas, o advogado Lorenzo Bergami e o sobrinho também estiveram com Pizzolato na cadeia. Até junho de 2014, o engenheiro Fernando Grando havia ido somente uma vez encontrar-se com o tio. Como o horário de visita é restrito a um número fixo de horas por mês, os parentes mais próximos de Pizzolato optaram por não disputar as visitas com Andréa.

Algumas das irmãs de Pizzolato até pensaram em ir à Itália para acompanhar audiências na Justiça, mas acharam melhor ficar rezando e torcendo no Brasil mesmo. Seria um grande esforço para, talvez, nem poderem fazer um afago no irmão preso. A longa viagem serviria apenas para reduzir o já escasso número de horas que a mulher dele tinha para visitá-lo.

Desde que foi preso, Pizzolato apegou-se ainda mais à fé. Passava a maior parte do tempo rezando sozinho ou em companhia do capelão. Continuava tomando medicamentos para enfrentar a depressão, mas começou alguns cursos. Ajudava a passar o tempo. Em maio de 2014, por exemplo, estava aperfeiçoando o italiano.

Os mais próximos a Pizzolato, contudo, nunca esconderam quão dramática tem sido a vida dele atrás das grades. Ainda que na Itália, ele vive diariamente seu maior pesadelo. Pior. Não há data certa para a vida de privações acabar.

Ao assumir o caso, o advogado Lorenzo Bergami ficou impressionado ao ver como Pizzolato envelheceu entre 2005 e 2014. Foi se informar na internet sobre o novo cliente. Ao ver fotos dele na CPI, assustou-se com o impacto de nove anos marcados por uma investigação frenética, um julgamento caudaloso e uma fuga alucinada. A prisão o deixou ainda mais abatido.

A primeira tentativa do advogado de soltar Pizzolato fracassou, para desespero da família e do próprio preso. Dois dias depois da operação policial, foi negado o pedido para que Pizzolato aguardasse em liberdade o julgamento da extradição dele para o Brasil. A Justiça Italiana decidiu mantê-lo preso em Modena por acreditar que havia risco de fuga.

A audiência na corte de Bolonha foi rápida. Durou menos de duas horas. Pizzolato foi levado num furgão azul na manhã daquela sexta ao robusto e antigo prédio do Palácio de Justiça de Bolonha, onde acompanhou a decisão contra ele. No início da tarde, voltou no mesmo veículo direto para a cadeia na cidade vizinha.

A quatro quilômetros da prisão, estava o Fiat Punto vermelho do casal, estacionado na porta do prédio onde funciona o escritório de Bergami, no número 17 da elegante Corso Vittorio Emanuele II, avenida toda arborizada, com um canteiro central gramado protegido por uma cerca viva. Estava frio, mas não nevava.

Eram cinco horas da tarde da sexta-feira, 7 de fevereiro de 2014, quando Andréa Haas terminou uma reunião com os advogados em Modena. Ela acabara de receber a notícia: o marido permaneceria preso e seria preciso recorrer a Roma para tentar garantir-lhe a liberdade. O plano da fuga, neste primeiro momento, fracassara. A dupla cidadania de Pizzolato não foi suficiente para deixá-lo livre.

Ainda abalada com a notícia, Andréa concordou em conceder sua primeira entrevista. A decisão foi tomada de supetão. Na frente dela, o advogado falava ao telefone com uma jornalista que insistiu em entrevistá-la. Ele repassou o pedido e ela topou falar.

Recebeu a repórter da revista *IstoÉ* no escritório de Bergami mesmo. Andréa começou a falar sobre a fuga e a prisão no fim da tarde daquela sexta que havia se mostrado de pura decepção para a família de Pizzolato. Nos primeiros dez minutos da entrevista, estava tão nervosa que tremia. Quase não conseguia articular frases conexas. Admitiu que nem ela nem o marido esperavam a prisão naquele momento. Disse também que decidiram fugir depois de se sentirem encurralados, sem "saída jurídica" para o caso. Preferiram escapar da prisão a sucumbirem ao que diz ser "injustiça":

– É claro que, se fosse possível escolher, não queríamos sair do Brasil. Ninguém queria deixar o País. Mas era preciso achar uma saída. [...] Podemos até morrer, mas não podemos deixar de procurar uma saída, porque sempre existe uma saída na vida. Por isso decidimos sair do Brasil. Querem roubar nossa dignidade. Queremos uma saída. Queremos sobreviver. Temos esse direito – disse à revista.

Na conversa com a repórter da *IstoÉ*, a mulher de Pizzolato deixou claro que a decisão de buscar refúgio na Itália foi tomada diante dos "erros da Justiça brasileira". No entanto, recusou-se a detalhar a fuga. Não esclareceu como os documentos em nome de Celso foram falsificados nem quis falar sobre a situação financeira do casal na Europa, onde a vida custa pelo menos três vezes mais caro que no Brasil. Não explicou a origem dos 15 mil euros nem dos dois mil dólares apreendidos pelos Carabinieri na casa do sobrinho de Pizzolato. Também não respondeu por que o marido votou usando o título do irmão morto nas eleições de 2008, quando o mensalão era apenas uma ação penal que tramitava lentamente no Supremo Tribunal Federal.

Andréa só ficou mais à vontade quando começou a falar sobre o julgamento do mensalão, que definiu como "avalanche de mentiras". Era a deixa para reforçar a estratégia de defesa de Pizzolato, derrotada no Supremo, mas bem-sucedida na divulgação em redes sociais e blogs de esquerda. Reclamou que o marido não teve direito a recurso no julgamento e repetiu, ainda que de forma resumida, o que os amigos do casal e o advogado de Pizzolato propagavam exaustivamente. Reiterou que o dinheiro não era público, que não houve desvio e que, tampouco, Pizzolato mudou as regras do repasse da verba publicitária no Banco do Brasil para beneficiar o PT.

Mostrou-se ainda mais confortável ao criticar os ministros do Supremo mesmo diante da pergunta de como eles podem ter errado tanto depois de terem passado anos debruçados sobre o volumoso processo estudando o caso. E, claro, foi firme na óbvia e esperada defesa incondicional do marido:

– O Henrique sempre foi um CDF. Sempre fez tudo direitinho e certinho. É um sujeito organizado. Você pode ver a história dele. De repente ele está preso, acusado de ter desviado 73 milhões de reais do Banco do Brasil...

A indignação de Andréa não foi apenas verbalizada na entrevista daquela sexta. No dia seguinte, ela foi mais de uma vez cercada por repórteres que faziam plantão na porta da prisão. Chegou cedo, antes das 8h, dirigindo o próprio Punto para visitar o marido. Foi abordada pelos jornalistas tão logo desceu do carro.

Estava sozinha. Nas mãos, carregava uma sacola com roupas, toalha, tangerinas, remédios e um par de sandálias, além de levar uma pasta amarela debaixo do braço.

De pronto, avisou que não falaria. Diante da insistência por uma declaração qualquer, controlou os nervos para não perder a razão. As palavras saíram como um desabafo contido:

– Todos os documentos foram apresentados à imprensa. Tiveram oportunidade de divulgá-los. Nunca divulgaram. E só divulgaram mentiras. Por que eu vou falar mais? – disse, dando de ombros e acelerando o passo.

Andréa seguiu andando em direção ao portão da penitenciária tal qual um pato a manquitolar. Estava cambaleante de tantas preocupações e perturbações que se acumulavam. Os repórteres não deram trégua. Atrás dela, câmeras e jornalistas, que queriam e precisavam perguntar muito mais. Ela seguiu desprezando todos os questionamentos feitos na sequência, em alto e bom som:

– Pizzolato trouxe esses documentos para cá? – argumentou uma correspondente de TV, certamente lembrando-se da notícia de que ele havia fugido levando consigo um dossiê.

– Por que ele viajou com documentos do irmão? – quis saber um repórter de jornal, tocando num assunto que nem amigos nem parentes de Pizzolato gostam de falar.

Andréa distanciou-se, deixando todos os que ali estavam no incômodo vácuo sempre experimentado pelos solenemente ignorados. Menos de meia hora depois, ela saiu sem conseguir ver o marido. Foi barrada porque seu nome não constava na lista de visitantes com autorização da Justiça para entrar naquela manhã de sábado.

Aos jornalistas, não explicou por que sequer havia passado da área de espera. Quando voltava em direção ao carro, respondeu uma única pergunta, feita por uma jornalista que queria um comentário sobre a aparente tranquilidade do ex-diretor do Banco do Brasil ao ser preso dois dias atrás. Até os policiais surpreenderam-se com tamanha placidez num momento em que todos os planos pareciam desmoronar. Andréa não perdeu a oportunidade de provocar, mais uma vez, o Supremo:

– Deve ser porque a Justiça aqui seja correta, íntegra, que faz as coisas certas. Deve ser por isso que ele estava sereno – respondeu para, em seguida, sair dirigindo o próprio carro.

Os jornalistas permaneceram o dia todo fincados na porta da Casa Circondariale di Modena. Um dos piores lugares para se fazer plantões jornalísticos "intermináveis". Não há salas de espera, tomadas, nem lugar para comer ou ir ao banheiro. A penitenciária fica num lugar extremamente ermo, ao lado de uma rodovia e de uma zona de chácaras, obrigando aos que ali estão na porta a revezarem-se para comprar água e comida. A longa espera naquele local inóspito, contudo, valeu para os jornalistas.

Andréa acabou voltando à prisão mais tarde. Chegou com mais sacolas e ainda mais irritada com o assédio da imprensa. Passou quase duas horas na prisão e saiu junto com outras duas mulheres, esboçando um leve sorriso. Diante das circunstâncias, parecia mais aliviada por ter visto o marido, ainda que numa sala com outros doze detentos. Para os jornalistas, contudo, sobrou apenas irritação.

Voltou a falar sobre o dinheiro que teria abastecido parte do mensalão. Repetiu que os recursos da Visanet eram privados e foram todos aplicados corretamente. Ao identificar a repórter da Rede Globo de Televisão entre os jornalistas, entoou, mesmo que com uma voz bastante embargada, a mensagem que já ecoava em blogs brasileiros. Disse que a emissora recebeu 5 milhões de reais do Fundo Visanet.

Não apenas emissoras afiliadas à Rede Globo como muitos outros veículos de comunicação receberam parte dos recursos do Visanet por terem veiculado campanhas publicitárias do cartão do Banco do Brasil. Mas Andréa insistiu, naquele momento, em atacar a Globo. Subiu o tom de voz e apontou para dentro da prisão. Disse que Pizzolato estava preso mesmo tendo aplicado os recursos honestamente e que a Globo devia dinheiro público. Continuou os ataques, falando que a emissora não pagou imposto.

– Mais de 700 milhões! – exclamou, ressaltando o ar de indignação.

A Globo questiona uma autuação da Receita Federal no valor de 713 milhões de reais, referente aos anos de 2005 a 2008. Os fiscais autuaram a emissora em dezembro de 2009, por supostas irregularidades no pagamento do Imposto de Renda e da CSLL (Contribuição Social sobre Lucro Líquido).

Diante das câmeras, tomada mais pela emoção que pelo pragmatismo que lhe é peculiar, Andréa evocou mais uma vez a mensagem que se transformou em um verdadeiro mantra para os defensores da tese de Pizzolato. Na própria carta em que anunciava a fuga, o ex-diretor do Banco do Brasil reclamava da falta de espaço dada pela grande mídia à papelada que provaria a inocência dele. Depois de visitar Pizzolato, Andréa retomou o tema. De quebra, tentou jogar aos jornalistas parte da culpa pela prisão do marido:

– Se vocês dissessem a verdade, mostrassem os documentos, ele não estaria aqui. [...] É um absurdo, é um absurdo.

Teve o raciocínio interrompido por uma repórter, que queria lhe arrancar um comentário sobre as declarações do então líder do PT na Câmara, Vicentinho (SP). O deputado federal havia dito que a fuga de Pizzolato para a Itália provocou "constrangimento e vergonha" para o partido. Andréa ficou ainda mais irritada:

– Eu não falei, não estou falando nada do PT. Eu falei que...

– O líder do PT está dizendo... – cortou a jornalista mais uma vez.

– Então não falo – rebateu, dando as costas. Foi embora sem dizer mais nada.

Dias depois, deu nova entrevista. Dessa vez falou ao jornal *O Estado de S.Paulo*. Declarou que Pizzolato estava bem, mas não estava feliz. Na semana anterior já havia dito que o marido estava "angustiado e decepcionado".

Depois de Pizzolato ser preso em Maranello e da certeza de que precisariam lutar muito pela liberdade dele, Andréa e os parentes mais próximos de Pizzolato apostaram tudo na Justiça Italiana. Acreditavam que os magistrados na Itália seriam mais corretos e íntegros que os brasileiros que analisaram o mensalão.

No Brasil, os parentes estavam convencidos de que a dupla cidadania bastava para ele ficar longe da cadeia, esperando livre uma decisão em relação à extradição. O tempo, contudo, mostrou que, no caso de Pizzolato, a identidade italiana não valia como passaporte expresso para a liberdade.

Andréa, arquiteta de formação, passou mais de um ano estudando cada um dos milhares de documentos que tramitaram no Supremo. Aprendeu a pensar como advogada de defesa. É capaz de citar o número de volumes, anexos, páginas, além de descrever o conteúdo de cada um dos documentos mais importantes que disse serem capazes de comprovar a inocência de seu marido. Mandou traduzir as auditorias do Banco do Brasil que esquadrinharam o Fundo Visanet, o laudo 2828 da Polícia Federal e outros papéis que considerava essenciais. Conta com a ajuda do próprio pai, advogado de profissão, para auxiliar os advogados italianos e provar que o julgamento do mensalão nada teve de justo.

Apesar da gratidão com a primeira assistência de Lorenzo Bergami, indicado pela própria polícia e que regularmente visitava Pizzolato na prisão, Andréa decidiu contratar um segundo advogado. Bateu na porta de Alessandro Sivelli, dono de uma barba grisalha e cabelos negros curtíssimos seriamente ameaçados pela calvície. Sivelli passou a atuar como principal advogado no caso, tendo Bergami como seu auxiliar.

Criminalista conceituado, Sivelli trabalha num elegante escritório na Via Saragozza, em Modena, cidade que tem aos montes tanto advogados quanto contadores. O advogado foi presidente da Câmara Penal de Modena entre 2004 e 2008 e especializou-se também em direito esportivo, tendo defendido atletas acusados de doping. Posteriormente, um terceiro jurista, um famoso criminalista de Pádua, também foi chamado para colaborar na análise do processo de extradição.

Mesmo com reforços de peso, a defesa de Pizzolato na Itália passou a colecionar sucessivas derrotas nos tribunais. Viu fracassar não somente as tentativas de libertá-lo, ainda que provisoriamente, como também não fazer valer de pronto o argumento de que, em nenhuma hipótese, cidadãos italianos podem ser extraditados. Ao contrário da Constituição brasileira, que veda expressamente a extradição de nacionais, a legislação italiana prevê essa possibilidade. Por isso, o Ministério Público da Itália deu um parecer afirmando ser possível juridicamente a extradição no caso de Pizzolato.

O governo italiano também já havia dado o primeiro passo para manter Pizzolato atrás das grades, ao menos durante o período em que a Justiça discutia a extradição dele para o Brasil. Em 18 de fevereiro de 2014, a corte de apelação de Bolonha acatou o pedido do Ministério da Justiça da Itália e decidiu renovar a prisão de Pizzolato.

A solicitação do governo italiano havia sido oficializada cinco dias antes. Apesar de ser um ato protocolar, quase burocrático, foi interpretado por autoridades brasileiras como um sinal de interesse dos italianos em fazer cumprir todos os ritos do processo para mandar o condenado de volta ao Brasil. Conforme prevê o artigo 716 do Código de Processo Penal italiano, o governo daquele país tem prazo de dez dias após a detenção para que o pedido de prisão para fins de extradição seja formulado. Pizzolato fora preso no dia 5 e o Ministério da Justiça oficializou o pedido no dia 14, uma sexta-feira.

Como a renovação da prisão provisória foi automática, restava à defesa recorrer a Roma, onde fica a corte de cassação da Itália.

Trata-se da última instância da Justiça naquele país, uma espécie de Supremo Tribunal Federal. Foi Sivelli quem viajou à capital italiana no final de maio para questionar a decisão tomada pelos magistrados de Bolonha. Pizzolato estava preso havia mais de três meses. O advogado dele sabia que seria a última chance de tentar soltar seu cliente antes da audiência marcada para dali a 15 dias, na qual começaria a discussão do processo de extradição.

Pouco antes das 10h daquele 21 de maio de 2014, Sivelli chegou ao suntuoso prédio, que fica às margens do rio Tibre (ou Tevere, em italiano). Vestia um terno escuro bem cortado, uma camisa social azul e gravata preta. Carregava uma pasta de couro bege, cheia de documentos. Saiu antes do meio-dia da corte de cassação da Itália. Apesar de o caso ter sido discutido pela manhã por cinco juízes, a corte mantém uma tradição de divulgar os resultados dos julgamentos somente ao final do dia.

Mesmo diante do suspense, Sivelli parecia otimista. Considerava "absurda" a longa prisão preventiva de Pizzolato que, segundo ele, estava "sofrendo muito". Disse que seu cliente sentia-se um "injustiçado". Sivelli assumiu o discurso dos contrários ao resultado do julgamento do mensalão, atestando que a condenação de Pizzolato no Brasil fora "política". Para convencer a Justiça Italiana de que Pizzolato merecia a liberdade, os advogados do ex-diretor do Banco do Brasil insistiram não haver risco de fuga. Argumentaram que os principais documentos dele permaneciam detidos com a polícia. Ele não tinha interesse em ir a lugar algum, queria apenas ficar na Itália. Chegaram a indicar até que Pizzolato aceitava a prisão domiciliar, com o controle de um bracelete. De nada adiantou. O recurso para soltá-lo foi negado. Pizzolato deveria ficar preso pelo menos até o dia 5 de junho, data em que três juízes de Bolonha dariam oficialmente início à discussão sobre mandar ou não o condenado de volta ao Brasil.

Na porta da corte de cassação em Roma, Sivelli antecipou ainda sua principal linha de defesa. Nessa primeira audiência em que se discutiria a extradição, iria ressaltar as precárias condições do cárcere no Brasil. O advogado afirmou que o próprio promotor do caso da corte de Bolonha teria admitido "que as prisões (no Brasil) são muito ruins".

A situação dos presídios brasileiros sempre se destacou como ponto mais forte da defesa de Pizzolato, considerado difícil de rebater até mesmo por autoridades brasileiras que acompanham o caso, ainda que a distância. Relatórios de organizações internacionais e do próprio Conselho Nacional de Justiça apontam um cenário de caos e barbárie em muitos estabelecimentos prisionais Brasil afora. Presos cumprindo penas ou aguardando julgamentos em celas lotadas, comida precária e atendimento médico deficiente fazem parte da rotina carcerária em diferentes estados. Em muitos lugares chega a ser perigoso estar preso. Não raro rebeliões terminam com assassinatos, em rituais cruéis com presos sendo esquartejados e decapitados.

Somente em 2013, por exemplo, 60 presos morreram no presídio de Pedrinhas, no Maranhão. Os números alarmantes levaram o Estado a ser denunciado pela OEA (Organização dos Estados Americanos) e por entidades brasileiras de defesa dos direitos humanos. Pedrinhas ganhou as páginas dos jornais como a face mais precisa do deteriorado sistema prisional nacional.

Tudo isso seria levado à corte de Bolonha, na audiência marcada para o início de junho. A defesa de Pizzolato argumentaria, ainda, que a decisão do julgamento do mensalão sequer fora disponibilizada na íntegra a procuradores e magistrados italianos. Deixaria subentendido que o Brasil não entregou o acórdão completo porque tinha receio de revelar quão político havia sido o julgamento. Alegaria que faltavam documentos importantes para balizar a decisão de mandar Pizzolato de volta ao Brasil. Os advogados sabiam que a sessão de 5 de junho seria apenas a primeira audiência. Todavia, apostavam que os argumentos a serem levados à corte eram fortes o suficiente para, já naquele dia, deixar Pizzolato bem longe das prisões brasileiras.

Antes de usar todo esse arsenal, contudo, os advogados de Pizzolato tentaram adiar a audiência que discutiria a extradição. A defesa alegou que Pizzolato teria exames médicos naquela quinta-feira, 5 de junho, no mesmo horário da sessão. Por essa razão, Pizzolato estaria impedido de comparecer. Os procuradores e magistrados concordaram em autorizar a consulta médica, mas remarcaram o início do julgamento para a tarde do mesmo dia.

Acompanhando de perto todas as manobras, audiências, discussões e decisões, estavam dois procuradores brasileiros: Eduardo Pelella e Vladimir Aras. A dupla fora escalada pelo recém-indicado procurador-geral da República, Rodrigo Janot. Seriam os responsáveis pelo caso Pizzolato, que ganhou status de prioridade dentro do espelhado e arredondado edifício sede do Ministério Público Federal em Brasília.

Italiano criado no Maranhão, Pelella fala o idioma fluentemente e é chefe de gabinete de Janot. Aras tem um blog sobre questões jurídicas e comanda a Secretaria de Cooperação Jurídica Internacional do Ministério Público Federal. O procurador-geral da República sequer havia tomado posse quando a dupla passou a pensar numa solução jurídica para fazer Pizzolato cumprir no Brasil ou na Itália a pena de 12 anos e sete meses de prisão estabelecida pelo Supremo.

Desde o primeiro momento, os procuradores sabiam que a possibilidade de extradição não era óbvia. Pizzolato é cidadão brasileiro e italiano, mas a reciprocidade entre os dois países no caso de extradição não é absoluta. O Brasil não extradita nacionais, ao contrário da Itália, que admite essa possibilidade. Além disso, no histórico dos dois países, há casos e casos. Em 20 anos de cooperação ativa e permanente entre brasileiros e italianos, o

Ministério da Justiça contabilizava um total de 161 pedidos de extradição: 132 formulados pelo governo da Itália e 28 pelo do Brasil – números consolidados no início de 2014.

Entre os mais recentes e talvez mais controverso deles está o de Cesare Battisti, que nem cidadania brasileira tem. Ainda assim, decidiu-se mantê-lo em território nacional apesar das graves acusações e condenações que pesavam contra ele na Itália. O banqueiro ítalo-brasileiro Salvatore Cacciola, por sua vez, foi condenado no Brasil e fugiu para a Itália, que negou formalmente sua extradição. Acabou preso ao entrar no principado de Mônaco e mandado de volta ao Brasil por aquela monarquia em 2008.

Há, porém, exemplos de colaboração. O mafioso italiano Tommaso Buscetta foi enviado do Brasil à Itália após julgamento no Supremo, nos anos 1980. Conhecido como Dom Masino, fazia parte da temida organização criminosa Cosa Nostra. Ganhou fama por ter sido um dos principais "arrependidos" criminosos que resolveram colaborar com a Justiça e denunciar companheiros de máfia. Delatou aproximadamente 300 pessoas, integrantes de famílias adversárias e também aliadas.

O caso Pizzolato, contudo, era considerado especial para o Ministério Público Federal, que se sente o verdadeiro dono da ação que o condenou junto com os outros mensaleiros. Por isso, o órgão atua como responsável por fazer cumprir todas as penas aplicadas pelo Supremo.

Responsáveis pelo caso, os procuradores Pelella e Aras deram o primeiro passo muito antes da prisão de Pizzolato. Em novembro de 2013, Janot ainda não havia tomado posse, mas concordou que a Procuradoria-Geral da República deveria pedir ao Supremo que analisasse a extradição de Pizzolato. Na ocasião, a procuradora Ela Wiecko, que ocupava o cargo de procuradora-geral em exercício, assinou o parecer que apresentava ainda outras duas possibilidades para o caso do ex-diretor do Banco do Brasil: se não fosse possível a extradição, Pizzolato poderia cumprir a pena na Itália ou ser julgado naquele país.

"A Procuradoria Geral da República entende viável a apresentação de requerimento de extradição à República Italiana. [...] Alternativamente à extradição, a PGR entende possível a homologação, na Itália, do acórdão condenatório proferido pelo STF. [...] Também é possível a transferência da causa penal brasileira para a Itália", diz o parecer. Janot estava numa viagem internacional quando autorizou a elaboração do parecer, redigido por Aras e Pelella e assinado por Wiecko.

Com Pizzolato foragido, havia pouco a se fazer juridicamente. Restava esperar a polícia localizar e deter Pizzolato. A dupla de procuradores começou a se movimentar de forma mais efetiva imediatamente após a notícia da prisão de Pizzolato. Primeiro, foi preciso superar uma divergência de entendimentos travada entre o governo e o judiciário sobre quem deveria pedir a volta de Pizzolato ao Brasil. Ninguém parecia querer dar início formal ao processo.

O Ministério da Justiça entendia que apenas poderia agir se fosse provocado pelo Supremo. Assim, o ministro da Justiça, José Eduardo Cardozo, enviou o ofício à corte informando sobre a prisão de Pizzolato na Itália e perguntando se tinha interesse na extradição do condenado no processo do mensalão. Ministros como Joaquim Barbosa, Marco Aurélio Mello e o decano Celso de Mello, contudo, repreenderam a iniciativa. Para eles, tal pergunta formulada pelo Ministério da Justiça extrapolava as competências do Supremo, a quem não caberia formular um pedido de extradição. "O papel da corte", argumentaram os ministros, "limita-se a julgar e a expedir o mandato de prisão em caso de condenação, cabendo ao Executivo cumprir a ordem judicial".

Após o então presidente do Supremo, Joaquim Barbosa, dizer que a corte não tem papel ativo em processos de extradição, o Ministério da Justiça e o Ministério Público Federal fecharam um acordo para tentar trazer ao Brasil o ex-diretor de marketing do Banco do Brasil. O procurador-geral da República formulou um pedido de extradição, e o Ministério da Justiça comprometeu-se a tomar as medidas necessárias para fazer com que o pedido chegasse à Itália.

A partir de então, o procurador Eduardo Pelella passou a organizar uma cronologia completa do caso, anotando todos os passos e ações da Procuradoria-Geral da República. Em 12 de fevereiro de 2014, além de informar ao Supremo que pediria a extradição de Pizzolato, a Procuradoria solicitou que o governo brasileiro contratasse um advogado na Itália para acompanhar o processo. O pedido, inicialmente feito à Advocacia-Geral da União, foi reiterado ao Ministério da Justiça dois meses depois.

A Advocacia-Geral da União concordou e em maio comunicou oficialmente ter firmado contrato com o Studio Gentiloni Silveri Diritto Penale, de Roma. Com dispensa de licitação, conforme o extrato publicado no *Diário Oficial da União*, o órgão autorizou o pagamento de 797.030 reais pelos serviços do escritório por dois anos. O advogado Michelle Gentiloni Silveri passou, então, a ser nas cortes italianas os olhos e a voz dos representantes do Brasil diretamente envolvidos no caso Pizzolato.

A dupla de procuradores percebeu *in loco* a importância de ter um advogado italiano atuando no processo. No início de fevereiro, Pelella e Aras desembarcaram na Itália para discutir o caso Pizzolato com representantes do Governo e da Justiça locais. Além de explicar as circunstâncias do julgamento e da condenação aos funcionários do Ministério da Justiça italiano, procuradores e magistrados, demonstraram interesse em compartilhar provas recolhidas pela polícia italiana.

Dias depois da prisão de Pizzolato, os policiais da Carabinieri cumpriram mandado de busca e apreensão na casa alugada pelo casal para uma curta temporada de quatro meses em Porto Venere. Encontraram, no imóvel cravado na montanha e com vista privilegiada para o mar, documentos diversos e equipamentos eletrônicos. Havia também extratos bancários que indicavam a movimentação de milhares de euros numa instituição financeira da Espanha. O dinheiro em contas num banco espanhol era sacado por "Celso" na Itália. Estima-se que o casal movimentou entre 20 mil e 30 mil euros.

Na lista de materiais apreendidos pela polícia de La Spezia, conforme o relatório da Carabinieri enviado à Interpol, constam um CPF e uma carteira de identidade brasileiros, um cartão de compras com crédito de 25 euros em nome de Celso da Cooperativa da Ligúria, um cartão da imobiliária Studio Area de Porto Venere, uma placa 3G de conexão para computadores e um cartão Visa em nome de Andréa. Eles apreenderam ainda um computador e um tablet. Todo esse material foi mandado para a perícia e, até julho de 2014, permaneciam em análise.

Até essa data, policiais também estavam debruçados nas chamadas feitas e recebidas por Pizzolato e Andréa durante o tempo em que ficaram na Itália. Queriam saber com quem mais se relacionavam, ainda que usassem o telefone com um chip em nome do sobrinho. Mas tudo indica que, na lista de ligações, não aparecem nomes importantes.

Em La Spezia, Pizzolato era, pelo menos até junho de 2014, investigado por lavagem de dinheiro e falsidade ideológica. A polícia buscava saber como ele gastou dinheiro de origem suspeita no país. O comandante Armando Ago, do núcleo investigativo dos Carabinieri, explica que o uso de documento em nome de outra pessoa não é muito grave na Itália, ao contrário da lavagem de dinheiro. Se os policiais italianos comprovassem que Pizzolato comprou bens com dinheiro fruto de atividades criminosas, ele poderia enfrentar sérios problemas e, possivelmente, nunca mais sairia da cadeia. Não existia, contudo, indicativos fortes de que Pizzolato tenha tido tempo para adquirir bens na Itália. Até fevereiro, quando foi preso, ainda estava à procura de uma casa naquele pequeno pedaço paradisíaco da Riviera Italiana.

No Brasil, policiais e procuradores federais também tentavam refazer o caminho do dinheiro que Pizzolato e a mulher mandaram para o exterior, na esperança de flagrar ao menos o crime de remessa ilegal. A vida financeira do casal continuava sendo devassada mesmo depois de um dos mais barulhentos julgamentos do Supremo que, pela primeira vez, mandou para cadeia importantes personagens políticos da história recente do país.

Por isso, pensavam os procuradores, seria importante mostrar às autoridades italianas quão especial era para o Brasil o caso de Pizzolato e colocar-se à disposição para esclarecerem dúvidas, trocarem informações e compartilharem evidências.

No entanto, o acesso da dupla de procuradores a essas autoridades não foi tão fácil quanto se esperava. Foi preciso pedir auxílio à Embaixada em Roma, que acabou se transformando em local de trabalho todas as vezes que Pelella e Aras vão à Itália tratar do caso Pizzolato. Apesar das dificuldades, os primeiros resultados dos contatos olho no olho pareceram bem proveitosos. Imediatamente após a conversa dos procuradores com funcionários do Ministério da Justiça, por exemplo, o órgão do governo italiano encaminhou à corte de Bolonha o pedido de renovação da prisão.

Em Bolonha, por sua vez, Pelella e Aras ficaram próximos de um dos procuradores que cuidam do caso. Passaram a trocar informações de forma recorrente e efetiva. Pelella e Aras acreditavam ser preciso explicar aos colegas italianos como Pizzolato fugiu e o motivo pelo qual ele foi julgado diretamente pela mais alta corte do país, responsável por analisar também duas levas de recursos apresentados pelos condenados no esquema do mensalão. Era importante esclarecer que nada fora feito às pressas. Os ministros do Supremo passaram sete anos analisando cada peça do processo. Também consideravam fundamental mostrar a relevância e o tamanho do julgamento para o país, além das até então inéditas penas aplicadas. Nunca tantos políticos foram mandados de uma só vez para a prisão por participação em um esquema de corrupção.

Os contatos e conversas da dupla de procuradores com os italianos revelaram que nada disso impressionava tanto quanto a informação de como Pizzolato conseguiu deixar o Brasil mesmo condenado. Todo mundo que ouvia a história se impressionava. O uso de documentos falsos na fuga era, de certa forma, já esperado. Mas o fato de ele ter usado papéis em nome do irmão morto provocava reações similares de indignação e surpresa. "Com morto não se mexe", diziam os italianos. Interessaram-se pela causa dos dois procuradores pelo lado mais *sui generis* daquela narrativa.

Enquanto Pelella e Aras corriam para se antecipar aos pedidos e eventuais questionamentos dos magistrados italianos, o governo brasileiro também precisava acelerar os procedimentos. Tinha prazo de 40 dias para pedir formalmente a extradição de Pizzolato. Entre os dias 12 e 24 de fevereiro, o Ministério Público Federal elaborou o texto do pedido e mandou traduzir somente as páginas da decisão final do Supremo que citavam Pizzolato, por causa do preço. O valor mínimo necessário para verter todas as 8.405 páginas do acórdão em italiano juramentado era de aproximadamente 577 mil reais, em estimativa feita pelo jornal *Folha de S.Paulo* em fevereiro de 2014.

O pedido de extradição foi formalizado junto ao Ministério da Justiça em 24 de fevereiro. Na semana seguinte, já estava na Itália. Em 3 de março, a documentação foi entregue pela embaixada brasileira em Roma ao Ministério das Relações Exteriores da Itália, que remeteria o pedido ao Poder Judiciário.

O processo tramitava sem sobressaltos quando, em abril de 2014, um dos contatos da dupla de procuradores na Itália fez um alerta. O Brasil seria, em algum momento, obrigado a dar uma garantia formal de que Pizzolato, em caso de extradição, cumpriria pena numa unidade onde os direitos fundamentais são respeitados. As autoridades italianas se preocupavam com essa questão, que já havia sido objeto de questionamento por parte da defesa de Pizzolato.

Não foi uma mera dica, mas um alerta baseado em outro caso que tramitava em Roma. Condenado no Brasil a 20 anos de prisão em regime fechado por tráfico internacional de drogas, o holandês Ronald Van Coolwijk foi capturado na Itália após permanecer foragido por 15 anos. Em maio de 2012, a Justiça brasileira determinou que fossem traduzidos documentos para formalizar o pedido de extradição dele. Assim foi feito. O processo tramitou em Roma, que inicialmente se posicionou favorável à devolução do condenado para o cumprimento da pena no Brasil. Contudo, durante uma segunda análise do caso na corte de cassação, a defesa do holandês apontou as péssimas condições do sistema penal brasileiro como empecilho para a extradição. Os magistrados, então, preferiram não se posicionar sobre a extradição até que a primeira instância retomasse a discussão sob a ótica da situação do sistema prisional no Brasil.

Temendo um fim similar ou até mesmo a recusa da extradição de Pizzolato pelas péssimas condições das prisões, a dupla de procuradores correu mais uma vez. Tinham que encontrar um jeito assegurar que o condenado ficaria no Brasil trancafiado num local adequado às exigências internacionais. Em 15 de abril, a Procuradoria solicitou ao Supremo e ao Ministério da Justiça indicações de prisões, onde Pizzolato deveria cumprir a pena.

As respostas vieram somente em maio, quase um mês depois. O Supremo indicou o complexo da Papuda em Brasília, para onde foram inicialmente levados todos os condenados do mensalão. Como alternativa, o Ministério da Justiça apontou as penitenciárias de Curitibanos e de Canhanduba, ambas em Santa Catarina, estado onde Pizzolato nasceu e o pai dele vive.

O próximo passo dos procuradores foi tentar produzir dossiês completos sobre os estabelecimentos. Acreditavam ser necessário mostrar muitas imagens, em fotos ou vídeos, além de informações relevantes como alimentação, banho de sol, visitas e benefícios concedidos aos presos. Por mais que o material tivesse ficado com cara de folhetos de colônias de férias, a ideia era apenas mostrar quão boa uma penitenciária brasileira pode ser. Os procuradores defenderam que, afinal, nem todos os estabelecimentos no Brasil se assemelham a, por exemplo, Pedrinhas no Maranhão, que continuou contabilizando mortes em 2014 – 12 detentos foram assassinados somente nos primeiros sete meses desse ano.

O material sobre a situação das prisões, contudo, custou a ser remetido para a Itália. E criou uma celeuma entre defesa e acusação. Foram 20 dias de troca de ofícios e pedidos a diferentes órgãos públicos para que se comunicasse à Itália, ao menos, os nomes dos estabelecimentos prisionais onde Pizzolato cumpriria a pena no Brasil.

A documentação já traduzida para o italiano com fotos dos três estabelecimentos prisionais também foi enviada por quatro diferentes canais, entre eles a Interpol. Acabou sendo entregue pessoalmente pela dupla de procuradores ao Embaixador do Brasil em Roma um dia antes da audiência que discutiria a extradição de Pizzolato.

Aras e Pelella cruzaram os dedos para que não fosse tarde demais. Sabiam que a defesa de Pizzolato estava preparada para atacar a escassez de documentos considerados relevantes. Até o Ministério Público italiano havia se sensibilizado com os argumentos dos advogados de defesa.

A dupla de procuradores brasileiros pegou o trem na estação Termini rumo a Bolonha, em companhia de um representante do Ministério da Justiça e outro da Advocacia-Geral da União. Chegara a hora de ver como os magistrados italianos atuariam diante de um processo de extradição de um ítalo-brasileiro condenado por lavagem de dinheiro, corrupção e peculato.

Inicialmente marcado para a manhã de 5 de junho, o julgamento passou para as 14h a fim de que Pizzolato fosse ao médico. Seria a última de mais de uma dezena de audiências, conforme indicava a lista pregada na porta da sala número 14 da *Corte di Apello* de Bolonha.

Do lado de fora, o prédio rosado é robusto, tem paredes de mais de um metro de espessura e exibe janelões e um portão enorme, com grades roliças que remetem à tenebrosa Idade das Trevas. Para reforçar a segurança da entrada principal, o Palazzo di Giustizia conta com o guarda Luiggi, que vale por dois homens, dado o tamanho de seu tronco e seus braços. Luiggi é intimidador não apenas pelo tamanho como também pelo olhar e os gritos que deu ao expulsar dois jornalistas que conseguiram driblá-lo e entrar no prédio horas antes da audiência de Pizzolato.

Ansiosos para acompanharem a sessão, os repórteres de televisão e jornal chegaram cedo. Eram, em sua maioria, correspondentes brasileiros que vivem em outras cidades e países da Europa e, desde fevereiro, acompanham todos os passos do caso. A imprensa italiana nunca dera muito espaço para o caso Pizzolato. Sites e jornais locais de Modena, Bolonha, Maranello e Porto Venere impressionaram-se mais com a prisão daquele senhor que usava documentos em nome do irmão morto. Depois, pararam de publicar todos os desdobramentos da história, diferentemente dos brasileiros.

Os jornalistas foram se aglomerando na porta da Corte ainda pela manhã. Alguns buscavam uma sombra na praça bem em frente ao prédio, outros transformavam em escritório um café na esquina, com vista privilegiada da entrada além de banheiro e comida. Ao todo catorze profissionais esperavam pelos advogados, a comitiva brasileira que acompanharia a audiência e, principalmente, o furgão azul da Carabinieri, que traria Pizzolato.

Aquela movimentação chamou atenção dos que por ali passavam. A todo instante, italianos perguntavam o que acontecia dentro da Corte. Bastava explicar que se tratava do julgamento da extradição de um ítalo-brasileiro condenado por participar de um esquema similar ao *tangentopoli* italiano, aquele esquema de pagamento generalizado de propina desvendado pela Operação Mãos Limpas nos anos 1990. Os curiosos abriram um sorriso como quem compreende bem que tipo de crime ele cometeu. Muitos emendavam sugerindo uma troca entre esse brasileiro e o italiano Cesare Battisti.

A curiosidade dos pedestres só não era maior que a ansiedade dos jornalistas, ávidos por qualquer tipo de declaração. Dificilmente poderiam acertar o resultado da audiência. Era esperado que seria apenas o início da discussão sobre a extradição. Não estava descartada, contudo, a possibilidade da soltura de Pizzolato. Às vésperas do início da Copa do Mundo no Brasil, jornalistas já sofriam ao imaginar intermináveis plantões na porta da casa do sobrinho de Pizzolato em Maranello. Nesse caso, não seria possível acompanhar o Mundial num sofá confortável, tampouco na frente de um telão, muito menos com uma cerveja na mão.

Enquanto os jornalistas trocavam impressões e imaginavam o mais tenebroso dos cenários para eles, chegou o advogado Michelle Gentiloni Silveri, contratado pelo Brasil para atuar no caso. Foi imediatamente cercado pelos repórteres que queriam saber se o julgamento estava comprometido com o fato de ainda não ter sido entregue a documentação sobre as condições das prisões brasileiras. O advogado explicou que não, porque a papelada havia sido enviada pelo canal da Interpol, que é oficial e, por isso, válida. Ele, contudo, já descartava uma decisão definitiva naquele dia:

– É improvável – disse Silveri com firmeza, ao ser questionado se as três juízas de Bolonha decidiriam naquela quinta-feira se o petista deveria ou não ser extraditado.

Em seguida, foi a vez de os brasileiros representantes do governo federal e a Procuradoria entrarem em comitiva na corte de Bolonha. Entre eles, os procuradores Eduardo Pelella e Vladimir Aras, que no dia anterior estiveram em Roma discutindo o caso com Silveri. Nenhum brasileiro quis dar declarações à imprensa. Entraram apressados no prédio para uma reunião a portas fechadas com um dos promotores do caso.

Ainda antes do almoço, os brasileiros foram avisados de que o assunto das prisões provavelmente seria um ponto de questionamento feito durante a audiência. Também seria solicitada, pela própria promotoria, a cópia integral da decisão do Supremo que havia condenado Pizzolato.

A documentação apresentada pelo Brasil era considerada insuficiente. Foi enviado um total de 153 páginas traduzidas para o italiano. A papelada parecia desconexa tanto na forma quanto no conteúdo. Em italiano, encaminharam o mandado de prisão, o pedido de extradição, pedaços da decisão final e alguns trechos da análise dos recursos, os chamados embargos de declaração.

Além dos questionamentos da defesa de Pizzolato, que se dizia perplexa em relação à documentação apresentada pelo Brasil, os próprios promotores que analisaram o caso avaliaram que ela era insuficiente e de difícil compreensão. Havia trechos que citavam anexos nunca incorporados ao processo de extradição. O texto do rodapé havia parado no meio de uma das páginas, deixando ainda mais confuso o material que exibia ainda frases sem sentido, totalmente solitárias. Pior: a tradução, que custou aproximadamente 8 mil reais, foi considerada amadora por italianos que leram os papéis.

A Promotoria até estava disposta a investir cerca de meio milhão de reais para traduzir todo o acórdão, além dos principais trechos das mais de 50 mil páginas do processo que descreviam a atuação de Pizzolato no esquema. Mas, como o processo envolveu 40 réus e acabou por condenar 25 deles, acreditava-se serem desnecessárias para o caso de extradição as partes referentes a outros núcleos do esquema que nada tinham a ver com o ex-diretor do Banco do Brasil. Combinaram com o promotor italiano que iriam oferecer a íntegra do acórdão em português mesmo e, caso as três juízas não aceitassem, providenciariam a tradução.

Os brasileiros saíram pelos fundos para almoçar a poucos metros da corte numa autêntica *osteria* famosa pelo molho à bolonhesa. Cozido sem pressa com pedaços de carne de boi e de porco, o italianíssimo *ragù alla bolognese* é servido sempre sobre o *tagliatele*, uma massa comprida e mais larga que o talharim. É raro encontrar nos cardápios o molho que leva o nome da cidade acompanhando o espaguete, como é tradicional no Brasil. O almoço dos brasileiros foi ligeiro porque já estava quase na hora da 14ª e última audiência daquela quinta-feira na sala 14 da corte bolonhesa.

Por volta das 14h08, horário da Itália, o furgão azul com Pizzolato dentro chegou. As cortinas do veículo impediam a visão da quantidade de policiais que o acompanhavam. O motorista do furgão estacionou no pátio interno da corte e desligou o motor. Jornalistas se espremeram na grade na tentativa de ver Pizzolato e, principalmente, registrar uma imagem do condenado. Câmeras a postos, foi preciso esperar aproximadamente quinze minutos até Pizzolato sair do carro da polícia.

Contudo, quase ninguém conseguiu registrar uma imagem dele. Foi feita uma manobra para reposicionar o veículo de forma que fosse possível para os jornalistas apenas vê-lo de costas. O furgão foi parar ao lado de um jipe camuflado do Exército e de um Peugeot, bem em frente a uma pilastra. Às 14h23, Pizzolato desceu e caminhou até a sala de audiências escoltado por três policiais fardados – um deles segurava seu braço e os outros dois o seguiam uns três passos atrás. O brasileiro vestia camisa xadrez, num tom azul escuro. Os cabelos, ao longe, pareciam desgrenhados e ainda mais brancos que outrora.

Passava das 15h daquele 5 de junho de 2014 e a audiência de Pizzolato ainda não havia começado. Diante do atraso, os advogados dele chegaram a se reunir no pátio externo. Fizeram um breve debate sobre o caso. Com o passar das horas, ficava cada vez menos provável qualquer decisão sobre a extradição.

A aparência macambúzia e lânguida de Pizzolato impressionou os integrantes da comitiva brasileira, que não trocaram nenhuma palavra com ele. Tremia muito, o corpo todo. Mas era o balanço involuntário das mãos que mais chamava atenção. Claramente, parecia mais envelhecido e muito abatido. Na sala de audiência, Pizzolato encararia três juízas – Donatella Di Fiore, Marinella Di Simone e Danila Indirli – mais um promotor italiano, além dos brasileiros e do advogado contratado para acompanhar o caso. Não teria direito de falar, apenas de ser representado por seus advogados. Tanto Sivelli quanto Bergami estavam lá, ao seu lado.

Se do lado de fora a corte de Bolonha impressiona pelo porte imponente, por dentro chega a ser simplória, com um ar de repartição pública tupiniquim. A audiência de Pizzolato aconteceu numa sala no térreo do tribunal, que tem o nome de Mario Amato, um juiz assassinado em 1980 por investigar grupos neofascistas.

A sala de tamanho médio, mas com um pé-direito altíssimo, exibe um mobiliário clássico, nada sofisticado. Tudo é de madeira e couro num tom quase uniforme: das mesas e cadeiras dos três magistrados, sendo uma delas ligeiramente mais alta que as demais, às ocupadas pelas equipes de defesa e acusação, além dos assentos para convidados e curiosos.

O tom mais claro que o convencional do mobiliário marrom compõe com o chão avermelhado que, apesar de envelhecido, é muito bem encerado. Apenas o computador do lado esquerdo de quem encara os juízes e os cinco microfones dão um ar de contemporaneidade ao ambiente. Uma placa pregada na parte de fora da mesa mais alta, ocupada pela autoridade máxima da sala, alerta aos que ali entram: *la legge è uguale per tutti* (a lei é igual para todos).

A análise do caso de Pizzolato aconteceu a portas fechadas e durou mais de duas horas. Nem mesmo estudantes brasileiras que cursam direito em Bolonha, cidade que leva o título de ter a mais antiga universidade do mundo ocidental, puderam acompanhar a audiência. De acordo com relatos dos brasileiros que participaram da sessão, as magistradas começaram tratando da necessidade de se traduzir para o italiano todas as milhares de páginas da decisão do Supremo que condenou Pizzolato e outras 24 pessoas.

O Ministério Público italiano destacou a importância de se ter o acórdão completo. Os brasileiros, por meio do advogado italiano, contra-argumentaram. As juízas deram razão ao Brasil, afirmando ser desnecessário juntar todo o acórdão traduzido. Bastaria o trecho relacionado a Pizzolato, conforme já constava nos autos. O texto na íntegra acabou sendo anexado em português mesmo.

Em seguida, discutiu-se brevemente se Pizzolato deveria ser solto ou continuar preso. Os advogados do condenado argumentaram que o processo de extradição estava mal instruído, ou seja, que o procedimento estava incompleto, com informações desconexas e insuficientes para balizar uma decisão tão séria que seria mandar um cidadão italiano para cumprir pena no Brasil. Argumentaram ainda que sequer havia sido anexado documento sobre a já questionada situação das prisões brasileiras.

Solicitaram, assim, que o processo de extradição fosse automaticamente impugnado naquela quinta-feira por falta de documentos e, consequentemente, que Pizzolato fosse solto. As juízas rejeitaram essa hipótese. O julgamento não seria encerrado e Pizzolato permaneceria preso em Modena até que fossem analisados todos os pontos da extradição.

Por fim, os magistrados assinalaram que a documentação referente às prisões brasileiras havia chegado somente por meio do canal Interpol. Uma das juízas chegou a manusear o dossiê com fotos das três penitenciárias aptas a receber Pizzolato. Apesar de ser oficial e considerada muito mais ágil, a Interpol não é o canal mais usado em processos judiciais. Assim, diante do tardar da hora e da necessidade de analisar a papelada sobre as prisões com mais calma, decidiu-se remarcar a audiência.

A ideia era reservar um dia inteiro da agenda da Corte para debater a extradição de Pizzolato. As magistradas haviam sugerido o dia 8 de julho, mas um dos advogados de Pizzolato disse que não poderia naquela data, pois tinha agendada uma audiência em Pádua para o mesmo dia. Decidiu-se, então, remarcar para o dia 28 de outubro de 2014. Até lá, Pizzolato deveria permanecer preso, decidiram as juízas.

Ainda que a defesa tente soltar o petista até a data da próxima sessão, a estratégia vista aos olhos dos procuradores brasileiros é clara: adiar ao máximo o julgamento da extradição e, com isso, prolongar a permanência de Pizzolato na Itália. Tática similar foi usada pelo italiano Cesare Batistti, que tentou atrasar de todas as formas possíveis o julgamento de seu pedido de extradição pelo Supremo Tribunal Federal.

A versão dos advogados de Pizzolato, contudo, sobre o que aconteceu naquela tarde de quinta-feira na corte de Bolonha, é bem diferente. Por e-mail, um dia depois da audiência, Alessandro Sivelli explicou que foi o Brasil o responsável pelo adiamento do julgamento. "O Estado brasileiro não tem sido capaz de depositar prontamente provas documentais das condições de alguns dos estabelecimentos prisionais do país. Além disso, o pedido formal de extradição do Ministro da Justiça brasileira foi enviado surpreendentemente ontem pelo fax!", escreveu o advogado. Na mensagem, ele disse também que, a pedido dos promotores italianos, o tribunal concedeu o adiamento para permitir que o Brasil fornecesse toda a documentação necessária. Na porta da corte, no dia anterior, Sivelli já havia dito que o dia 28 de outubro era a "única data" possível para julgar o caso. Afirmou ainda que a opção de postergar a decisão foi tomada porque o governo brasileiro não teria apresentado todos os documentos que garantiam condições mínimas para o ex-diretor em presídios nacionais. Mas, diante das câmeras, evitou um ataque explícito pela demora do Brasil em atualizar a documentação.

Por e-mail, no entanto, não hesitou em afirmar que a defesa tem atendido prontamente aos pedidos dos magistrados, fornecendo documentos e informações. Ressaltou ainda que o adiamento fora concedido a "pedido dos representantes do Poder Judiciário brasileiro" para "permitir que o Estado brasileiro apresente a documentação das prisões". Sivelli está convencido de que a extradição jamais poderá ser concedida: "Não só porque as condições das prisões no Brasil, como atestado por autoridades representantes do poder Judiciário e do governo brasileiro, são condições que não asseguram o respeito pelos direitos fundamentais do homem, mas também porque acreditamos que Henrique Pizzolato foi injustamente condenado em um julgamento que não permitiu o cumprimento dos direitos mínimos de defesa", escreveu no mesmo e-mail.

As afirmações de Sivelli arrancaram palavrões dos procuradores brasileiros Pelella e Aras, quando souberam o que o advogado disse. Ficaram irritados com a assertiva, feita por email, de que foram eles os culpados pelo adiamento da decisão. Eles também discordavam da avaliação do advogado contratado pelo Brasil para acompanhar o caso. Para Michelle Gentiloni Silveri, tudo voltou à "estaca zero".

– Não se entrou na discussão da extradição propriamente dita. Só foram analisadas questões processuais – disse, antes dele e do assistente entrarem num táxi na porta da Corte de Bolonha.

Para os procuradores brasileiros era um equívoco dizer que o processo parou ou voltou ao ponto de partida. No fundo, nem defesa nem acusação esperavam liquidar a discussão numa única sessão. Para os brasileiros, os advogados de Pizzolato foram derrotados porque queriam indeferir a extradição por falta de documentos. Como não conseguiram colocar um ponto final no processo, o julgamento será retomado sem a necessidade de se discutir questões preliminares, diziam os procuradores. A pauta seria a viabilidade de Pizzolato cumprir a pena no Brasil.

O ministro da Justiça nem esperou o resultado da sessão em Bolonha para se posicionar. Ainda era manhã no Brasil quando José Eduardo Cardozo anunciou que o governo brasileiro pediria um novo julgamento de Pizzolato caso os juízes fossem contra a extradição do ex-diretor do Banco do Brasil. Depois do adiamento da audiência, a posição oficial do ministro veio sob a forma de uma nota oficial.

O Ministério da Justiça informou que, após a defesa de Henrique Pizzolato solicitar informações adicionais sobre os presídios no Brasil, as três juízas de Bolonha decidiram conceder mais prazo ao governo brasileiro para responder às novas solicitações da defesa. "O Ministério da Justiça forneceu toda a documentação pedida pela Justiça italiana sobre o sistema prisional brasileiro e quais unidades prisionais poderiam receber Henrique Pizzolato", esclareceu a nota da pasta comandada por Cardozo.

Naquela tarde de quinta-feira em Bolonha, Pizzolato foi o primeiro a deixar o prédio da Corte de Bolonha. Horas antes, os jornalistas já haviam sido expulsos pela polícia, que os orientou a ficar do lado de fora do prédio, quase na rua. Num vacilo da segurança, os repórteres se aproximaram novamente da grade na tentativa de registrar uma imagem, dessa vez, um ângulo frontal de Pizzolato.

O furgão foi novamente posicionado de forma que o rosto do condenado não pudesse ser visto pelos jornalistas. Aos berros, a polícia ameaçou prender os que desrespeitassem a ordem de esperar do lado de fora da Corte. Assustados, muitos se afastaram e foram para a calçada. Mais cedo, dois jornalistas brasileiros que haviam entrado no prédio foram retirados pela segurança e precisaram entregar documentos pessoais, fotocopiados por Luiggi, o brutamontes guardião da porta principal da corte.

Além de exigir os documentos, Luiggi esbravejou e tentou intimidar os jornalistas que burlaram a segurança do prédio. Um deles foi retirado quando tentava subir as escadas que levavam aos escritórios dos promotores. Esta que vos escreve foi abordada pela segurança quando estava lanchando num espaço com três *vending machines*, aquelas máquinas que oferecem de tudo, desde um biscoitinho até, no caso da Itália, cornetos. Sim, havia uma hipnotizante máquina de cornetos variados.

– A senhora precisa me acompanhar. Foi dedurada pelos seus colegas, não pode ficar aqui – disse o senhor de aparência frágil mas olhar firme que cuidava do registro de entrada e saída do prédio.

Jornalistas que faziam plantão na porta da Corte não queriam ver os concorrentes sozinhos do lado de dentro, ainda que Pizzolato sequer tivesse chegado ao local. Tão logo perceberam que dois haviam entrado, denunciaram. Diante da tentativa de Luiggi de se impor ameaçando os que haviam burlado as regras e os colocando para fora, os demais jornalistas se entreolhavam com uma certa satisfação de quem anula uma manobra do oponente. O episódio, contudo, foi também instrutivo. Todos ali sabiam que qualquer tentativa de entrar na sala de audiência seria duramente repreendida.

Por isso, levaram tão a sério os gritos descontrolados e ameaçadores do carabinieri no fim daquela tarde. O policial acabara de assumir o plantão e estava cheio de disposição. Os berros dele, contudo, eram mais para distrair os jornalistas do que uma ameaça de prisão genuína. A estratégia barulhenta funcionou. Pizzolato saiu sem que absolutamente nenhuma câmera o flagrasse. Voltou para sua cela em Modena.

Os jornalistas lamentaram, mas apostavam na saída dos advogados. Antes de Pizzolato, Bergami deixou o prédio e não quis falar. Em seguida, saiu Sivelli. Depois, Silveri. Ambos foram entrevistados e deram versões compatíveis. Os repórteres, então, trocaram impressões.

Havia muitas dúvidas a serem esclarecidas. Não estava claro de quem era a culpa pelo adiamento. A esperança eram os integrantes da comitiva brasileira que, aparentemente, continuavam lá dentro. O segurança Luiggi, que depois do estresse no início da tarde já puxava papo e exagerava na simpatia com os brasileiros repreendidos horas antes, assegurou que todos já haviam partido. O prédio estava vazio, garantiu ele. Os repórteres ainda deram um tempo na frente da Corte, na esperança de que o segurança estivesse enganado.

Cinco horas na frente do Brasil, o fuso horário contava a favor dos jornalistas. A maioria deles mandou textos anunciando o início da audiência. A notícia mais importante do dia já tinham: o julgamento havia sido adiado e Pizzolato permaneceria preso, a princípio, até o fim de outubro. Havia, contudo, muitas dúvidas. Faltava também a versão dos procuradores e funcionários do governo federal. Naquele momento, eles eram os únicos que poderiam explicar exatamente por que a audiência terminara sem uma decisão definitiva sobre a extradição.

Convencidos de que os brasileiros saíram pelas portas do fundo, exatamente como fizeram na hora do almoço, um grupo de cinco jornalistas decidiu procurá-los na estação de trem de Bolonha. Como eles estavam em Roma no dia anterior, não era impossível pensar que saíram rápido para pegar o primeiro trem com destino à capital italiana. Localizada a apenas 80 quilômetros de Florença, Bolonha tem acesso facilitado por trens expressos que vão direto a Milão, Veneza, além de Roma.

Divididos em dois táxis, os jornalistas seguiram rumo à estação central de Bolonha. Pediram para os motoristas acelerarem. Visivelmente tinham pressa. Mas pelo menos uma dupla de jornalistas precisou de paciência extra. Estavam num carro onde um pai ensinava a filha os ofícios de dirigir um táxi. Ele foi orientando a garota, indicando cada rua a seguir. Ela atravessou cheia de cautela o centro da cidade de visual alaranjado, ruas estreitas, prédios antigos e milhares de pórticos extensos, elegantes e decorados. Passaram bem perto dos principais pontos turísticos da cidade: a catedral de São Pedro, as torres Asinelli e Garisenda, e a Piazza Maggiore, que abriga a fonte de Netuno e a biblioteca Salaborsa, com subterrâneos repletos de vestígios de civilizações antigas.

O tour não durou dez minutos. Tampouco foi possível apreciar qualquer canto da cidade. Olhos vidrados no celular, os jornalistas buscavam qualquer notícia sobre o desaparecimento súbito e silencioso das autoridades brasileiras. Todas as tentativas de localizá-los pelo telefone durante a corrida de táxi foram malsucedidas. Os cinco repórteres reencontraram-se, todos esbaforidos, dentro da estação.

Foram direto procurar no painel de chegadas e partidas de onde saía o próximo trem para Roma. A boa notícia era que ele estava atrasado. No entanto, não se sabia de qual plataforma ele sairia. Percorreram os salões e as principais plataformas da estação à caça de grupos de senhores engravatados com malas. Não encontraram ninguém em meio à multidão de viajantes anônimos.

Enquanto os jornalistas corriam de um lado para o outro na estação, os representantes da Procuradoria e do governo saíram do prédio dispostos a explicar o que acabara de acontecer na Corte de Bolonha. Demoraram porque estavam em contato com seus respectivos chefes no Brasil, detalhando a audiência que fora adiada. Na porta da Corte, olharam para a praça e não viam vivalma. No café, avistaram algumas câmeras, mas não foram reconhecidos. Tampouco acenaram para os que ali estavam. Saíram tranquilos, sem dar declarações por falta de jornalistas.

No caso da família de Pizzolato, não foi por falta de jornalistas que não falaram. Bastava aparecer uma novidade no caso que aparecia um repórter forasteiro visitando Engenho Velho, batendo à porta do prédio onde vive o pai dele, Pedro Pizzolato, ou ligando para uma das irmãs do ex-diretor do Banco do Brasil. Vez ou outra, um repórter aparecia em frente à casa de Fernando Grando, na Itália. Para encontrá-lo era preciso acordar cedo ou dar sorte de ser um fim de semana sem grande prêmio de Fórmula 1. Contudo, o sobrinho, irmãs e o pai se recusam a dar entrevistas para falar da vida de Pizzolato ou suas impressões sobre a fuga e a prisão. No máximo, é possível conseguir com alguns deles um papo informal. Os que topam conversar deixam claro que a família está sofrendo, ansiosa por um desfecho favorável ao ex-diretor do Banco do Brasil. Ao mesmo tempo, dizem não entender o motivo pelo qual a Itália decidiu prender para fins de extradição e tem se recusado a soltar um cidadão italiano. Todos acreditavam que a dupla cidadania de Pizzolato lhe asseguraria a liberdade na Itália.

Telefonemas, e-mails e vistas aos dois advogados de Pizzolato em Modena também são frequentes. Eles explicam o processo, narram detalhes das audiências, mas se recusam a intermediar uma entrevista. Acreditam que uma declaração de Pizzolato em nada ajuda com a defesa. O advogado Alessandro Sivelli, que sempre se limita a fazer comentários pretéritos sobre as audiências relacionadas ao caso, avisou por email que seus clientes não falariam sobre detalhes da fuga, se compraram imóvel ou abriram conta bancária na Itália nem sobre a rotina de Pizzolato na prisão. "Sinto muito, eles não são capazes de responder às suas perguntas. [...] São irrelevantes para a defesa", escreveu o advogado.

Andréa também optou pelo silêncio. Não respondia a pedidos de entrevista enviados pelo Facebook, Skype tampouco os recados mandados por parentes e amigos, inclusive os feitos para este livro. Desde fevereiro, quando o marido foi preso, não deu mais entrevistas.

Ela chegou a escrever uma carta, publicada em primeira mão por um dos sites considerados "parceiros" de luta pró-Pizzolato. Foi *O Cafezinho* que divulgou o que chamou de "carta denúncia", na qual Andréa começa dizendo que Pizzolato foi para a Itália "em busca de refúgio e do direito à justiça que lhe foram negados em um julgamento político e de exceção feito na Suprema Corte do Brasil". Ela afirma que o marido foi "selecionado" contra a própria vontade para sustentar, aos olhos da lei, uma grave e falsa acusação.

A partir de então, a mensagem assinada por Andréa reitera tudo o que ela e muitos amigos de Pizzolato passaram os últimos anos repetindo. Da ladainha da origem privada, jamais pública, do dinheiro do Visanet à reclamação recorrente de não ter tido direito a recurso, "a nenhuma revisão da sentença que o condenou a doze anos e sete meses de prisão mais multa por crimes que não cometeu e que sequer existiram".

A estratégia de usar a repetição como fórmula de convencimento parece, no caso de Pizzolato, não ecoar do jeito que ele gostaria. Começou a ganhar ares de falação fastidiosa, de quem está sempre reprisando as mesmas ideias. A insistência sobre determinadas teses tornou-se tão repetitiva a ponto de atrair o risco de um efeito inverso ao desejado. Ou mesmo de transformar o casal em protagonista de uma versão bastante contemporânea das muitas aventuras quixotescas.

A luta contra os "interesses", que por vezes assume a face da grande imprensa ou do Supremo, ganha tantos adeptos quanto incrédulos. "Lutamos com os meios que estavam ao nosso alcance para informar e denunciar os erros e as irregularidades do julgamento, para divulgar as provas e os documentos, que foram desconsiderados e ocultados, e que comprovam que não existiu desvio de dinheiro, muito menos de dinheiro público", escreveu Andréa, depois de detalhar os principais pontos da defesa de Pizzolato.

No texto, ela falou brevemente sobre os 326 mil reais entregues na casa de Pizzolato. Limitou-se a afirmar que o dinheiro recebido foi para "o Diretório do PT do Rio de Janeiro, como constam em depoimentos que estão no processo", sem nenhum detalhe a mais.

Andréa admitiu, contudo, que a fuga para a Itália significou "o descrédito" e, por isso, foi "difícil e dolorida". Naquele momento, a mulher de Pizzolato claramente parecia se sentir refém de uma decisão aparentemente imprevisível do Estado Italiano.

Antes mesmo de ver negado, pela segunda vez, o pedido de liberdade de Pizzolato e da decisão de adiar a discussão sobre a extradição, Andréa sinalizava viver em meio a muitos pontos de interrogação. Mais: tinha receio de que todo o esforço pudesse estar sendo em vão.

As últimas palavras da "carta denúncia" são, na verdade, um desabafo de quem acreditou numa nova chance, mas passou a enfrentar um cenário tão adverso quanto inesperado.

" Não tenho mais certeza de nada" admitiu Andréa, emendando que "gostaria de acreditar que justiça ainda possa existir em algum lugar e que uma decisão daqui pudesse reverter todas as injustiças que foram feitas no Brasil". Os sinais, contudo, levaram-na a explicitar o receio de que nada disso poderia acontecer: "Confesso, temo pelas decisões que são tomadas politicamente que desprezam princípios e direitos e que desconsideram fatos e provas."

A carta de Andréa expressou em palavras o sentimento de praticamente todos os parentes e amigos mais próximos de Pizzolato. Antes da primeira audiência que discutiria a extradição, era enorme a ansiedade das irmãs, em especial de Lourdes, a mais velha. Ela preferia esperar o desfecho dessa reunião antes de falar qualquer coisa sobre o irmão, mesmo que o tema não fosse a fuga ou a prisão. Estava todo mundo temeroso até mesmo para falar da infância e da adolescência de Pizzolato.

Inicialmente, a maioria dos amigos e familiares havia até apoiado a fuga. Acreditou que ela poderia realmente assegurar a Pizzolato um novo julgamento. No entanto, ao saber das circunstâncias da fuga, muita gente que apoiava Pizzolato passou a reprovar a iniciativa de ressuscitar um irmão morto com documentos falsos para sair do país. Os crimes cometidos para escapar anularam, de alguma forma, a confiança naquele homem que se dizia inocente.

A manutenção da prisão pelas autoridades italianas minava, a cada dia, mais apoios. Muitas dúvidas passaram a pairar sobre Pizzolato. A situação ficou ainda mais difícil de explicar ao vir à tona a notícia de que o casal tinha dois imóveis de alto padrão, com vista para o Mediterrâneo, na Espanha. Os mais próximos bem que tentaram argumentar que eram compatíveis com a renda de Pizzolato, que sempre ganhou bem e nunca teve filhos. Mas nem dentro do PT a explicação convenceu. Prevaleceu o descrédito.

Lídia Pizzolatto, a tia que vive lá em Concórdia, acredita que a fuga como se deu foi um "momento de bobeira" do sobrinho, que tem custado o sossego da família e a saúde do velho Pedro Pizzolato. O engenheiro Vitalino Venanci, responsável por cuidar da cobertura de Pizzolato em Copacabana, acha que o grande vacilo do amigo foi optar por uma solução caseira, usando o nome do irmão em vez de viajar com um documento de um desconhecido qualquer. O ex-bancário Alexandre "Terremoto" Teixeira, no volante do Clio – aquele que levou o condenado à fronteira –, compara Pizzolato ao mais famoso personagem cômico do ator britânico Rowan Atkinson, o patético e atrapalhado Mr. Bean.

A lista dos que não condenam Pizzolato é ainda maior. Maria, a italiana dona da pousada em Porto Venere, ainda se refere a Pizzolato como "Celso" e garante que ele é uma ótima pessoa. Mesmo tendo ouvido toda a história, duvida de que ele tenha roubado qualquer coisa. Policiais italianos e brasileiros, por sua vez, são unânimes em reconhecer que fugir não é crime, mas garantem que o principal erro de Pizzolato foi apostar alto na impunidade.

À medida que o tempo passava e Pizzolato continuava na cela da prisão em Modena, amigos, parentes e investigadores, mesmo que não verbalizem claramente, compartilham do mesmo sentimento: o plano de Pizzolato, que queria ficar livre na Itália, parecia fracassar a cada dia.

A fuga foi incrivelmente bem-sucedida, da confecção de documentos em nome de um defunto à viagem por quatro países que garantiu 82 dias de liberdade plena. Pizzolato até conseguiu chegar incólume à Itália, mas não escapou da prisão, cenário que tanto lhe apavorava. Curtiu apenas três meses a mais de liberdade que os outros condenados levados à Papuda, antes de ser igualmente trancafiado.

Tal qual o prato mais famoso de Bolonha, desde sua aurora, o caso Pizzolato parecia estar sendo cozido em fogo baixo, lentamente. A posição da corte de Bolonha sobre a extradição é apenas a primeira de uma novela dividida, na melhor das hipóteses, em três capítulos. A decisão das três juízas precisa ser analisada pela corte de cassação de Roma, que pode referendá-la, alterá-la ou solicitar a retomada do debate sobre algum ponto que não foi devidamente abordado. Depois de uma decisão judicial definitiva, o processo vai para a mesa do Executivo italiano, que pode ou não acatar o posicionamento dos magistrados. Em última instância, é uma decisão política, amparada por uma longa discussão jurídica. Mas sem data marcada.

Amigos de Pizzolato chegaram a procurar petistas do Instituto Lula, na esperança de que o ex-presidente da República, em uma de suas muitas viagens internacionais, tratasse do caso com autoridades italianas. Telefonaram, bateram à porta do instituto no bairro Ipiranga em São Paulo e deixaram um bilhete. Conseguiram apenas um breve contato telefônico com um dos auxiliares de Lula. Reforçaram o pedido. Apostavam que o carisma de Lula podia convencer os políticos italianos a não devolver Pizzolato e, assim, salvar o plano que desandara.

Muita gente próxima a Lula duvidava de que o ex-presidente se empenharia nesse caso para salvar um companheiro considerado desgarrado. Assim como importantes petistas do governo federal fizeram questão de fechar os olhos para duas novas investigações abertas pela Polícia Federal contra Pizzolato.

Em Santa Catarina, Pizzolato era investigado por falsidade ideológica e confecção de documentos ideologicamente falsos. No

Rio de Janeiro, apuravam-se suspeitas de lavagem de dinheiro e evasão de divisas. Potencialmente explosivo, esse inquérito do Rio ainda estava em estágio inicial, mas contava com elementos reveladores já em julho de 2014.

Tamanhos eram os indícios de que havia algo inexplicável com o patrimônio do ex-diretor do Banco do Brasil, que a Polícia Federal decidiu bater novamente à porta da cobertura de Pizzolato em Copacabana em 15 de maio de 2014. Dessa vez os policiais não procuravam o condenado, mas tinham uma autorização judicial para vasculhar o local e recolher tudo o que considerassem relevante para a investigação.

Chegar ao 10º andar da cobertura na manhã daquela quinta-feira, contudo, não foi fácil. Num brevíssimo momento, cogitou-se até a possibilidade de sabotagem para impedir que a polícia cumprisse a ordem judicial. Subir à cobertura transformou-se numa hercúlea missão de tirar o fôlego.

Operação Pizzo

A Polícia Federal chegou à porta do prédio antes das 6h para cumprir o mandado de busca e apreensão. Viaturas, entre elas uma caminhonete, foram estrategicamente posicionadas na arborizada rua Domingos Ferreira, que fica ainda mais charmosa ao nascer do dia. A polícia já sabia, graças a levantamentos preliminares, que pessoas próximas ao "alvo" viviam na cobertura de Henrique Pizzolato.

Na noite anterior à busca, policiais estiveram novamente em Copacabana. Confirmaram uma movimentação no 10º andar. As luzes acesas na cobertura indicavam que a operação na manhã seguinte possivelmente traria resultado positivo. O imóvel não estava vazio.

Tão logo desceram dos carros, os policiais saíram à procura de testemunhas para acompanhar a busca. Ainda na recepção do prédio, encontraram um aposentado que se preparava para sua caminhada matinal na praia. Simpático, ele não recusou o pedido da polícia. Um dos funcionários do edifício, que estava encerrando a jornada de trabalho na portaria, também topou testemunhar a operação policial.

Policiais e testemunhas dividiram-se e apertaram-se nos dois elevadores do prédio. Apertaram o botão para subirem até a cobertura. Inexplicavelmente, os elevadores não se moveram.

Pensaram que poderia ser o excesso de peso. Não era. Apertaram uma, duas, três vezes. Nada. Tudo parado.

O funcionário do prédio explicou que a casa das máquinas que controlam o elevador fica exatamente na cobertura de Pizzolato. A equipe ficou apreensiva. Policiais entreolharam-se, preocupados. Alguns agentes, num ato involuntário, levaram as mãos aos coldres. A situação não era para tanto, sabiam disso, mas não custava conferir as pistolas e as munições.

– Será que alguém do apartamento teria visto a chegada das viaturas e teria danificado os elevadores para ganhar algum tempo? – especulou um dos policiais, cogitando sabotagem.

Não havia como saber se não chegassem o mais rápido possível ao 10º andar. O jeito foi ir de escada mesmo. Glamour zero. Com as testemunhas a tiracolo, os policiais encararam os degraus até a porta do apartamento de Pizzolato. Os mais sedentários ficaram para trás. Chegaram todos esbaforidos. Tocaram a campainha e insistiram para que a porta fosse aberta imediatamente. Era a Polícia Federal.

Quem os recebeu foi Vitalino. De pele alva como uma folha de papel em branco, empalideceu ainda mais. Foi imediatamente reconhecido pela polícia: era o fiel escudeiro de Henrique Pizzolato, que morava no apartamento acompanhado da mulher e da filha pequena. Ainda sonolento e um pouco contrariado, Vitalino não teve o que fazer senão abrir as portas e assistir aos policiais que reviravam o apartamento inteiro.

Autorizados a vasculhar cada canto da casa, os policiais recolheram documentos, computadores, telefones e tudo mais que consideravam relevante para a investigação. O delegado federal responsável pelo inquérito, Tácio Muzzi, fez questão de acompanhar a busca pessoalmente. Achou importante participar justamente porque não se sabia quais tipos de documento encontrariam ali. Havia mais expectativa que certeza.

Os policiais não sabiam sequer se havia algo de muito relevante para a investigação no apartamento. Sabiam que Pizzolato havia fugido com documentos, muitos deles apreendidos na Itália. Além disso, a prisão dele teve uma repercussão absurda. Não era impossível imaginar que as provas mais importantes tivessem sido providencialmente retiradas do apartamento e guardadas num local mais seguro.

A busca e a apreensão eram importantes, mas estavam sendo consideradas pela polícia apenas como mais uma das muitas etapas da operação batizada de "Pizzo". Não se tratava de um mero trocadilho com o nome do alvo principal, tampouco uma sofisticada referência ao esquema de compra de apoio político mediante pagamentos de propina. Era um forte indicativo de que a polícia estava à procura de relações perigosas e comprometedoras de Pizzolato.

Pizzo, em italiano, é o dinheiro exigido pela máfia em troca de proteção. Uma espécie de pedágio do crime que movimenta uma contabilidade paralela bilionária. Estimam-se cifras que variam de 120 a 180 bilhões de euros, se somados o faturamento anual dos principais grupos mafiosos italianos: 'Ndrangheta, Camorra e Cosa Nostra.

A questão do *pizzo* é tão séria na Sicília, berço da Cosa Nostra, que há um movimento para turistas boicotarem estabelecimentos que pagam a "taxa" aos mafiosos. O chamado "turismo ético" estimula visitantes a escolherem hotéis, restaurantes e até lojas de souvenires que sejam *pizzo free*.

Há até agências organizando passeios temáticos. São circuitos com estabelecimentos que se recusam a pagar o *pizzo*, além de tours em locais emblemáticos da luta contra a máfia. Um dos passeios incluiu a comuna de Capaci, mais especificamente o trecho da estrada onde ocorreu a emboscada que custou a vida do juiz siciliano Giovanni Falcone, um dos ícones do movimento antimáfia. A Cosa Nostra dinamitou a rodovia no exato momento em que passava o carro do magistrado em 1992. Ele viajava com a mulher, o motorista e os seguranças. Morreram todos.

A iniciativa de minar o pagamento de *pizzo* espalhou-se por outras regiões da Itália, onde organizações criminosas atuam de forma similar, cobrando taxas dos comerciantes locais em troca de "proteção e paz". Além do dinheiro arrecadado mediante extorsão, a máfia está direta ou indiretamente envolvida com outros crimes, como contrabando, exploração da prostituição, tráfico de drogas e de armas.

Para movimentar tanto dinheiro sujo, os mafiosos contam com um eficiente sistema de participação em empresas e em instituições de crédito regulares mundo afora. A presença no mercado formal garante fachada legal aos recursos obtidos de forma clandestina.

Na luta judicial contra a máfia, juízes e procuradores italianos tentam sufocar essas organizações e rastrear suas relações comerciais, que se estendem ao mundo político. Um dos italianos que persegue os passos da máfia é o procurador Vincenzo Piscitelli, que faz parte do grupo antimáfia da Sicília e, há anos, está no encalço dos negócios escusos de pessoas muito próximas ao polêmico ex-primeiro-ministro Silvio Berlusconi.

No final de abril, o procurador Vincenzo Piscitelli foi até a cela de Henrique Pizzolato na penitenciária na estrada de Sant'Anna, em Modena. A visita, que ganhou páginas de jornais e revistas, aumentou a especulação de que Pizzolato estaria sendo investigado na Itália por supostas relações com a máfia.

Inicialmente, contudo, o procurador queria ouvir Pizzolato como colaborador de uma investigação rumorosa. Piscitelli apurava o caso do jornalista e empresário Valter Lavitola. Ex-diretor do diário italiano *Avanti*, Lavitola foi preso na Itália acusado de extorsão contra o ex-primeiro-ministro Silvio Berlusconi. Responde também a processo por lavagem de dinheiro e corrupção internacional.

Por anos morou no Brasil, antes de se refugiar no Panamá, onde continuou fazendo negócios suspeitos. Lá foi acusado de ter corrompido até mesmo o presidente panamenho em troca de facilidades.

Durante o tempo que ficou no Brasil, Lavitola passou pela Amazônia, por São Paulo, Espírito Santo e diferentes cidades do litoral fluminense, onde se estabeleceu por um tempo. O nome dele aparecia como sócio de duas empresas de comércio de pescados e também de uma imobiliária. As três empresas tinham sede registrada em Cabo Frio (RJ) e, em cada uma delas constava no quadro societário uma jovem brasileira diferente, que seriam parceiras do italiano nesses negócios. Duas delas nascidas em 1985 e outra em 1978.

As empresas de pescado de Lavitola no Brasil, no entanto, são suspeitas de negociarem outro tipo de mercadoria. Suspeita-se que elas camuflariam negócios escandalosos, entre eles o agenciamento de mulheres para animarem, por exemplo, as famosas festinhas privadas de Berlusconi – que ganhou fama pelo elevado apreço às profissionais do sexo.

Sempre se soube que festas "bunga bunga" do antigo primeiro-ministro tinham, entre os convidados, muitas figuras públicas e garotas de programa. Mas o assunto ganhou ares de escândalo e virou processo criminal quando foi divulgado que uma das participantes era menor de idade. Ruby, nome profissional da menina, ganhou o sufixo internacional dos escândalos e ficou conhecido como "Rubygate".

Do ponto de vista jornalístico, as histórias ficavam ainda melhores quando detalhes narrados por novas testemunhas passaram a ser revelados. A cada depoimento de testemunhas e participantes, as festas ficavam ainda mais burlescas e reforçavam a tese de que vale tudo nas "bunga bunga" de Berlusconi. Havia até strippers vestidas de freira, de máscara do jogador de futebol Ronaldinho Gaúcho e de camisa do Milan (time do qual Berlusconi é dono).

São tantos os detalhes pornográficos que a imaginação de quem nunca ali esteve certamente é capaz de configurar um simulacro bem mais sacana que a realidade. Não é difícil visualizar, por exemplo,

Berlusconi vestindo somente cueca samba-canção e meia social, enquanto mulheres fantasiadas rodopiam à sua volta. A imaginação costuma ser sempre mais fértil que a realidade. O que importa é que o mundo inteiro ficou sabendo das festinhas do ex-premiê. Bunga Bunga virou nome de bar, restaurante e até pizzaria.

Ao menos essa acusação acabou mesmo em pizza para o ex-primeiro-ministro. Em julho de 2014, a corte de apelação de Milão absolveu Berlusconi da condenação a sete anos de prisão por prostituição de menores e abuso de poder no "Rubygate". Os três magistrados que analisaram o caso decidiram livrar o magnata por entenderem que o "fato não constitui um delito". A sentença surpreendeu até mesmo os advogados do ex-premiê. A defesa de Berlusconi insistiu na tese de que ele não sabia que a voluptuosa Ruby era menor de idade quando participou das festas.

Berlusconi esteve no Brasil no mesmo ano que Ruby animou suas festas na Itália. Em 2010 chegou como chefe de Estado para se encontrar com o presidente Lula. A rápida passagem por terras brasileiras, contudo, não impediu que o então premiê encontrasse tempo na apertada agenda de trabalho para conhecer seis garotas brasileiras numa festa privê. A versão tupiniquim da "bunga bunga" aconteceu na suíte presidencial do hotel Tivoli São Paulo Mofarrej, na capital paulista.

Um dia antes da festa, um homem que se apresentou como Valter, um empresário italiano que falava português em alto e bom som, jantou com as garotas. Era Lavitola. Estava ali para dar seu aval em relação às brasileiras selecionadas para o encontro com o primeiro-ministro italiano. Ele aproveitou para falar, ainda que por alto, de oportunidades de trabalho para as meninas na Itália, na televisão e com publicidade.

Entre as garotas estava uma especialista em pole dance. A dançarina ganhou 2 mil reais para fazer um showzinho. À época, ela revelou a jornalistas que sua apresentação incluiu troca de figurinos, samba e até tango. Depois de breves doze minutos de show, todos sentaram-se à mesa da suíte para jantar. Ela disse ter ido embora em seguida, mas que a festa continuou noite adentro.

Valter Lavitola até então era apenas mais um italiano que havia fixado residência no Brasil e fazia negócios por toda a América Latina. Prezava pela discrição, apesar dos muitos contatos com políticos e empresários. Avesso a colunas sociais e a badalação com gente importante, preferia as praias mais vazias do litoral fluminense. Mas, depois da festa na suíte presidencial onde estava Berlusconi, ele ficou conhecido como o empresário que selecionou as brasileiras para o então premiê em São Paulo.

Ele estava sendo procurado pela Justiça italiana por negócios suspeitos. Acabou ganhando notoriedade quando veio à tona que ele teria extorquido Berlusconi. Ameaçou contar "tudo o que sabia" sobre o político se não recebesse dinheiro. Ambos negam a extorsão, mas Lavitola chegou a ser condenado em primeira instância pelo crime. Junto com essa acusação, vieram outras, na forma de avalanche. Ele é investigado por suspeita de corrupção e desvio ilegal de fundos para o exterior, incluindo para o Brasil, Uruguai e Panamá.

Lavitola é suspeito de usar o Brasil como uma espécie de "banco de compensação", para lavar o dinheiro de propinas e negócios sujos na América Latina. Investigadores brasileiros e italianos não descartam a possibilidade de Lavitola ter se aproximado de Pizzolato durante o período em que o empresário e jornalista passou no Rio de Janeiro.

Mas, até julho de 2014, não havia indicativos de que os dois mantivessem algum tipo de relação, muito menos de que Pizzolato atuasse como intermediário de negócios da máfia italiana no Brasil. O exato vínculo entre eles continuava totalmente incerto. Estavam sendo analisados e-mails, telefonemas e documentos no material apreendido de ambos, capazes de ligar, de forma mais substancial, Lavitola a Pizzolato. Mas absolutamente nada havia sido encontrado até aquele momento e muita gente duvidada de que houvesse registros.

Ainda assim, ao ser preso na Itália, o brasileiro entrou na mira dos procuradores da Divisão Antimáfia do Ministério Público em Nápoles. Por ora, contudo, o procurador Vincenzo Piscitelli esteve com Pizzolato na esperança de que ele pudesse, principalmente, esclarecer o trecho de uma carta que tem funcionado como uma espécie de roteiro da investigação de um esquema de corrupção internacional e de lavagem de dinheiro.

Trata-se da carta de Lavitola endereçada a Berlusconi com data de dezembro de 2011, que documentaria a extorsão. O empresário exige ajuda financeira do político listando uma série negócios suspeitos que passaram a ser investigados. O documento foi apreendido no computador de um amigo de Lavitola, um ítalo-argentino ex-presidente da Federação das Associações Sicilianas da América do Sul.

Num dos trechos do documento de 25 páginas, aparece o nome do ex-presidente do Brasil. Lavitola narra ter recorrido a Lula para tentar vender uma área protegida na Amazônia. O italiano, que se dizia dono da concessão para explorar o terreno, explica a Berlusconi que seria preciso pagar 900 mil dólares a uma empresa chinesa responsável pelo manejo e 5 milhões de euros para um escritório de advocacia cuidar da arbitragem do negócio.

"Infelizmente o presidente Lula (que está provando ser um verdadeiro amigo) já não pode fazer muito. Ele conseguiu que a direção da empresa compradora, por meio de uma sentença (obviamente acordada) de um tribunal de arbitragem, fizesse um acordo comigo", diz trecho da carta, revelado pela revista *IstoÉ*. Procurado pela revista para falar do caso, Lula, por meio da assessoria, disse que "nunca ouviu falar de Valter Lavitola".

Na carta, Lavitola pede ajuda para voltar a morar no Brasil. Antes de se entregar às autoridades italianas, em abril de 2012, ele passara oito meses foragido na América do Sul. Foi preso na Itália ao desembarcar de um voo proveniente da Argentina.

No documento, o italiano reafirma ainda sua relação com a multinacional Finmeccanica, que atua em 22 países e tem faturamento bilionário. Embora não trabalhasse como funcionário, ele era apresentado às vezes como consultor, outras vezes com representante da empresa no Brasil. Lavitola está envolvido em um escândalo de superfaturamento que teria beneficiado a empresa italiana em um contrato com o governo panamenho de compra de equipamentos e serviços de segurança.

Como representante da Finmeccanica, um dos maiores fabricantes europeus na área de defesa, Lavitola atuou para tentar vender ao governo brasileiro onze fragatas italianas. A negociação passou a ser investigada depois que um diretor da companhia foi preso e narrou existir um acerto para pagar "comissão" aos ministros da defesa do Brasil e da Itália caso o negócio fosse fechado. A propina seria equivalente a 11% do valor do contrato, estimado em 5 bilhões de euros, a ser dividida fraternalmente pelos dois ministros. A venda dessas fragatas jamais foi finalizada, e Nelson Jobim, o ministro brasileiro citado na investigação, sempre rechaçou as acusações contra ele.

Apesar de não haver qualquer referência ao negócio das fragatas na carta, a relação de Lavitola com a Finmeccanica é alvo de investigação. Os muitos casos suspeitos envolvendo o italiano desafiam o Ministério Público da Itália. As relações dele com o Brasil também. Por isso, a presença de Pizzolato naquela cela era considerada pelos procuradores italianos uma oportunidade imperdível de aprofundar as investigações. Afinal, o brasileiro era petista de carteirinha, conheceu bem Lula, trabalhou a vida inteira numa importante instituição financeira e morou no Rio de Janeiro por anos.

Muito antes de decidirem ouvir Pizzolato e de se debruçarem sobre a carta que cita o presidente Lula, as investigações do grupo antimáfia já haviam chegado ao Brasil. Escutas telefônicas monitoraram um dos celulares usados por Lavitola no litoral fluminense. Também foram quebrados os sigilos bancário e fiscal não apenas do italiano como de três brasileiros apontados como laranjas. Eles foram flagrados ou citados em conversas aparentemente comprometedoras de Lavitola ao telefone.

Além de ouvir essas três pessoas, a Itália solicitou formalmente o "empréstimo de provas obtidas mediante quebra de sigilo bancário e fiscal dos interessados". Um deles já prestou depoimento. Em julho de 2014, a Justiça brasileira ainda tentava localizar duas mulheres para saber mais detalhes dos negócios do italiano no Brasil. Os investigadores da Itália suspeitavam de que contas brasileiras haviam sido usadas para lavar dinheiro e pagar propina, em troca de contratos com empresas italianas.

O promotor Vincenzo Piscitelli estava convencido de que o brasileiro que fugira para a Itália poderia colaborar com essas e outras investigações. Muito havia se especulado sobre o fato de Pizzolato ser um verdadeiro homem bomba, cheio de segredo contra poderosos do PT.

No fim de abril, Piscitelli deixou Nápoles com destino à Modena. Chegou à prisão na estrada de Sant'Anna acompanhado de três policiais de Modena. Dentro da pasta, levava documentos e umas fotos. Na cabeça, muitas perguntas a serem feitas ao brasileiro. Acreditava genuinamente que conseguiria fazer Pizzolato abrir a boca.

Naquele dia, o administrador da penitenciária chamou Pizzolato para se encontrar com seu advogado, conforme narrou o site *O Cafezinho*. Ao chegar à sala de encontros da prisão, o brasileiro não viu nenhum de seus defensores. Nem Lorenzo Bergami muito menos

Alessandro Sivelli estavam ali. Deparou-se com quatro homens que lhe aguardavam. Ainda segundo o site, Pizzolato reconheceu os três policiais que acompanhavam um senhor de óculos de aros finos. Eram os carabinieri, que haviam participado da prisão dele meses antes.

No comando central da Carabinieri em Modena, ninguém gosta de falar do assunto. O coronel Stefano Savo, comandante da polícia em Modena, abre um sorriso para, em seguida, dizer em tom de lamento que nada sabe sobre essa investigação. Enquanto aprecia um charuto, garante que, mesmo se soubesse, não poderia falar nada. Segundo ele, tudo está protegido pelo mais absoluto sigilo. Entre uma baforada e outra, tenta aniquilar qualquer outra pergunta sobre Pizzolato e Lavitola. O comandante sequer confirma que seus homens foram à prisão acompanhar o procurador.

Na Casa Circondariale de Modena, Vincenzo Piscitelli apresentou-se a Pizzolato. Era procurador adjunto em Nápoles. A situação não lhe permitia entrar em detalhes, mas, um mês antes daquela visita, fora promovido. Aquele senhor de baixa estatura, aparência frágil, cabelos castanhos desgrenhados e barbas embranquecidas foi elevado ao cargo de número 2 na procuradoria de Nápoles por unanimidade, graças a investigações bem-sucedidas contra Berlusconi, Lavitola e a multinacional Finmeccanica.

Pizzolato ficou assustado com o encontro inesperado. Sentiu-se intimidado. Enquanto um dos policiais ficava ao telefone, outro fazia anotações e o terceiro lhe observava. O procurador mostrou-lhe fotos e fez algumas perguntas. Pizzolato disse não reconhecer ninguém nem esclareceu as dúvidas. Piscitelli perguntou se ele não tinha interesse em contribuir com o Estado italiano. Não, Pizzolato não tinha interesse algum em falar.

Amigos do brasileiro consideraram um abuso tentar interrogar um preso, de supetão, sem a presença de advogados. A defesa reagiu. Solicitou informações sobre o interrogatório. Pediu ainda o conteúdo das anotações do procurador. Mas o Ministério Público em Bolonha negou, alegando que a investigação corre em segredo de Justiça.

A notícia do encontro de Piscitelli com Pizzolato chegou ao chefe da Interpol na Itália, que logo fez a ponte entre o procurador e os policiais federais brasileiros. A cooperação já começara. O procurador até ganhou um apelido dos brasileiros: "pitbull", um trocadilho com as primeiras sílabas do sobrenome do italiano e uma referência à atuação dele contra o crime organizado na Itália.

No Ministério da Justiça brasileiro, contudo, a notícia era de que Pizzolato poderia estar negociando um acordo de delação premiada. Acreditavam que, em troca da permanência na Itália, toparia colaborar com as investigações do promotor. Oficialmente, ninguém confirma as tratativas de acordo. Mas, informalmente, gente importante no ministério comandado por José Eduardo Cardozo, ex-algoz de Pizzolato na CPI, acreditava que a negativa da extradição do brasileiro poderia ser uma atraente moeda de troca por informações. Imagina-se que Pizzolato saiba de muita coisa, em especial sobre o processo de privatização das teles e a atuação da Telecom Itália no Brasil.

Por isso, quando os policiais entraram na cobertura de Pizzolato, não sabiam exatamente o que poderiam encontrar. A prioridade era, inicialmente, achar documentos capazes de explicar como o brasileiro se financiava no exterior. Mas estavam convencidos de que a operação tinha potencial para revelar muito mais se o trabalho no apartamento fosse bem-feito.

O ponto de partida da Operação Pizzo no Brasil foram os achados da própria Polícia Federal durante o período em que apuravam a fuga de Pizzolato. Além da notícia da conta no exterior com 1,8 milhão de euros indicada pelo informante, chamou a atenção dos investigadores uma empresa em nome da irmã e de sobrinhos de Pizzolato no Paraná. A empresa, uma administradora de imóveis, foi aberta no mesmo dia em que o Supremo Tribunal Federal acatou a denúncia do Ministério Público e transformou em réus os 40 acusados pelo mensalão, entre eles Pizzolato.

Ainda durante o período em que Pizzolato era considerado foragido, cada uma das irmãs dele ganhou um arquivo no computador de um dos investigadores. Viagens internacionais, participação societária em empresas, endereços antigos e recentes, tudo virou anotação e foi registrado nesses arquivos.

Essa imobiliária, aberta em agosto de 2007 no interior do Paraná, entrou como um dos alvos da investigação da Polícia Federal que apurava os crimes de lavagem de dinheiro e remessa ilegal de quantias para o exterior. A polícia queria saber se Pizzolato promovera o "desvio do desvio", nas palavras de um delegado federal. Não descartavam a possibilidade de parte do dinheiro usado no mensalão ter sido remetido ilegalmente para o exterior.

Desconfiava-se de que viagens rotineiras para a Espanha, que Pizzolato diz ter feito para acompanhar um "parente enfermo", serviram para levar dinheiro não declarado para fora do Brasil. Além da decisão que autorizou a busca e a apreensão na cobertura de Copacabana, a Justiça Federal determinou também que fosse feita uma devassa na vida financeira de Pizzolato dentro e fora do país.

Para isso, no entanto, seria necessária a colaboração de autoridades na Espanha e na Itália. A cooperação internacional, contudo, costuma ser um processo lento e demorado. De qualquer forma, o Brasil também solicitou à Itália o compartilhamento das provas colhidas a partir da prisão de Pizzolato, em especial os dados dos computadores portáteis e equipamentos eletrônicos apreendidos com ele e na casa onde vivia em Porto Venere.

Não era apenas o Brasil que estava interessado no material guardado por Pizzolato. Ao entrarem no apartamento em Copacabana, os policiais também estavam à procura de computadores e dispositivos usados para armazenar informações relevantes às autoridades italianas. Comprovantes de transações financeiras, contratos ou qualquer outro documento também deveriam ser apreendidos e, a depender do resultado da perícia, compartilhados com a Itália, que estava mais preocupada em desvendar as ações ilícitas de seus nacionais no exterior.

Ao darem início à investigação da vida patrimonial e financeira de Pizzolato, a primeira impressão da polícia foi a de que o sindicalista de outrora transformara-se num típico homem do mercado financeiro. Pizzolato construiu um considerável patrimônio. Mas muito pouco ficou em seu próprio nome. A maioria dos bens foi alocada ao patrimônio da mulher, uma arquiteta sem vínculo empregatício nem renda fixa declarada.

Durante a busca, a cobertura de Pizzolato impressionou de cara os policiais, por seu tamanho, a decoração e o espaço do condomínio incorporado à cobertura. Parecia apartamento de revista especializada. Tudo ali passava a ser contabilizado como se cifras fossem, num exercício mental matemático feito quase que intuitivamente pelos policiais. Quanto teria custado a reforma daquele imóvel? Quem pagou por aquilo? O estilo de vida do casal era compatível com uma aposentadoria complementada pela Previ e pela renda de aluguel de imóveis? Todas essas perguntas estavam sendo feitas enquanto os policiais reviravam gavetas, armários e prateleiras. Afinal, Pizzolato passou a ser alvo da Delegacia de Crimes Financeiros da Polícia Federal no Rio.

Para a sorte da polícia, o apartamento parecia intacto. Móveis, adornos e porta-retratos haviam permanecido no mesmo lugar, exatamente como estiveram quando Pizzolato e depois Andréa saíram de lá no ano anterior. Muitos documentos continuavam no mesmo lugar que o casal havia guardado.

Vitalino cuidava das coisas do amigo com tanta dedicação que impressiona. Era como se estivesse à espera repentina dos verdadeiros donos. Quem lá entra fica com a sensação de que Pizzolato pode chegar a qualquer momento, mesmo que o objetivo declarado dele seja jamais retornar ao Brasil.

No apartamento da Domingos Ferreira, Vitalino é uma espécie de hóspede cujo espaço limita-se apenas ao próprio quarto, ocupado junto com a mulher e a filhinha. Ele e a família, claro, usam a sala, a cozinha, o escritório e a área de serviço. Mas mantém a porta do quarto de Andréa e Henrique fechada como se quisesse preservar a privacidade do casal, mesmo com eles em outro continente.

Até a semana anterior à operação policial, Vitalino não fazia ideia de que, desde o final de 2013, estava na mira da PF. Mantinha uma rotina cujo compromisso mais importante do dia era buscar a filha na escola nos finais de tarde, enquanto a mulher ia para faculdade. À noite, era ele quem trocava a fralda, dava mamadeira e colocava a garotinha para dormir. Aposentado, ele vivia na casa do amigo com uma mulher mais jovem, com quem teve uma menininha fofa.

Em casa, nos dias mais quentes, Vitalino gostava de ficar descalço, sem camisa. Depois da fuga e da prisão de Pizzolato, tentou puxar papo com Andréa Haas pelo Skype. Por mais que ele quisesse ver e ouvir a voz da amiga, conseguia, no máximo, trocar algumas palavras pelo sistema de mensagem instantânea. No início de maio de 2014, a avaliação dele era de que Andréa estava muito tensa com os acontecimentos mais recentes. A manutenção da prisão de Pizzolato e a visita do procurador italiano representaram um duro golpe nos planos do casal, que apostava na liberdade e até na possibilidade de se refazer o julgamento do mensalão em território italiano.

Vitalino não sabia, mas ele também entrou no radar dos investigadores brasileiros tão logo se identificou que morava na cobertura de Pizzolato em Copacabana e era o portador do cartão e da senha bancária do amigo foragido. Com a investigação, descobriu-se que é o engenheiro, colega desde os tempos de faculdade do casal Henrique e Andréa, o responsável também por administrar todos os investimentos financeiros de Pizzolato no Brasil.

De repente, ele se viu abrindo a porta para policiais. Eles estavam dentro da casa que cuidava com tanto esmero revirando tudo e fazendo muitas perguntas. Deixou transparecer o golpe típico das descargas intensas de adrenalina, que começa gelando a espinha e rapidamente percorre braços e pernas. Por vezes, aloja-se na boca do estômago e também pode causar tonturas.

Ao ser interpelado pelos policiais, Vitalino não conseguiu disfarçar aquela incômoda sensação. Temia que sua lealdade ao amigo fosse qualificada, aos olhos da lei, como coautoria, seja lá de que crime for. Mas, no fundo, não podia nem queria abandonar o amigo por quem tem tanto apreço e admiração. Diante da polícia, alternou momentos em que condenava com veemência a fuga de Pizzolato com elogios rasgados ao amigo. Ficou claro para os policiais que Vitalino era um admirador de Pizzolato.

Dono de cidadania italiana tal qual o amigo, Vitalino ofereceu à polícia os próprios passaportes. Queria provar que a atitude de Pizzolato não o inspirara. Ele não tinha intenção de deixar o país. Mas os policiais não tinham motivo para suspeitar de uma atitude mais radical do engenheiro tampouco para detê-lo. O principal alvo da Operação Pizzo não era Vitalino.

Ao vasculhar o apartamento, a polícia encontrou documentos que acreditava serem capazes de indicar como Pizzolato montou parte da engenharia financeira para sair do país. Ele dividiu o patrimônio do casal, passando imóveis para o nome da mulher. Assim, ficou com todo o dinheiro, aproximadamente 800 mil reais, em investimentos e aplicações.

Andréa e Henrique viviam juntos desde a faculdade, mas nunca se casaram no papel. Então, em vez do divórcio, eles fizeram uma dissolução da união em dezembro de 2006.

Foi justamente no início desse mês que o Supremo decidiu, por maioria dos votos, não desmembrar o inquérito do mensalão e julgar naquela corte todos os 40 denunciados. Isso significou que Pizzolato, mesmo sem desfrutar de foro privilegiado, responderia pelo mensalão na mais alta corte do país.

O casamento com Andréa, que nunca fora oficializado formalmente, acabou somente no papel. A "dissolução da sociedade de fato" foi processada pela 4ª Vara de Família do Rio. Ficou definido que todos os imóveis adquiridos por Pizzolato, à exceção da cobertura em Copacabana e do apartamento em Concórdia, iriam para o nome de Andréa, que passou a declarar renda dos aluguéis – essa seria a única fonte de renda declarada por ela. Pizzolato, por sua vez, ficou com o dinheiro. Segundo avaliação da polícia, trata-se de um bem mais fácil de "sumir", seja gastando, remetendo indevidamente para o exterior ou mesmo guardando em algum lugar seguro para evitar o bloqueio.

Depois da separação, foi a vez de formalizar um testamento. Em abril de 2009, Pizzolato foi registrar seus desejos póstumos. Formalizou, naquele documento registrado em cartório, a intenção de deixar todos os seus bens para a "companheira" Andréa com quem vivia desde 1980.

"A separação era o maior caô", admitiu o amigo Terremoto, testemunha do testamento, enquanto dirigia o Clio numa chuvosa noite de maio no Rio. No caminho entre Vila Isabel e o shopping Rio Sul, ele contou que Andréa e Henrique nunca se separaram de fato, só no papel. Como o casal temia um eventual bloqueio ou confisco de bens, decidiram dividir tudo que construíram juntos.

Como continuavam juntos, sete meses depois de assinar o testamento, Pizzolato decidiu se casar com Andréa no papel. O ritual havia sido ignorado anos antes, a despeito da vontade das famílias, pelo pragmatismo revolucionário dos dois jovens universitários. Em julho de 2009, o nome dos noivos foi publicado, como é de praxe, no *Diário Oficial* do Rio de Janeiro. A certidão de casamento também foi recolhida pela polícia no apartamento.

Em julho de 2014, a polícia ainda avaliava se essa manobra de simular a separação poderia configurar ao casal o crime de lavagem de dinheiro. A lei fala em tentativa de ocultar ou dissimular, mas é preciso algum indicativo de que aqueles bens a serem escondidos sejam provenientes, direta ou indiretamente, de uma ação ilegal.

Os primeiros levantamentos da Operação Pizzo pareciam promissores. Indicavam, por exemplo, que nem Pizzolato nem Andréa declararam os bens e contas bancárias no exterior. Os imóveis na Espanha, por exemplo, não apareciam na prestação de contas junto ao Fisco. Também não havia nenhum comunicado à Receita sobre a manutenção de contas em instituições financeiras fora do país, tampouco a saída do casal com montantes superiores a 10 mil reais.

A polícia, no meio de 2014, investigava o caso sem afobação. Aguardava pacientemente a colaboração da Itália e da Espanha para, principalmente, identificar a veracidade da suspeita repassada pela Interpol de que Pizzolato havia levado para o exterior 1,8 milhão de euros, fruto de dinheiro supostamente desviado dos cofres públicos. No banco indicado pelo informante não havia registros, mas nada impediria que esse dinheiro estivesse cuidadosamente espalhado, avaliavam os investigadores.

Por ser Pizzolato adepto a soluções caseiras que envolvem os mais próximos, a polícia não descartava a possibilidade de ele ter passado dinheiro para a conta de parentes e amigos. Não seria a primeira vez que ele depositaria um grande montante na conta de outra pessoa, na tentativa de despistar quem vasculhava suas finanças. Em outra ocasião, tão logo estourou o escândalo do mensalão, teria tomado um calote do beneficiado com o depósito, conta o amigo Terremoto sem revelar nomes.

Por isso pareceram proféticas as palavras do aposentado que topou adiar a caminhada matinal para observar, na condição de testemunha, a busca feita pela Polícia Federal em Copacabana na manhã do dia 15 de maio de 2014. Atento, o senhor de tênis observou os policiais recolherem muito material. Computadores, celulares, certidões. Não deixaram nada para trás.

Depois de guardarem o material apreendido e de cumprirem toda a burocracia que a situação exigia, os policiais dispensaram as testemunhas. Trocaram apertos de mão com o porteiro que deixou de ir pra casa mais cedo e com o aposentado que não havia colocado empecilhos para subir cada um dos degraus até o 10º andar nem reclamara de ficar ali dentro do apartamento fazendo cara de paisagem. O delegado, então, agradeceu mais uma vez. Ao simpático aposentado, pediu desculpas por ter atrapalhado a caminhada matinal. O senhor não hesitou em retribuir as breves palavras do policial com um afago:

– Meu jovem, para mim foi um orgulho. Conte comigo na próxima!

Além de ter a polícia revirando suas contas no Brasil e o Ministério Público italiano interessado em sua rede de relacionamentos, Pizzolato passou também a ser alvo da Comissão de Valores Mobiliários, a CVM. O órgão, que atua para regular o mercado de capitais, abriu em 2012 um processo administrativo para apurar possíveis irregularidades dos executivos do Banco do Brasil no repasse de verba para agências de propaganda.

O Fundo Visanet era o principal objeto da apuração. Até início de agosto de 2014 Pizzolato ainda não havia apresentado sua defesa à CVM, que havia prorrogado o prazo "impreterivelmente" até o fim daquele mês para os acusados se defenderem. Além de Pizzolato, dois diretores da área de Varejo do banco estavam na mira do órgão, uma espécie de xerife do mercado de capitais.

Ninguém parecia atuar politicamente em defesa de Pizzolato no Brasil, enquanto ele aguardava preso na Itália uma definição em relação a sua extradição. Nenhum político veio a público pedir cautela em relação às investigações dentro e fora do país. Tampouco declarou que não se pode condenar alguém que está apenas sendo investigado. Ninguém recorreu à habitual retórica típica de momentos em que a crônica policial abraça o mundo político. No caso de Pizzolato prevaleceu o silêncio à verborragia peculiar de momentos como esse.

Durante a CPI do mensalão, muitos petistas já haviam decidido "fritar" Pizzolato. Depois de encerrado o julgamento no Supremo Tribunal Federal, então, o ex-diretor do Banco do Brasil passou a ser verdadeiramente ignorado pela maioria dos petistas poderosos. A fuga por si só já irritou muitos correligionários. Mas as revelações – de como ele havia fugido, do local onde ele se escondera na Itália e do patrimônio aparentemente não declarado, mas descoberto pela polícia – o fizeram cair em total descrédito entre muitos companheiros de partido.

Tudo isso incomodou muitos petistas graúdos, que têm dificuldade de engolir o que chamam de "vacilos" do ex-diretor do Banco do Brasil. Na avaliação deles, Pizzolato parecia estar mais preocupado consigo mesmo do que com o partido e os companheiros que, assim como ele, estavam no banco dos réus.

Os petistas apontam pelo menos cinco pecados capitais de Pizzolato. Acusar Luiz Gushiken durante a CPI foi um deles. As declarações de Pizzolato arrastaram um dos principais aliados de Lula ao banco dos réus. Nem mesmo o recuo de Pizzolato, ao retirar, em depoimento à Justiça, as declarações contra Gushiken foi suficiente para fazer o partido retomar a confiança no ex-diretor do Banco do Brasil.

Ter preferido a Riviera Italiana a se juntar aos companheiros na prisão também está na lista. O momento era de sacrifício, um esforço coletivo de importantes petistas para provar que respeitam as leis mesmo diante de uma ordem que consideram absolutamente injusta.

O planejamento antecipado da fuga, a partir de 2007, foi encarado como uma falta grave. Quando Pizzolato começou a preparar os papéis, não havia ainda nenhum indicativo de que o processo acabaria em prisão. A sequência de documentos emitidos em nome de um morto provocou indignação e descrédito. Pizzolato cometeu mais crimes, propriamente, para escapar da punição por aqueles que diz não ter cometido. A falsificação com dados do próprio irmão falecido impressionou até mesmo os italianos.

O patrimônio – invejado ou incompatível, a depender dos olhos de quem vê – é, talvez, o pecado que mais condena Pizzolato. Apesar de garantir ter renda compatível com os bens que acumulara ao longo da vida, os imóveis e as contas na Espanha ainda são um mistério. Nem mesmo os petistas mais trotskistas, daqueles que acreditam que realmente os fins justificam os meios, veem com bons olhos tamanho enriquecimento.

Diante de tantos "pecados" incômodos, a morte fictícia de Henrique Pizzolato parecia cair bem para muita gente. Não apenas para o próprio, que queria escapar da prisão, mas também para muitos que o viam como um problema insolúvel ou como um sofredor por antecipação diante da perspectiva de passar anos preso.

Acabou na Itália o principal plano de Pizzolato, tramado com a ajuda da mulher e de Terremoto, que um dia teve a ideia, digna de Hollywood, de simular a morte do amigo para que pudesse viver em liberdade em um canto qualquer do mundo. Dono de dupla cidadania, o ex-diretor ainda acreditava em uma possível recusa do governo italiano em extraditá-lo. Seus amigos e parentes também. Mas não descartavam nenhum revés nessa trama, que vai além do retorno do petista para cumprir a pena no país onde fora condenado.

Pizzolato bem que tentou desaparecer. Ressuscitou o irmão morto. Quis ser Celso na Itália. O plano funcionou num primeiro momento. Ele chegou ao local planejado sem grandes sobressaltos. Mas viver como Celso era uma ideia fadada ao fracasso. Garantiu-lhe somente poucos meses de liberdade a mais que os outros condenados. Mas reforçou a tese da polícia de que não existe crime (tampouco plano) perfeito.

Além de condenado no Brasil pelo esquema do mensalão e malvisto por seus camaradas de luta e companheiros de partido, Pizzolato e a mulher passaram a ser investigados por lavagem de dinheiro e evasão de divisas. Pesavam contra ele também suspeitas por uma possível associação com a máfia italiana. Em julho de 2014, a Justiça determinou que fosse recalculada a multa aplicada como pena contra ele, além da prisão. Aos 1,2 milhão de reais seria acrescida a taxa básica de juros, além de 20% previstos em lei.

Preso, investigado, com dívida pendente. Claramente, a ideia mirabolante de fugir com a identidade do irmão morto revelou-se muito mais que um plano cheio de imperfeições.

Em vez de terminar à beira-mar na Riviera Italiana, ganha um capítulo numa indesejada cela em Modena, onde paira um enorme ponto de interrogação. Com a prisão em Maranello, teve um fim a epopeica e ousada fuga de Henrique Pizzolato. No entanto, ainda falta muito para que seja colocado um ponto final na incrível história do homem que assumiu a identidade do irmão morto para fugir. E, às vésperas de completar um ano, a fuga de Pizzolato permanecia sem desfecho definido.

Referências

BYRON, Lord. *As trevas e outros poemas*. São Paulo: Saraiva, 2007.

CABRAL, Otávio. *Dirceu: a biografia: do movimento estudantil a Cuba, da guerrilha à clandestinidade, do PT ao poder, do Palácio do Planalto ao mensalão*. Rio de Janeiro: Record, 2013.

CAMARGO, Célia Xavier; MELERO, César Augusto. *De volta ao passado*. São Paulo: Boa Nova, 2000.

HEILEMANN, John; HALPERIN, Mark. *Virada no jogo: como Obama chegou à Casa Branca*. Rio de Janeiro: Intrínseca, 2011.

FIGUEIREDO, Lucas. *O Operador: como (e a mando de quem) Marcos Valério irrigou os cofres do PSDB e do PT*. Rio de Janeiro: Record, 2006.

FORGIONE, Francesco. *Máfia Export*. Rio de Janeiro: Bertrand Brasil, 2011.

GOIS, Chico de. *Os bens que os políticos fazem: a história de quem enriqueceu durante o exercício dos mandatos*. Rio de Janeiro: LeYa, 2013.

LEITE, Paulo Moreira. *A outra história do mensalão: as contradições de um julgamento político*. São Paulo: Geração Editorial, 2013.

MORAIS, Fernando. *Corações Sujos*.São Paulo: Companhia das Letras, 2000.

TRENTO, Angelo. *Do outro lado do Atlântico: um século de imigração italiana no Brasil*. São Paulo: Nobel, 1989.

TZU, Sun. *A arte da guerra*. Porto Alegre: L&PM, 2013.

VALENTE, Rubens. *Operação Banqueiro*. São Paulo: Geração Editorial, 2013.

VENTURA, Zuenir. *1968: o ano que não terminou*. Rio de Janeiro: Nova Fronteira, 1988.

WOODWARD, Bob; BERNSTEIN, Carl. *Todos os homens do presidente*. São Paulo: Três Estrelas, 2014.

Jornais e revistas

Carta Capital
Correio Braziliense
Diário Catarinense
Estado de Minas
Folha de S. Paulo
O Estado de S. Paulo
O Globo
Época
IstoÉ
IstoÉ Dinheiro
Veja
Retrato do Brasil

Rádio

BandNews FM (http://bandnewsfm.band.uol.com.br/notícia.aspx?COD=691670&Tipo=227 acessado em 15 de maio de 2014)

Sites

www.stf.jus.br
www.tse.jus.br
www.jfrj.jus.br
www.tjdft.jus.br
www.tjrj.jus.br
www.tre-pr.jus.br
www.receita.fazenda.gov.br
www.senado.gov.br
http://brasil500anos.ibge.gov.br/estatisticas-do-povoamento/imigracao-por-nacionalidade-1884-1933
www.uol.com.br
http://noticias.uol.com.br/politica/ultimas-noticias/2013/11/19/fuga-de-pizzolato-pega-parentes-de-surpresa-em-concordia-sc.htm*www.ocafezinho.com/*
www.concordia.sc.gov.br/#!/tipo/pagina/valor/2
www.sadia.com.br/sobre-a-sadia/linha-do-tempo.jsp#decadade40

DECRETO N. 9.442 – DE 13 DE MARÇO DE 1912 (http://legis.senado.gov.br/legislacao/ListaTextoIntegral.action?id=42438&norma=58174, acessado em 18 de maio de 2014)

QUER SABER MAIS SOBRE A LEYA?

Fique por dentro de nossos títulos, autores e lançamentos.

Curta a página da LeYa no Facebook, faça seu cadastro na aba *mailing* e tenha acesso a conteúdo exclusivo de nossos livros, capítulos antecipados, promoções e sorteios.

A LeYa também está presente no Twitter, Google+ e Skoob.

www.leya.com.br

facebook.com/leyabrasil

@leyabrasil

google.com/+LeYaBrasilSãoPaulo

skoob.com.br/leya

1ª edição Setembro 2014
papel de miolo Pólen Bold 70 g/m²
papel do caderno de fotos Couché 115 g/m²
papel de capa Supremo 250 g/m²
tipografia Original Garamond BT